夯实脱贫攻坚的产业基础

——全国产业扶贫工作巡礼

HANGSHI TUOPINGONGJIAN DE
CHANYE JICHU
QUANGUO CHANYE FUPIN GONGZUO XUNLI

农业农村部发展规划司　编

中国农业出版社

北　京

夯实脱贫攻坚的产业基础
——全国产业扶贫工作巡礼

编 委 会

　　反贫困始终是古今中外治国安邦的一件大事。党的十八大以来，以习近平同志为核心的党中央把农村贫困人口全部脱贫作为全面建成小康社会、实现第一个百年奋斗目标的底线任务和标志性指标，将脱贫攻坚纳入"五位一体"总体布局和"四个全面"战略布局，聚力打响脱贫攻坚战。2021年2月25日，习近平总书记在全国脱贫攻坚总结表彰大会上庄严宣告，经过全党全国各族人民的共同努力，在迎来中国共产党成立一百周年的重要时刻，我国脱贫攻坚战取得了全面胜利，现行标准下9 899万农村贫困人口全部脱贫，832个贫困县全部摘帽，12.8万个贫困村全部出列，区域性整体贫困得到解决，完成了消除绝对贫困的艰巨任务，创造了又一个彪炳史册的人间奇迹。

　　攻坚大决战，产业有担当。在推进脱贫攻坚过程中，党中央、国务院把"发展生产脱贫一批"摆在了精准脱贫"五个一批"任务的首位。习近平总书记高度重视产业扶贫，反复强调发展产业是实现稳定脱贫的根本之策，要把培育产业作为推动脱贫攻坚的根本出路。各级农业农村部门认真学习贯彻习近平总书记关于产业扶贫的重要指示批示精神，切实加强工作指导，组织编制产业规划，推动出台政策举措，总结推广典型范例，扎实推进新型主体培育、科技人才服务、农产品产销对接等重点工作，不断提升产业扶贫、精准脱贫质量，推动脱贫地区特色产业加快发展，为全面打赢脱贫攻坚战提供了坚实支撑。在产业扶贫的有力推动下，全国832个贫困县全部编制产业扶贫规划或实施方案，累计建成各类产业基地超过30万个，产业扶贫政策已覆盖98.9%的贫困户，77%的贫困户在项目资金、实物等帮扶下独立发展了产业，71.8%的贫困户接受了生产指导和技术培训，有劳动能力和意愿的贫困群众基本都参与到产业扶贫之中。脱贫户人均纯收入由2015年的2 982元增加到2020年的10 740元，年均增长29.2%，产业发展对脱贫户的增收贡献超过50%。产业扶贫成为覆盖面最广、带动人口最多、可持续性最强的扶贫举措。

为全面展示全国产业扶贫的进展和成效，系统总结各地推进产业扶贫的做法和经验，农业农村部发展规划司组织编写了这本《夯实脱贫攻坚的产业基础——全国产业扶贫工作巡礼》。全书由三个部分组成："全国篇"主要介绍我国产业扶贫取得的重要成就，推进产业扶贫的主要做法，以及推进主体培育、技术服务、产销对接等重点工作的情况；"地方篇"主要介绍全国22个脱贫任务较重的省（自治区、直辖市）因地制宜、精准推进本地区脱贫产业发展的主要做法和工作成效；"案例篇"汇编农业农村部遴选的产业扶贫十大范例，从不同角度展现各地在推进脱贫地区特色产业发展的成功实践和宝贵经验。

脱贫摘帽不是终点，而是新生活、新奋斗的起点。当前，三农工作重心已历史性地转向全面推进乡村振兴。推进脱贫地区特色产业可持续发展，是巩固拓展脱贫攻坚成果同乡村振兴有效衔接的重要任务，是实现乡村全面振兴的重要支撑。我们希望本书的出版，能够充分展示脱贫攻坚历史画卷中产业扶贫留下的浓墨重彩，激励鼓舞广大三农工作者发扬伟大脱贫攻坚精神，接续推动脱贫地区产业持续发展、提质升级，为脱贫地区实现产业兴旺，全面推进乡村振兴、加快农业农村现代化做出新的更大贡献。

编　者

2021年10月

CONTENTS

目 录 ——

第二部分　地 方 篇

第三部分 案 例 篇

全 国 篇

全国产业扶贫工作综述

2015年11月，中央作出打赢脱贫攻坚战决策部署，把"发展生产脱贫一批"摆在脱贫攻坚"五个一批"的首位。习近平总书记多次就产业扶贫工作作出重要指示批示，强调发展产业是实现脱贫的根本之策，要把培育产业作为推动脱贫攻坚的根本出路。李克强总理、汪洋主席多次对做好产业扶贫工作提出明确要求。胡春华副总理多次召开会议研究部署产业扶贫工作。农业农村部坚决贯彻党中央、国务院决策部署，会同相关部门强化产业扶贫工作指导，扎实推进贫困地区产业发展和联贫带贫机制建设，取得了显著成效。产业扶贫已经成为覆盖面最广、带动人口最多、政策力度最大的扶贫举措。

一、产业扶贫取得的主要成效

在中央精准扶贫精准脱贫基本方略指引下，在强有力的政策举措推动下，各地扶贫产业加快发展，带贫主体加快培育，联贫机制不断完善，为打赢脱贫攻坚战提供了有力支撑。

（一）贫困地区特色产业快速发展

832个贫困县累计实施产业扶贫项目超过100万个，建成种植、养殖、加工、林草等各类产业基地超过30万个，每个贫困县基本形成了2～3个特色鲜明、带贫面广的扶贫主导产业。旅游扶贫、光伏扶贫、电商扶贫等新模式新业态不断涌现。截至2020年，贫困县建成3.3万个休闲农业和乡村旅游点、带动37.9万贫困户，建成近8.4万座村级光伏扶贫电站、年发电收益达到180亿元、覆盖2 600多万贫困人口。"三区三州"深度贫困地区特色产业加快培育，涌现出凉山花椒、怒江草果、临夏牛羊、南疆林果、藏区青稞牦牛等一批特色品牌。

（二）贫困群众收入水平大幅提高

产业扶贫帮扶政策已覆盖98%以上的贫困户，有劳动能力和意愿的贫困群众基本都参与到产业扶贫之中，产业带贫效果显著。一方面，贫困群众通过发展产业实现了家庭经营增收。截至2020年，贫困户参与种植业的1 157.8万户、参与养殖业的935.2万户、参与加工业的167.8万户，贫困地区农民人均经营性收入由2015年的3 282元增加到4 163元。另一方面，产业扶贫为贫困群众创造了大量就地就近就业机会。贫困劳动力在本县域内乡村企业、扶贫车间务工的超过1 300万人，占外出务工总人数的46%。2015—2020年，贫困县农民人均可支配收入由7 653元增加到12 588元、年均增长11.6%，贫困户人均纯收入由2 982元增加到10 740元，年均增长29.2%。据测算，产业扶贫对贫困户收入增长贡献率达到57%。

（三）贫困地区产业发展条件显著改善

在中央和各地财政、金融、土地等政策支持下，贫困地区产业发展保障更加有力、后劲明显增强。农业基础设施明显改善，累计建成高标准农田2.1亿亩 *、农产品初加工设施4.3万个（座）、仓储冷库设施库容1 400万吨。市场主体加快培育，一大批带贫主体落地生根、发展壮大，贫困县共发展市级以上龙头企业1.44万家、农民合作社71.9万家，主导产业基本都实现了龙头带动。融合发展态势逐步显现，创建扶贫产业园2 100多个、特色农产品优势区43个、农业产业强镇212个、全国"一村一品"示范村镇770个。产业技术服务不断加强，广大科技人员积极投身产业扶贫，

---

* 亩为非法定计量单位。1亩=1/15公顷≈667平方米。——编者注

4 100多个专家组、4 200多名特聘农技员深入一线开展技术帮扶，实现了贫困县、贫困村农技服务全覆盖。

（四）贫困群众自我发展能力明显提升

通过订单生产、土地流转、生产托管、就地务工、股份合作、资产租赁等方式，72%的贫困户与带贫新型经营主体建立了利益联结关系。70%以上的贫困户接受了生产指导和技术培训，有劳动能力和意愿的贫困群众大都掌握了1～2项实用技术，培养贫困村创业致富带头人达到41.4万人。

二、产业扶贫开展的主要工作

党中央作出打赢脱贫攻坚战重大战略决策以来，各地各部门认真学习贯彻习近平总书记关于扶贫工作的重要论述和党中央、国务院部署要求，提高政治站位，强化主责意识，自觉扛起推进产业扶贫的工作责任。农业农村部会同国务院扶贫办、国家发展改革委、财政部、商务部、文化旅游部、林草局等部门建立产业扶贫工作协调机制，聚焦产业扶贫目标任务，优化政策供给，狠抓工作落实，不断提升产业扶贫、精准脱贫质量。

（一）创新完善产业扶贫支持政策

加大财政扶贫资金投入。在贫困县开展涉农资金统筹整合，集中力量支持扶贫产业发展和基础设施建设，2016—2020年，中

国务院办公厅印发支持贫困县开展统筹整合使用财政涉农资金试点的意见

央财政累计安排专项扶贫资金5 311亿元、其中约48%投入产业扶贫，贫困县统筹整合财政涉农资金超过1.5万亿元、其中约一半用于产业发展，有效解决了贫困地区产业发展"缺资金"和投入"小而散"的问题。**强化金融信贷支持**。为贫困群众发展生产发放"5万元以下、3年期以内、免担保免抵押、基准利率放贷、财政资金贴息、县建风险补偿金"的扶贫小额信贷。截至2020年年底，已累计放贷7 100亿元，惠及贫困户1 700多万户。加大对带贫成效突出的龙头企业、农民合作社、创业致富带头人等新型经营主体的贷款支持力度，农业信贷担保体系对贫困地区实现业务全覆盖。**加快农业保险扩面降费**。2020年农业保险承保农作物超过270种，基本覆盖贫困地区常见农作物，贫困户保费比一般户降低20%。在20个省开展地方优势特色农产品保险奖补试点，重点支持贫困县特色产业发展。甘肃省对贫困县的80多个品种建立特色产业保险制度，贫困户发展特色产业实现保险全覆盖。**创新产业用地政策**。对832个贫困县每县专项安排600亩年度建设用地指标，实行边建边批、边占边补、下放预审权等超常规用地审批政策，村庄整治、宅基地整理的建设用地指标重点支持农村新产业新业态发展，提高了贫困地区产业发展用地保障水平。

全国产业扶贫（广西百色）现场会

（二）建立健全产业扶贫工作体系

强化工作指导。2016年以来召开3次全国产业扶贫工作会议，国务院领导同志出席会议并对产业扶贫工作作出部署。出台贫困地区发展特色产业促进精准脱贫意见、实施产业扶贫三年攻坚行动意见等文件，明确产业扶贫目标任务和到村到户帮扶举措。**坚持规划引领**。中西部22个省份和832个贫困县全部编制产业扶贫规划，因地制宜确定了主导产业。**注重范例推广**。总结各地在特色产业发展、新型主体培育、联贫机制创新等方面的经验做法，推介2批35个全国产业扶贫范例，发布十大产业扶贫机制创新，打造出洛川苹果、赣南脐橙、定西马铃薯等一批可学可看可推广的产业扶贫典型，有效发挥了引领示范作用。**完善工作考核**。将产业扶贫纳入地方党委政府脱贫攻坚成效考核，重点考核政策措施落实、扶贫产业覆盖、新型经营主体带动、服务体系建设等情况，树立注重产业长期培育、提升产业发展质量的工作导向，切实克服产业扶贫领域的形式主义、官僚主义问题。

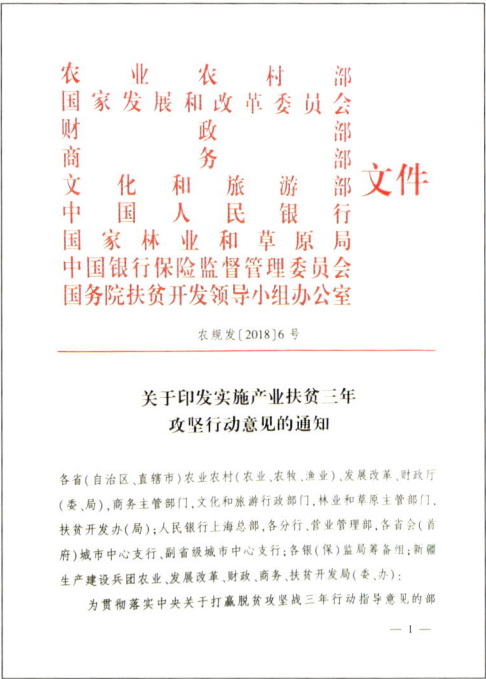

农 业 农 村 部
国 家 发 展 和 改 革 委 员 会
财 政 部
商 务 部
文 化 和 旅 游 部 文件
中 国 人 民 银 行
国 家 林 业 和 草 原 局
中国银行保险监督管理委员会
国务院扶贫开发领导小组办公室

农规发〔2018〕6号

关于印发实施产业扶贫三年
攻坚行动意见的通知

各省（自治区、直辖市）农业农村（农业、农牧、渔业）、发展改革、财政厅（委、局）、商务主管部门，文化和旅游行政部门，林业和草原主管部门，扶贫开发办（局）；人民银行上海总部，各分行、营业管理部，各省会（首府）城市中心支行，副省级城市中心支行；各银（保）监局筹备组；新疆生产建设兵团农业、发展改革、财政、商务、扶贫开发局（委、办）：

为贯彻落实中央关于打赢脱贫攻坚战三年行动指导意见的部

— 1 —

农业农村部等九部委《关于印发实施产业扶贫三年攻坚行动意见的通知》

（三）培育壮大新型经营主体

支持贫困地区培育引进龙头企业。在项目安排、资金扶持、示范评定、融资贷款、保险保费、用地用电等方面加大对带贫龙头企业扶持力度，组织农业产业化龙头企业与贫困地区开展对接，将企业引进纳入东西部扶贫协作和对口支援政策框架，832个贫困县累计培育引进各类企业6.76万家、直接带动贫困人口近1 200万人。**推进贫困地区农民合作社和家庭农场高质量发展**。农民合作社示范社评定、质量提升整县推进项目等向贫困地区倾斜，开展贫困地区农民合作社带头人和家庭农场经营者专门培训，完善家庭农场名录管理制度，引导农民合作社、家庭农场通过流转土地、技术辐射、销售服务等方式，带动贫困户融入产业发展链条。脱贫攻坚期内贫困地区已发展农民合作社71.9万家，带动贫困户630万户、贫困人口2 200多万人；发展家庭农场超过26万家。**加快贫困村集体经济发展**。壮大集体经济试点向贫困村倾斜，总结推广陕西、甘肃、安徽、重庆等地"资源变资产、资金变股金、农民变股东"改革经验，鼓励贫困户、村集体、合作社、龙头企业组建产业发展联合体，为贫困户稳定分享产业收益提供更多保障。

（四）大力扶持农产品销售

开展农产品产销对接。农业农村部举办20多场贫困地区农产品产销对接活动，帮助700多个贫困县销售农产品500多亿元。在中国国际农产品交易会、农民丰收节等各类节庆活动、展销会、招商会上设立扶贫专区，组织各地广泛开展扶贫产品定向直供直销学校、医院、机关食堂和交易市场活动，为贫困地区农产品销售搭建广阔平台。**深入推进电商扶贫**。电子商务进农村综合示范对国家级贫困县全覆盖，在贫困地区大力实施信息进村入户、"互联网＋"农产品出村进城工程，完善全国贫困地区农产品产销对接公益服务平台，832个贫困县已建设各类电商服务点超过10万个，农产品上行、工业品下行通道进一步畅通。**实施消费扶贫行动**。依托东西部扶贫协作、中央单位定点扶贫以及中国社会扶贫网平台开展消费扶贫，中西部22个省份已认定扶贫产品9.47万个，北京、广东等东部省份积极开设消费扶贫专柜专区专馆，帮助直销贫困地区农产品。**打造特色农产品品牌**。将贫困地区特色农产品优先纳入全国目录，对贫困地区申报绿色、有机、地理标志农产品优先办理并减免费用。截至2020年，832个贫困县注册商标超过12万个，登记地理标志农产品800多个，认证绿色、有机农产品1.2万个。**加强仓储冷链设施建设**。启动农产品仓储保鲜冷链物流设施建设工程，覆盖517个贫困县，对贫困县资金补助比例提高到50%，支持建设一批田头预冷、冷藏保鲜等产地设施，为鲜活农产品错峰销售、减损增值提供了条件。

第十六届中国国际农产品交易会针对贫困地区设立扶贫展区

（五）着力强化科技人才支撑

组织全国农业科技力量投身产业扶贫。动员4 420个农业科技单位的15 000多名专家开展科技帮扶，为贫困县组建4 100多个产业扶贫技术专家组，帮助贫困地区编制完善产业发展规划3 000多个、引进示范新品种新技术新模式2.3万余个、开展技术培训5.6万场次。**在贫困地区全面实施农技推广特聘计划**。通过政府购买服务方式，从乡土专家、种养能手、科研教学单位一线服务人员中，招募4 200多名特聘农技员，有效解决了部分贫困地区农技推广服务人才不足的难题，也为创新农技服务供给方式探索了新路子。**建立贫困户产业发展指导员制度**。组织832个贫困县从驻村工作队队员和第一书记、结对帮扶干部、村组干部、致富带头人等乡村能人中选聘贫困户产业发展指导员，精准落实到村到户到人帮扶举措，各地已选聘产业发展指导员26万人，指导服务覆盖所有贫困村。**培育产业发展带头人。**实施贫困村创业致富带头人培育工程，农村实用人才带头人和大学生村官示范培训全部面向贫困地区实施，高素质农民培育工程向贫困地区倾斜，2017年以来累计培养各类脱贫带头人131万人，为贫困地区发展产业提供了重要人才支撑。

三、产业扶贫工作的主要经验

产业扶贫涵盖领域广、涉及人口多，在脱贫攻坚中具有普惠性、根本性、长期性特征，为脱贫攻坚取得决定性成就提供了有力支撑。特别是面对突如其来的新冠肺炎疫情冲击，产业扶贫在脱贫攻坚中发挥了关键作用。产业扶贫之所以取得重大进展和显著成效，主要有以下经验。

一是坚持以习近平新时代中国特色社会主义思想为指导。党的十八大以来，以习近平同志为核心的党中央把打赢脱贫攻坚战作为全面建成小康社会的底线任务和标志性指标，科学谋划、全面部署、强力推动。习近平总书记始终把产业扶贫挂在心上，每次出席脱贫攻坚会议必讲产业扶贫，每次到贫困地区考察必看扶贫产业，作出了一系列重要指示，提出了一系列工作要求，为推进产业扶贫工作提供了行动指南和根本遵循。

二是坚持精准扶贫精准脱贫方略、因地制宜精准施策。贫困地区特别是西部贫困地区，基本都位于丘陵、山地、高原，生态环境多样、资源禀赋各异，发展产业必须走特色化路子。各地坚持精准扶贫精准脱贫方略，贯彻党中央、国务院决策部署，按照宜农则农、宜林则林、宜牧则牧、宜商则商、宜游则游的思路，因地制宜选择扶贫产业，因村因户制定帮扶措施，努力将特色资源优势转变为产业优势、经济优势，努力做到村村有扶贫产业、户户有增收门路。

三是坚持遵循产业发展规律、保持产业发展定力。产业培育是一项长期任务，产业规模的形成、产业链条的拓展、产业体系的完善，需要持续用力、久久为功。各地坚持规划引领，遵循产业发展规律，落实新发展理念，树立功成不必在我的政绩观，一张蓝图绘到底、一届接着一届干，注重产业长期培育，坚持产业稳定发展，持之以恒推进品种改良、基地建设、产后加工、品牌打造、营销拓展等产业发展工作。

四是坚持全党全社会众志成城、社会各方面协同发力。坚持中央统筹、省负总责、市县抓落实，坚持五级书记抓扶贫，为产业扶贫提供了重要组织保障。东西部地区扶贫协作、中央单位定点扶贫、民营企业"万企帮万村"等都把主要资源用在产业发展上，广大驻村干部、挂职干部和各方面帮扶力量都把主要精力用在产业帮扶上，社会组织、广大市民和热心人士通过消费扶贫贡献爱心，共同构建了社会各方面关爱贫困地区、支持产业扶贫的推进格局。

五是坚持贫困群众主体地位、尊重基层创新创造。各地在推进产业扶贫工作中，围绕贫困群众需求制定帮扶措施，针对贫困群众意愿安排扶贫项目，更多采取生产奖补、劳务补助等正向激励方式，鼓励和支持贫困群众通过勤劳双手脱贫致富。鼓励各地结合实际积极探索，总结推广行之有效的产业扶贫新经验新模式，努力通过机制创新激发贫困群众干事创业、助力贫困地区产业发展。

四、当前扶贫产业发展面临的主要问题

虽然产业扶贫工作取得了重要进展，但也清醒地认识到，贫困地区扶贫产业发展总体上还处在起步成长期，面临一些困难和问题。**一是产业链条较短**。各地虽然培育了不少扶贫产业，但大多起步较晚，很多都处在

种养环节，还没有形成成熟的产业体系。**二是有效对接市场还不够**。贫困地区仓储保鲜、分拣包装、产地初加工、精深加工和冷链物流建设相对滞后，品牌培育、信息服务等有待加强。**三是产业可持续发展有待增强**。近几年贫困地区产业发展较快，解决了从无到有的问题，但抗风险能力不强，很容易因自然灾害、市场波动等出现反复。**四是内生发展动力仍然不足**。贫困群众的市场意识和经营能力虽然有了一定提高，但总体上仍较为滞后，与自我发展产业的要求相比还有差距。**五是个别地方工作质量不高**。一些地方为了加快脱贫步伐，追求短期内实现产业覆盖，发展了不少"短平快"项目，导致产业发展存在一定风险。一些地方还存在产业扶贫项目不精准、扶贫小额信贷管理不到位、给企业下指标定任务等问题，个别地方还存在简单"一股了之""一发了之"的现象。

五、下一步推进扶贫产业持续发展的总体考虑

我国全面打赢脱贫攻坚战、全面建成小康社会以后，将由全面脱贫转向乡村全面振兴。产业兴旺是乡村振兴的重要基础，产业发展是脱贫攻坚与实施乡村振兴战略最直接、最有效的衔接点。下一步，农业农村部将会同相关部门，把发展产业作为巩固脱贫成果、推进乡村振兴的主要途径和长久之策，适应构建新发展格局的要求，以提升产业质量效益和竞争力为主攻方向，以实施特色产业提升工程为抓手，突出规划引领、主体培育、产销对接、科技服务等关键环节，推动政策平稳过渡、项目有机衔接、措施持续跟进、要素有效集聚，加快脱贫地区主导产业提质增效、提档升级，为巩固拓展脱贫成果、接续推进乡村振兴提供有力支撑。

（一）组织脱贫地区编制"十四五"特色产业发展规划

坚持把规划引领作为推进扶贫产业长期发展的基础性工作，确保产业发展不变向、工作不脱节。指导每县确定2～3个扶贫主导产业作为支持

重点，围绕产业基础设施建设、产业发展能力提升、全产业链开发等方面的薄弱环节和突出短板，谋划实施一批重点工程项目，持续用力推进规划实施，将扶贫主导产业培育成带动农民持续增收和当地经济发展的支柱性产业。

（二）稳定扶贫产业发展支持政策

现阶段，脱贫地区产业发展离不开资金投入和项目支持。认真落实"四个不摘"工作要求，推动扶贫专项资金和涉农整合资金主要支持产业发展，重点用于良种繁育、基地建设、品牌打造、市场销售、人才培训等薄弱环节。稳定并完善小额信贷政策，引导金融机构加大产业领域信贷投放。支持各地加快发展特色农产品保险，由保成本向保收入转变。完善乡村用地分类管理，优先保障产业发展用地需求。

（三）培育壮大新型经营主体

把培育新型经营主体作为推动特色产业持续发展的载体和依托，在"育主体"和"带农户"两个方面同时下功夫。支持脱贫地区龙头企业、农民合作社、家庭农场等新型经营主体高质量发展，推动东部地区企业

重庆市丰都县虎威镇大溪村村民领取合作社免费发放的葛根种苗

到脱贫地区投资兴业。完善联农带农机制，将扶持政策与联农带农效果紧密挂钩，引导各类新型经营主体与小农户建立稳定利益联结关系。

（四）构建扶贫产品产销衔接长效机制

继续把农产品销售服务作为推动特色产业发展的关键举措，让特色农产品不仅能产出来，更能卖得出、卖上好价钱。广泛开展农产品产销对接活动，支持打造农产品区域公用品牌、企业品牌和产品品牌，推动批发市场、电商平台、大型超市等与脱贫地区建立稳定合作关系。加快仓储冷链设施建设，完善电商服务网点体系，推动农产品出村进城。

（五）健全产业发展科技人才支撑体系

把科技人才作为加快特色产业发展、促进乡村振兴的重要支撑，保持工作体系稳定，打造一只不走的科技帮扶队伍。继续组织全国农业科研教育单位和国家产业技术体系专家深入脱贫县开展产业帮扶，加大农技推广特聘计划实施力度，完善产业技术专家组，建立产业技术顾问制度。加快产业发展带头人培养，健全农民教育培训制度，提升乡村振兴的人才支撑水平。

贫困地区农产品加工业加快发展

加强政策规划引导，优化乡村产业布局，加大项目扶持力度，支持贫困地区统筹发展农产品初加工、精深加工和综合利用加工，推进特色农产品资源多环节增值。832个贫困县累计建设农产品初加工设施4.3万座，新增初加工能力828.8万吨。通过发展农产品加工，既避免了卖原料的低水平同质竞争，也创造了更多的产业增值收益和就业岗位。

一、加强顶层设计，指导农产品加工业发展

印发一系列促进农产品加工业发展的文件和规划，明确支持贫困地区统筹发展农产品加工的工作要求和具体举措。2016年，国务院办公厅印发《关于进一步促进农产品加工业发展的意见》，支持贫困地区结合精准扶贫、精准脱贫，大力开展产业扶贫，引进有品牌、有实力、有市场的农业产业化龙头企业，重点发展绿色农产品加工，以县为单元建设加工基地，以村（乡）为单元建设原料基地。2018年，国务院印发《关于促进乡村产业振兴的指导意见》，引导大型加工流通企业与贫困地区对接，支持粮食主产区和特色农产品优势区发展农产品加工业，建设一批农产品精深加工基地和加工强县，鼓励农民合作社和家庭农场发展农产品初加工，建设一批专业村镇。2020年，农业农村部印发《全国乡村产业发展规划（2020—2025年）》，引导推动农业产业化龙头企业与贫困地区合作创建绿色优质农产品原料基地，布局加工产能，深度开发特色资源，推动农产品加工业与脱贫攻坚有效衔接。

二、加大项目支持，补齐贫困地区加工业短板

一是发展产地初加工。组织实施农产品产地初加工补助项目，支持农民合作社、家庭农场等新型农业经营主体建设储藏、保鲜、烘干等初加工设施。2016—2019年，各级财政共投入58亿元，支持591个国家级贫困县，建设农产品初加工设施4.3万座，新增初加工能力828.8万吨。**二是建设农业产业强镇。**2018年起，组织实施农业产业强镇建设项目，打造一批标准原料基地、集约加工转化、区域主导产业、紧密利益联结于一体的农业产业强镇。中央财政安排24.85亿元，支持308个国家级贫困县开展农业产业强镇示范建设，扶持农产品初加工、精深加工和综合利用发展，培育壮大了一批产业基础好、发展前景足、引领能力强的农产品加工企业。**三是实施绿色循环优质高效特色农业促进项目。**2019年，中央财政安排1.67亿元，支持8个贫困县的新型经营主体或龙头企业开展绿色循环优质高效特色农业示范，改善储藏、保鲜、烘干、清选分级、包装等初加工条件，提高农产品加工水平。**四是建设优势特色产业集群。**2020年，中央财政

广西壮族自治区柳州市螺蛳粉企业的加工生产线

安排10亿元，支持88个国家级贫困县开展优势特色产业集群建设，改善净化烘干、分等分级、包装运输等设施设备，建设农产品精深加工、副产物综合利用生产线，提升农产品加工能力，促进农业提质增效，农民就业增收。

三、加强科技驱动，推动贫困地区加工技术升级

通过加强技术推广和指导服务，推动贫困地区规范初加工设施、应用精深加工技术、提升装备水平。**一是制定技术规程**。2012—2018年，每年印发《农产品产地初加工补助设施技术方案》，组织专家团队编写《农产品产地初加工技术操作规程》，形成马铃薯、甘薯等17种农产品贮藏保鲜操作规程，以及枸杞、杏、辣椒等6种农产品热风烘干操作规程，指导贫困地区农民群众建好用好初加工设施，提高初加工设施使用效率。**二是开展技术培训**。2012—2018年，组织并指导各级农业农村部门开展农产品产地初加工技术推广培训活动，详细讲解果蔬采后商品化处理与贮运保鲜技术、农产品干燥技术等。2019—2020年，组织农业产业强镇建设专题培训班，解读政策、交流经验、更新理念，提升项目实施水平，168个贫困县项目建设负责同志参加培训。**三是组织技术对接**。组织农产品加工技术研发体系专家赴贫困地区调研，了解加工技术需求和难点痛点，一对一提出技术解决方案。协助新疆巴里坤县、四川阿坝藏族羌族自治州等贫困地区分别建设牛羊肉加工、菜籽油产地加工生产线，推动当地精准扶贫工作。**四是开展技术推广**。依托农产品加工技术研发体系单位，联合网络新媒体，开展粮食、油料、果蔬、肉品等主要农产品加工技术直播活动，开展加工技术成果转化应用等方面网上交流，贫困地区1.4万人观看直播活动。

四、加强宣传推广，促进贫困地区畅通产销渠道

组织遴选发布农产品加工业百强企业，向企业推介实施优势特色产业集群、农业产业强镇等项目的贫困县和乡镇，引导百强企业对接贫困地区优势特色农产品资源，合作发展农产品加工业，带动农民共建链条、共享品牌。借助中国农产品加工业投资贸易洽谈会等大型展会，开展贫困地区优势特色农产品及加工品专场推介活动。2020年，组织"三区三州"深度贫困地区，农业农村部重点扶贫县，以及湖北、湖南、贵州、四川、河南等重点贫困地区的77个贫困县165家龙头企业和农民合作社，集中开展扶贫成果展示推介，现场签约"基地直采"和"订单贸易"合同87个，金额31.4亿元，促进贫困地区加工产品顺畅销售。

2019年7月，"三区三州"贫困地区农产品产销对接活动在甘肃省临夏州举办

贫困地区休闲农业蓬勃发展

休闲农业是促进农村一二三产业融合发展、带动农民就业增收、满足城乡居民美好生活向往的重要民生产业。近年来，通过加大政策倾斜，强化宣传推介，指导贫困地区培育发展休闲农业。全国832个贫困县中，有725个县发展了休闲农业，其中13.5%的县将休闲农业发展成为乡村产业体系中的重要产业。

一、加大政策支持，增强贫困地区发展内生动力

一方面，积极推介贫困地区中国美丽休闲乡村。2010年以来遴选推介1 216个视觉美丽、内涵美好、体验美妙的中国美丽休闲乡村，其中309个来自贫困地区，占25.41%。江西省创新贫困地区美丽休闲乡村建设模式，

宁夏回族自治区固原市原州区张易镇宋洼村的藜麦梯田美景

吸引农业产业化龙头企业和社会工商资本投资建设，利用乡村优美的自然环境、独特的田园风光和浓厚的民俗文化等发展农家乐和乡村民宿，采取"公司＋合作社＋贫困户"模式，与贫困地区农户、农民合作社、村集体等建立了密切的利益联结机制，乡村面貌焕然一新。另一方面，组织贫困地区创建全国休闲农业和乡村旅游示范县（区、市），加强宣传推介，树立了一批标杆，培育了一批品牌，为贫困地区发展休闲农业提供了样板。先后有98个贫困县进入全国示范县行列，湖北、安徽、吉林、河南、宁夏等省份创建贫困地区休闲农业示范县占省区内国家贫困县的比重均在25%以上。山西省在部分贫困县启动休闲农业和乡村旅游示范县创建工程，安排专项资金扶持贫困县发展休闲农业，成为助力脱贫攻坚的重要新生力量。

二、丰富业态模式，提高贫困地区增收潜力

指导贫困地区丰富休闲农业业态模式，促进"农业＋"文化、教育、旅游、康养等产业发展，催生创意农业、教育农园、消费体验、民宿服务、农业科普、康养农业等新产业新业态，形成了"跨二连三""接二连三"的融合态势。**一是大力发展民宿经济**。指导贫困地区开办农家乐、农村餐馆、农家旅馆、乡村民宿等，挖掘和提升农房、农地等资源的价值，不断增加贫困地区农民财产性收入。**二是推动发展特色农产品**。指导贫困地区挖掘休闲农产品特色，带动周边农民把特色农产品变礼品，把特色餐饮变服务产品，实施"后备厢工程、伴手礼工程"，促进贫困地区增加休闲农业经营性收入。**三是不断弘扬优秀农耕文化**。引导各类主体深挖贫困地区优秀传统文化基因，拓展农业的文化传承等功能，把乡风、民风、家风融入乡村文明建设，有效提升了农民生活质量和幸福水平，吸引城里人来农村体验农耕文化，提升休闲农业的文化软实力。

三、强化宣传推介，壮大贫困地区发展活力

通过开展多种形式的宣传推介，吸引更多城乡居民前往乡村"看山望水忆乡愁"，帮助贫困地区休闲农业精品点凝聚行业人气，带动当地农民就业增收。据初步调查，乡村休闲旅游业带动了全国近10%的贫困人口实现脱贫增收。**一是搭建宣传载体**。组织编印《中国美丽乡村休闲旅游精品景点路线》等宣传载体，纳入贫困地区39条春夏秋冬精品路线。四川在宣汉县、南江县、仪陇县等贫困县举办乡村文化旅游节，宣传推介当地乡村休闲旅游精品，提升知名度。**二是组织活动宣传**。根据春夏秋冬四季特点和节假日时点，以"春观花""夏纳凉""秋采摘""冬农趣"为主题，组织举办休闲农业和乡村旅游精品线路推介活动。2020年推介的190条精品线路中，有54条线路涉及贫困地区，占比28.42%，并遴选部分贫困地区线路代表赴现场进行推介，组织人民网、新华网、央广国际在线等主流媒体采用现场直播、后期报道等方式，全方位、多角度向社会宣传推介。**三是开辟宣传专栏**。在"中国休闲农业"微信公众号开辟脱贫攻坚乡村游专

农业农村部在海南省琼海市举办中国美丽乡村休闲旅游行（冬季）精品景点线路推介活动

栏，发布贫困地区休闲农业精品线路77期，覆盖了新疆、西藏、贵州等21个省份150多个贫困县，打响了贫困地区休闲农业品牌。湖北省农业农村厅联合"楚天农道"信息平台，搭建专栏，积极推介省内28个贫困县93个乡村休闲旅游精品景点线路。

四、加强培训交流，提升贫困地区创新动力

通过组织交流活动、学习培训等，开阔贫困地区产业主体发展视野，提升发展能力水平。先后在江苏南京、陕西杨凌举办休闲农业和乡村旅游扶贫学习交流活动，组织360余名贫困地区休闲农业管理部门负责同志、村干部和合作社负责人参加，帮助贫困地区村干部"换脑子、学点子、结对子、压担子、趟路子"，不断提升创新水平。举办全国贫困地区休闲农业培训班，带动各地培训国家级贫困县休闲农业相关人员100万人次，促进参训人员在思想认识、业务素质、行动能力等方面得到提高，不断提升贫困地区发展休闲农业和乡村旅游的能力。湖南省部分职业学院休闲农业专业招生和省内高素质农民职业培训指标加大对贫困地区倾斜力度，免费开展乡村休闲旅游主题脱产培训班，每年培训贫困地区学员约3 000人次。

扶贫产品销售渠道不断畅通

认真落实习近平总书记关于"在扶持贫困地区农产品产销对接上拿出管用措施"的重要指示要求，以产销对接为抓手，聚焦重点地区，突出特色亮点，创新对接形式，注重对接实效，扎实推进解决贫困地区农产品销售难问题。

一、创新活动形式，开展产销对接活动

制定《全国贫困地区农产品产销对接行动实施方案》《贫困地区农产品产销对接行动倡议书》，聚焦集中连片贫困地区、深度贫困地区开展农产品产销对接，让特色优质农产品走出大山，走进市场。2018年以来，组织举办20多场贫困地区农产品产销对接活动，帮助700多个贫困县销售农产品500多亿元。2020年，针对新冠肺炎疫情期间部分地区产品卖难问题，印发做好新冠肺炎疫情防控期间贫困地区农产品销售的通知，组织开

2018年湘粤赣黔贫困地区农产品产销对接活动现场

展应急促销活动，帮助湖北销售农产品15.3亿元。各地借助多元载体开展一系列形式新颖、丰富多彩的对接活动，甘肃组织开展了大宗农产品发车仪式，黑龙江搭建了"小康龙江"全省综合性扶贫电商平台，广西举办了"庆丰收·促脱贫"系列活动，安徽开展了酥梨采摘节、石榴采摘节、金丝绞瓜品鉴会等活动，重庆开展了特色农产品义卖义拍、舂米、五彩家宴等活动。

二、搭建公益平台，拓宽市场流通渠道

搭建全国农产品产销对接公益服务平台，在学习强国、云闪付、邮乐购等平台上线，累计销售贫困地区农产品90亿元。在农业农村部网站开辟"抗疫助农产销对接"专区，公布热线电话及电商信息采集渠道，累计接听电话3 297个，撮合线上交易1 980万次，帮助销售农产品达526.4万吨。连续3年在中国农民丰收节期间举办消费季活动，组织阿里巴巴、京东、抖音、华为、腾讯等互联网企业开展丰收购物节等活动，推动有关电商平台开设扶贫专馆，2019年活动期间贫困地区农产品销售额超过10亿元。指导全国50多家大型农产品批发市场设立贫困地区农产品销售专区，在北京

2019年"三区三州"贫困地区农产品产销对接专场活动成交现场

新发地农产品批发市场设立了"三区三州"销售专区，长期免费供"三区三州"农业企业使用。在全国铁路、公路、港口客运场站和高速公路服务区设立脱贫地区特色农产品展销专柜专区，为脱贫地区产品提供展示销售平台。

三、加强品牌建设，提升产品知名度影响力

将贫困地区区域公用品牌优先纳入中国农业品牌目录，利用农业展会平台大力开展贫困地区农产品营销推介，助力贫困地区实现从"卖资源"到"卖品牌"转变。2017年以来，中国国际农产品交易会连续设置扶贫展区，集中展示贫困地区特色优势农产品。在中国国际茶叶博览会上，举办贫困地区茶品牌建设论坛和贫困地区茶品牌系列推介活动，覆盖西藏、新疆、武陵山、秦巴山、大别山、罗霄山等贫困片区8个县的82个带贫经营主体，现场交易额242.7万元，意向交易额3 094.6万元。组织农民日报社、中国农村杂志社、全国农业电影电视中心等媒体单位，开展贫困地区农业品牌公益宣传，提高认知度和影响力。

南疆深度贫困地区农产品产销对接行动活动现场，采购商认真研究当地农产品

四、强化信息服务，引领特色产业发展

开通运行重点农产品市场信息平台，建立"一站式"市场信息发布服务窗口，为贫困地区农业生产经营主体和公众提供权威、全面、及时、有效的市场信息服务。通过农业农村部网站及数据频道、中国农业信息网每日发布"农产品批发价格200指数"和鲜活农产品批发价格，适时发布重点农产品市场信息，解读市场热点，回应社会关切。每年召开中国农业展望大会，对当年和未来10年农产品市场供需形势进行展望，为贫困地农业产业发展提供数据支持。

贫困地区流通基础设施加快完善

推动完善农产品产地市场体系，实施农产品仓储保鲜冷链物流设施建设工程和"互联网+"农产品出村进城工程，有效推进了现代农产品流通体系的构建。

一、加强贫困地区农产品产地市场体系建设

印发《全国农产品产地市场发展纲要》及10余个文件，推动完善农产品产地市场体系。**一是推进全国性产地专业市场建设。**云南、贵州等18个省（区、市）启动了斗南花卉、遵义辣椒等21个全国性农产品产地市场建设，其中13个位于贫困地区，发挥了国家级农产品专业市场的价格形成中心、产业信息中心、物流集散中心、科技交流中心、会展贸易中心"五大功能"，带动了贫困地区特色产业健康发展，提升了产品和产业影响力。**二是推动田头市场建设。**2016年以来，在辽宁、四川、云南等省开展田头市场示范建设，改善基础设施，规范建设标准，分等分级和商品化处理，提高了田头市场流通效率，减少流通损耗。通过逐步总结经验，探索不同地区、不同品种、不同市场主体的建设模式，积极推动田头市场的发展建设。贫困地区把田头市场建设作为促进农产品销售、引导农业结构调整和增加农民收入的重要措施，培育发展了一批专业性强、辐射范围广、带动一方产业发展的田头市场。**三是认定一批定点批发市场。**2018年，认定北京新发地农产品批发市场等745家市场为农业农村部定点市场，其中119个位于贫困地区，有效增强了贫困地区农产品集散分拨、

信息传播和商品化处理能力，增强了农民参与市场经营能力，促进贫困地区农产品流通。

江西省赣州市扶持建设脐橙筛选生产线

二、支持贫困地区开展农产品仓储保鲜冷链物流建设

贯彻落实党中央关于实施城乡冷链物流设施建设等补短板工程和中央一号文件部署要求，2020年启动实施农产品仓储保鲜冷链物流设施建设工程，重点向贫困地区倾斜。先后制定印发实施意见、技术方案等文件，形成了规范配套的制度体系，健全了建设工作组织实施机制，开发了农产品仓储保鲜冷链物流信息支撑系统，支持以西部地区为主的贵州、云南、新疆等16个省份聚焦鲜活农产品主产区、特色农产品优势区和贫困地区，依托县级以上示范家庭农场和农民合作社示范社开展果蔬仓储保鲜冷链设施建设。项目实施中，放宽贫困地区建设主体资格限制，有需求的家庭农场

和农民合作社均可申请；提高建设补贴比例，贫困地区主体补贴比例可达项目总建设金额的50%。各地农业农村部门坚持"建、管、用"并举，在政策保障、优化服务等方面抓落实，做到项目资金、项目用地、项目用电"三配套"，通过集中培训、现场参观、座谈交流及编写简明实用手册、"明白纸"等方式，帮助实施主体提高认识，掌握技术，激发农业经营主体创新创业积极性和主动性。16个试点省份中共有466个国家级贫困县开展项目建设，累计安排中央财政资金近22亿元，从源头加快解决农产品出村进城"最先一公里"问题。

三、加大贫困地区"互联网＋"信息扶贫力度

顺应信息化发展趋势和农民群众日益增长的信息服务需求，在全面总结12316"三农"综合信息服务经验做法的基础上，2014年启动信息进村入户试点，通过在每个行政村建设益农信息社，有效整合涉农信息资源，为农民群众提供公益、便民、电子商务和培训体验等服务，让农民进一个

益农信息社依托益农网开展电子商务服务

门办样样事，2017年由试点转为工程在全国实施。截至2020年上半年，全国共建成运营益农信息社42.4万个，其中全国832个贫困县建设益农信息社10.3万个，累计培训信息员20.9万人次，为农民和新型经营主体提供公益服务2 111.3万人次，开展便民服务2 099.1万人次，实现电子商务交易额62.8亿元，有效满足了贫困地区农民查询市场信息、获取在线农技指导、开展电商销售、提升信息化技能等服务需求。益农信息社结合产业发展需求，通过在线平台发布、交流优质农产品信息，强化线下集货，提升益农信息社仓储、物流、包装、储运等基础设施建设，逐步建立完善农产品网络销售服务体系，为农产品出村进城和农民增收致富提供了新手段。2019年年底，启动实施"互联网＋"农产品出村进城工程，推动构建适合网络销售的农产品供应链体系、运营服务体系和支撑保障体系，助力脱贫攻坚和农业农村现代化。

贫困地区认定绿色、有机和地理标志农产品1.3万个

绿色优质农产品是提升贫困地区产业发展水平的有效途径，对带贫减贫具有重要促进作用。近年来，有关部门大力支持贫困地区绿色优质农产品发展，不断提高产业发展质量和效益。832个贫困县累计认证绿色、有机、地理标志农产品1.3万个，比2012年增长了5倍。

一、绿色优质农产品数量突破1万个

为贫困地区申报绿色、有机、地理标志农产品建立"绿色通道"，实行"优先受理、优先现场检查、优先检测、优先审核、优先颁证"的"五优先"政策。截至2020年年底，全国832个国家级贫困县共认证绿色食品和有机农产品企业5 196家，产品12 282个，登记农产品地理标志806个。简化"三区三州"等深度贫困地区产品认证程序，建立绿色食品申报"直通车"，设计更加直观、易懂、易填报的申报制式文本，将以文字描述形式为主改为判断评价打钩的方式，并建立现场检查与产品抽样同步实施的工作制度，将绿色食品认证周期由9个月缩短至4个月。先后出台20多

绿色食品、有机农产品和地理标志农产品标志图案

项关于贫困地区认证费用减免政策文件或工作方案，不断加大减免工作力度，自2019年5月1日起，全部减免"三区三州"等深度贫困地区、环京津贫困地区、大兴安岭南麓片区等贫困县绿色食品认证费和标志使用费，减收35%有机农产品认证费，累计减免费用达9 000多万元，真金白银支持贫困地区产业发展。

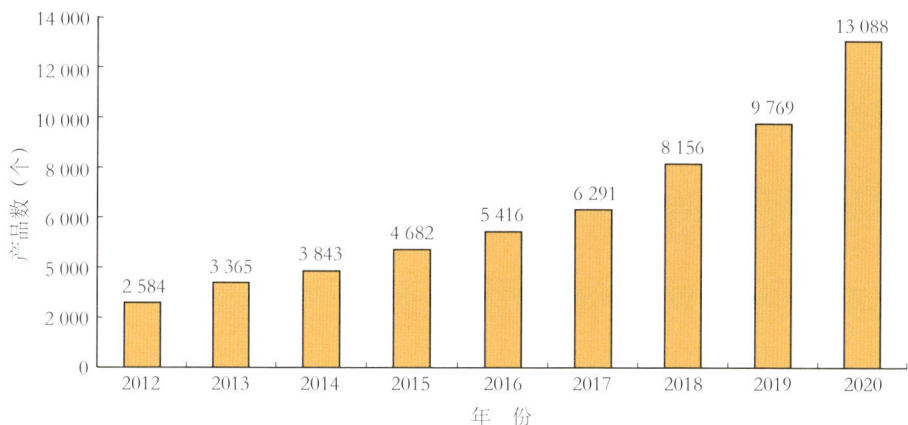

2012—2020年贫困地区"两品一标"产品数量

二、质量安全监测合格率超过98%

在贫困地区绿色、有机、地理标志农产品认证登记过程中，坚持"严格审查、严格监管，稍有不合、坚决不批，发现问题、坚决出局"的标准，确保符合"绿色、完全、优质"的精品定位。每年组织对贫困地区绿色有机地理标志农产品进行监督抽检，抽检比例高达25%～30%。2012年以来，累计抽检国家级贫困县绿色有机地理标志农产品7 902批次，产品质量安全合格率达到98.39%。指导和监督贫困地区企业严格落实绿色食品质量标准，通过年检为贫困地区企业及时提供技术服务，帮助企业解决实际困难。各省级工作机构对贫困地区企业年检覆盖率达100%。树立绿色有机地理标志农产品品牌权威性，强化退出机制，督促各地开展风险预警，及时排查质量安全隐患，并与执法部门及社会力量等协作开展市场监督，产品假冒现象呈逐年下降趋势。

三、综合管理水平不断提升

坚持扶贫与扶智相结合，调动多方技术力量，采取多层次扶持方式，加大对贫困地区企业和农民在农产品质量安全、标准化生产、品牌化经营、市场化营销等方面的培训和指导，提高贫困地区自我发展内生动力。2012年以来，累计为贫困地区举办26期绿色生产技术及品牌建设扶贫培训班，培训人数2 600人次以上，带动全国为贫困地区培训内检员7 000多人次，1万多人次赴贫困地区开展各种绿色生产技术指导服务，帮助贫困地区培养了一批绿色食品业务技术骨干和专业种养大户。2017年开始，组织开展区域性绿色食品生产操作规程编制工作，截至2020年年底，已组织制定162项区域性绿色食品生产操作规程，其中159项规程覆盖了贫困地区大宗农产品、畜禽产品及主要粮油加工产品，为贫困地区绿色食品标准化生产提供了规范指导，解决了标准推广"最后一公里"问题。2019年以来，组织在5个贫困县开展

2020年4月26日，专家赴陕西省山阳县绿色食品茶叶基地指导生产

绿色食品生产操作规程进企入户示范行动，通过举办培训班，发放生产操作规程、挂图和操作历等"接地气"的方式，推动农户按标生产。

四、品牌效益和社会影响力显著增强

2012年以来，依托中国绿色食品博览会、中国国际有机食品博览会以及区域性绿色食品博览会，加大绿色优质农产品展销推介，累计为贫困地区提供400多个免费展位，举办20多场

农交会组织扶贫产品现场直播

贫困县产品推介会，开辟贫困地区产品展销专区，展示面积超过2 000平方米，展出产品上万个。自2018年起，以开展"春风万里，绿食有你"绿色食品宣传月活动为契机，连续三年组织对贫困地区绿色优质农产品进行宣传推介，累计组织200多个贫困县664家绿色食品企业参与贫困县产销对接、"新媒体公益助农活动"、直播带货、"网上农博会"等宣传推广和产销对接活动，发布新闻报道2 700余篇，推送相关文章3万余条，得到中央、地方媒体广泛报道。通过中国绿色食品、绿色食品博览等微信公众号，编辑并发布80多期扶贫系列推文，相关扶贫产品受到广大微信粉丝的关注。据统计，绿色、有机、地理标志农产品能够实现每亩增加收益7%以上，特别是绿色有机农产品增幅在20%以上，部分有机农产品增幅在50%以上，有力提升了贫困地区产品附加值，促进了农业增效、农民增收。

贫困地区培育引进各类企业 6.76 万家

　　龙头企业是乡村产业发展和产业扶贫的骨干力量。近年来，完善政策措施、加大倾斜支持，大力推进贫困地区龙头企业引进和培育，带领贫困户、小农户融入乡村产业发展、分享产业增值收益。832个贫困县累计培育引进各类企业6.76万家，其中市级以上龙头企业1.44万家；全国1 547家重点龙头企业中，223家来自贫困县。

一、强化工作部署

　　一是国务院印发《关于促进乡村产业振兴的指导意见》，鼓励龙头企业与贫困户建立多种形式的利益联结机制，与贫困地区合作创建绿色食品、有机农产品原料标准化生产基地，带动贫困户进入大市场。二是

龙头企业与贫困地区合作创建原料基地研讨会

制定《全国乡村产业发展规划（2020—2025年)》，引导农业产业化龙头企业到贫困地区建设绿色原料基地和加工车间，带着农民干，帮着农民赚。三是将龙头企业联农带贫纳入乡村产业工作重点，指导各地引导龙头企业与贫困地区合作创建绿色食品、有机农产品原料标准化基地，组织龙头企业与贫困县合作，加强贫困地区龙头企业培育。2018年以来，各省（区、市）举办贫困地区龙头企业引进培育相关会议活动200多场。

二、强化政策扶持

推动出台一系列政策文件，在项目资金、示范评定、金融税收、用地用电等方面加大对带贫龙头企业扶持力度。**一是培育主体倾斜**。将贫困县数量作为国家重点龙头企业认定名额分配的主要测算因素之一，对贫困地区推荐的企业适当放宽条件并优先支持。2019年认定的299家国家重点龙头企业，70家来自贫困地区，占23%。**二是加强金融支持**。印发《关于金融服务乡村振兴的指导意见》，明确建立金融支持与企业带动贫困户脱贫的挂钩机制。为应对新冠肺炎疫情影响，推荐一批农业企业享受信贷优惠政策。据不完全统计，农业企业获得专项再贷款800多亿元，近4万家中小微农业企业获得支农支小授信1 800多亿元。**三是加强税收减免**。印发《关于实施小微企业普惠性税收减免政策的通知》等文件，持续下调增值税税率，农产品（含初加工产品）税率由13%下调至9%，农产品深加工产品税率由17%下调至13%。发布新版《支持脱贫攻坚税收优惠政策指引》，出台一系列支持贫困地区新型农业经营主体发展的税收优惠政策。四是加强用地保障。2020年中央一号文件明确，新编县乡级国土空间规划应安排不少于10%的建设用地指标，重点保障乡村产业发展用地。省级制定土地利用年度计划时，应安排至少5%新增建设用地指标保障乡村重点产业和项目用地。

三、强化指导培训

通过组织学习培训、现场指导、技术服务等，开阔贫困地区龙头企业负责人视野，提升经营管理水平。**一是举办企业负责人培训班**。每年举办国家重点龙头企业负责人培训班，名额向贫困地区倾斜。在全国农业产业化交易会、农业农村部定点扶贫县龙头企业对接活动上，对贫困地区龙头企业进行专题培训。2012年以来，累计培训贫困地区企业负责人1 300多人次。**二是组织专家公益行活动**。先后在青海、云南、湖北、内蒙古等贫困地区开展"专家公益行"系列活动，邀请技术专家、电商、企业等，对400多家企业负责人、部分致富带头人和基层干部进行辅导培训。**三是开展网络培训**。2020年，举办"龙头企业线上公益讲座"，组织大北农集团、正邦集团、八马茶叶等5家企业负责人，从科技创新、产业扶贫、品牌培育等角度，分享经验、讲述历程。贫困县观看人数超过240万人次。

农业农村部在内蒙古自治区举办的贫困地区专家公益行活动

四、强化对接合作

通过举办展示展览、招商对接、产销对接、信息推介等活动，促进交流合作，引导龙头企业到贫困地区建基地、建厂房。2012年以来，先后针对南疆地区、四省藏区、武陵山区、环京津贫困地区等，举办40多场龙头企业对接活动，组织龙头企业到贫困地区考察投资、洽谈合作、对接采购。其中，仅2019年就组织了云南省贫困地区品牌农产品招商对接活动、农业农村部定点扶贫县龙头企业对接活动、第二十二届中国农产品加工业投资贸易洽谈会扶贫专场等，全国500多家各类农业企业、采购商与贫困地区700多家经营主体面对面交流合作，并现场签约一批项目。根据832个贫困县特色主导产业目录，按照特色粮经作物、特色园艺产品、特色畜产品、特色水产品、林特产品五大类28个特色产业，进行摘编汇总信息，累计向国家重点龙头企业群定向发送1 000多条信息。

龙头企业带万户生猪产业扶贫项目签约活动

五、强化宣传推介

开展龙头企业产业扶贫典型案例和发展模式宣传推介，营造龙头企业联贫带贫的良好氛围。总结推广订单帮扶、股份合作、园区带动、生产托管等带贫模式，指导贫困地区龙头企业创新和完善利益联结机制，积极对接建档立卡贫困户，开展技能培训、提供就业岗位，带领小农户、贫困户融入乡村产业发展、分享产业增值收益。遴选龙头企业产业扶贫典型案例，通过传统媒体和新型媒体，让贫困地区有可看的样板、有可学的经验，有效发挥示范引导作用。

将龙头企业产业扶贫典型案例通过新媒体形式进行推介

贫困地区培育农民合作社 71.9 万家

农民合作社是组织带动贫困户发展乡村产业、实现脱贫致富的重要主体。近年来，通过示范引领、政策支持、指导帮扶等方式，着力培育贫困地区农民合作社。贫困地区培育农民合作社达71.9万家，占农民合作社总数的32%，辐射带动贫困户近630万户、贫困人口2 200多万人，在按交易量（额）返还盈余的基础上，每年为农民成员人均二次返还盈余1 257元。

一、完善法律制度

完成《农民专业合作社法》修订工作，新修订的《农民专业合作社法》明确规定，国家对革命老区、民族地区、边疆地区和贫困地区的农民合作社给予优先扶助。印发《关于开展农民合作社规范提升行动的若干意

新疆维吾尔自治区老龙河牛羊育肥农民专业合作社为贫困残疾人无偿提供养殖圈舍

见》，鼓励支持农民合作社与成员、周边农户特别是贫困户建立紧密的利益联结关系，鼓励吸纳有劳动能力的贫困户自愿入社发展生产经营，允许将财政资金量化到农村集体经济组织和农户后，以自愿出资的方式投入农民合作社，让农户共享发展收益。中央财政农业生产发展资金支持农民合作社高质量发展，把深度贫困地区的农民合作社、县级以上示范社及农民合作社联合社等作为财政支持重点。

二、加强示范创建

修订国家农民合作社示范社评定监测办法，将国家示范社评定向贫困地区扶贫成效显著的农民合作社和生态扶贫合作社适当倾斜，申报标准对贫困地区适当放宽。指导各地开展省、市、县级示范社联创，全国832个贫困县共创建国家示范社2 302家、县级及以上示范社8.6万家，分别占全国总数的27.2%、57.3%。2010年以来，围绕农民合作社规范管理、市场营销、品牌创建等主题，累计举办农民合作社理事长能力提升培训133期，培训贫困地区学员7 236人次，为贫困地区农民合作社发展提供了人才支撑。

甘肃省玛曲县欧拉秀玛乡扎赛合藏羊养殖农民专业合作社"一对一"帮扶特困户良种母羊发放仪式

三、推进质量提升

2018年启动农民合作社质量提升整县推进试点，聚焦发展壮大单体农民合作社、培育发展农民合作社联合社、提升县域指导扶持服务水平，打造一批农民合作社高质量发展的县域样板。试点明确向符合条件的贫困县适当倾斜，试点范围覆盖全国31个省（区、市）的158个县（市、区），其中国家级贫困县40个，占比25.3%。安徽省砀山县作为第一批试点单位，紧紧围绕农民合作社规范发展和质量提升，加大政策扶持，强化指导服务，不断提升农民合作社发展质量。砀山县有农民合作社3 321家，组建农民合作社联合社8家，拥有国家示范社11家、省级示范社30家、市级示范社188家，超过500家农民合作社从事电子商务，超过1 800家农民合作社创办了经营实体，成为发展壮大当地优势特色产业、建设现代农业、助农增收的重要力量。

原农业部举办定点扶贫地区农民合作社负责人专题培训班

四、推介典型案例

总结农民合作社在党支部引领脱贫攻坚、粮食规模经营等方面的经验做法，宣传推介了71个农民合作社典型案例，其中有12个农民合作社位于国家级贫困县，为贫困地区农民合作社规范提升提供了可看可学可比的先进样板。内蒙古通辽市扎鲁特旗玛拉沁艾力养牛专业合作社采取"支部＋合作社＋牧户"的帮扶模式，由嘎查党支部牵头，农民合作社组织带动，瞄准扶贫对象，整合激活资源，合作社与贫困户建立起紧密的利益联结机制，带动132户贫困户发展生态养殖，为贫困户提供就业岗位26个，每年为贫困户分红达55.6万元，成为共同致富的"牧民之家"。

五、强化社会动员

与中化、中粮、中国邮政、阿里巴巴等大型企业签订合作协议，为农民合作社提供农资供应、技术指导、产品销售、寄递物流、信贷保险等服务。到2019年年底，邮政系统直接服务8 000家农民合作社示范社，提供惠农合作社贷款25.4亿元，为近千名农民合作社成员提供2 620万元风险保障支持。中国邮政采取"电商＋合作社＋贫困户"的模式，帮助江西省壬田镇廖奶奶咸鸭蛋专业合作社上线"邮乐购"等电商平台，打造"廖奶奶咸鸭蛋"品牌，年销售额达580万元，辐射带动周边乡镇94户贫困户，户均增收超过6 000元，被世界银行、联合国粮农组织等评选为"全球减贫最佳案例"。

六、打通产销渠道

新冠肺炎疫情防控期间，对全国31个省（区、市）816家蔬菜、粮食类农民合作社，特别是贫困地区农民合作社进行了抽样电话调查，及时跟踪了解疫情对农民合作社生产经营的影响，推动出台支持政策。在农业农村部官网开设"农民合作社在行动"专栏，分8批发布贫困地区10 941家农民合作社鲜活农产品供应信息，国务院客户端专门开发小程序推广。据抽样跟踪，44.7%的农民合作社达成交易，有效缓解了农民合作社鲜活产品销售难题。发布"致全国农民合作社的倡议书"，累计编发"农民合作社在行动"专题简报40期，交流农民合作社复工稳产的好做法，推广协助农村基层组织开展疫情防控的好经验。

贫困地区组建 4 100 个产业扶贫技术专家组

针对贫困地区产业链条短、抗风险能力弱、产业造血功能和带贫能力不强等瓶颈问题，调动引导全国农业农村科教系统开展产业帮扶，以县为单位组建产业扶贫技术专家组，推动项目、人才、成果、平台等优势资源向贫困地区集聚。

一、加强引导，调动全国科研力量投身脱贫攻坚工作

印发《农业农村部办公厅关于加强农业科技工作助力产业扶贫的通知》等文件，在甘肃、云南召开科技助力产业扶贫工作推进会，明确科技助力产业扶贫的重点任务，对加强农业科技对接帮扶、助力贫困地区特色产业发展提出要求。通过现代农业产业技术体系建设项目，在中西部22个扶贫任务重的省份选聘16位首席科学家、650位岗位科学家和909位综合试验站站长，涉及水稻、小麦等50个体系，中央财政每年投入经费9.143亿元，支持专家围绕贫困地区农业发展现状和技术需求，开展共性关键技术研究和示范推广，在主产区、示范县等开展技术培训。动员全国4 420个农业科研单位和技术部门、15 383名专家参与产业扶贫，按照调研产业、遴选专家、组织发动、明确任务、签署协议、协调对接、建立机制等步骤，为832个贫困县组建了4 100多个产业扶贫技术专家组。扶贫专家站在全局和战略的高度，积极响应，迅速奔赴扶贫第一线，在当地政府支持下，察农情、提建议、进企业、送技术，取得了显著成效，各地产业扶贫技术专家组开展集中扶贫活动千余次，制定完善了一批产业发展规划和方

案，引进示范新品种新技术新模式2万多个，对接新型经营主体上万多家，开展各类技术指导和培训6万多场次。

国家蜂产业技术体系专家、甘肃省产业扶贫技术专家组专家在甘肃省定西市岷县进行蜂产业现场技术指导

二、聚焦重点，为产业发展提供有力人才和技术支撑

围绕"三区三州"特色优势产业，调配各类农业科教资源并给予倾斜，找准当地产业发展的瓶颈问题，选配切实管用农业科技专家，加大"三区三州"支持力度。组建6个科技服务团对口"三区三州"科技帮扶工作，服务团下设544个产业扶贫技术专家组，每个团组设立1名总牵头人，实现"三区三州"165个贫困县专家技术指导全覆盖。科技服务团成立以来，共开展集中扶贫活动166团次，帮助贫困县制定或完善产业发展规划或方案66个，引进示范农牧业新品种416个、新技术新模式250余项，建立科技示范基地119个，对接新型经营主体362家，开展现场技术指导361场次，组织召开技术培训873场次，培训贫困户和农牧民2万多人次，发

放各类农资40多吨，发放培训技术资料7万余份，助力"三区三州"30多个产业健康发展。西藏科技服务团参与制定西藏藏鸡、藏猪等主导产业发展规划以及西藏绵羊改良规划，帮助墨脱县制定石斛产业发展规划，为拉萨城关区制定奶牛产业发展规划。甘肃科技服务团帮助25个贫困县制定主导产业发展规划。青海科技服务团帮助玉树、果洛等州的贫困县发展有机生态畜牧业，指导当地完善产业发展规划。

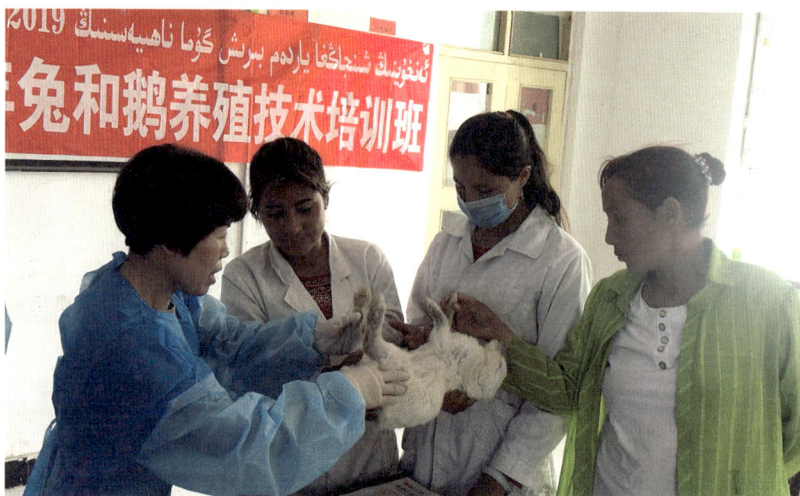

国家兔产业技术体系专家、新疆和田地区皮山县产业技术顾问组专家在皮山县木奎拉乡开展养兔技术现场培训

三、完善机制，推动科技帮扶制度化常态化

贯通科技创新、推广服务、农民技能培训三个体系，形成科技助力产业扶贫长效机制。建立分工协作机制，明确科技帮扶专家团队、农技推广体系、教育培训体系任务分工和职责，形成在产业规划、技术研发、示范推广、农民培训等方面上下贯通、左右联动的协同攻关工作机制。建立组织协调机制，明确中央、地方农业农村主管部门和科技帮扶专家团队沟通、协调、对接机制，以县为单位推动有序实施科技助力产业扶贫具体举

措；对接"三区三州"农业农村行政管理部门，落实科技服务团和产业技术专家组对接的地方联络员，共确定6名省级联络员和165名县级联系员。建立工作激励机制。明确科技帮扶专家团队的扶贫工作成效由贫困县政府按贫困县特色主导产业产量、质量、效益提升效果进行评价，评价结果与项目支持挂钩。

湖北省咸丰县产业扶贫技术顾问组专家、国家茶产业技术体系专家到咸丰县进行茶园改造

贫困地区招募 4 200 名特聘农技员

为增强基层农技推广服务供给能力，探索强化贫困地区产业扶贫工作科技支撑和人才保障的新途径，实施农技推广服务特聘计划，提高贫困地区人才助力产业扶贫的效果和精准度，提升贫困地区自身发展能力和水平。

一、结合区域产业特色，探索贫困地区农技推广服务新模式

2017年，印发《在贫困地区开展农技推广服务特聘计划试点计划方案》，在5省7个贫困地区开展农技服务特聘计划试点，积极探索基层农技推广服务新方式和完善基层农技推广体系新路径。2018年，印发《关于全面实施农技推广服务特聘计划的通知》，在全国贫困地区实施农技推广服务特聘计划，依托农技推广体系建设改革补助项目，通过政府购买服务方式，从乡土专家、种养能手、新型经营主体骨干、科教单位招募特聘农技员，弥补贫困地区农技服务的不足。2019年以来，根据农业科技扶贫工作需要，在贫困地区加大实施力度，对832个贫困县全覆盖，合计招募4 200多名特聘农

安徽省灵璧县特聘农技员在付振言家庭农场技术指导饲养管理

技员，针对贫困地区农业产业小、特、区域性强的特点，帮助解决生产技术问题，推动特色产业发展。湖北省恩施州8个县市根据当地特色产业发展需求和产业扶贫实际，确定优势主导产业，每个产业遴选一个专业大户、新型农业经营主体、土专家、田秀才等产业能人担任特聘农技员，根据贫困村、贫困户的需求，实行点对点的对口帮扶和技术指导。

二、加强绩效考核，提升贫困地区农技服务实效

印发基层农技推广建设改革补助项目实施通知，将贫困地区实施农技服务特聘计划作为农技推广补助项目重点任务，在补助项目年度考核中加大权重，累计落实特聘农技员支持资金9 621.8万元。举办农技推广服务特聘计划专题培训，就全面实施特聘计划进行部署动员和工作培训，从严把握遴选条件、明确人员要求、规范招募步骤、细化服务任务、加强聘后管理。完善农技推广服务特聘计划管理制度体系，制定《特聘农技员遴选办法》《特聘农技员考核管理办法》等规章制度和《特聘农技员协议书》《技术服务合同》等相关协议。建立农技推广服务特聘计划月调度工作机制，定期通报各地特聘计划实施情况，针对问题及时指导协调。农技推广服务特聘计划具有政府购买服务的灵活实用的优势，扩大了农技服务供给来源，弥补了公益性农技服务不足，在脱贫攻坚第三方评估考核中，被评价为具备良好的可持续性，为贫困县产业发展和贫困户发展生产提供了有效支撑。

三、激活乡土人才队伍、为产业扶贫提供有力人才支撑

参与农技推广服务特聘计划的人员多为专业大户、家庭农场、农民合作社中的优秀乡土人才，计划的实施加快了经营性农业服务组织的发展，缩短了科技成果应用路径，提高了技术的应用效率。通过政府推动、市场引导、双向选择、利益驱动，有效调动了各类人才的积极性，加快了农业

创新创业，促进了农业科技成果快速转化为生产力。河南省商城县茶叶产业特聘农技员周正详，2019年被聘为特聘农技员，为解决茶产业"低产、低效、低附加值"的普遍问题，赴湖南、安徽等地考察学习，从优化品种入手，引进良种、改良茶园，将传统工艺拆分为12道工序，编制了《商城高山茶种植规程》《商城高山茶加工技术规范》等技术手册，深入农户茶园开展现场指导和教学，集中培训茶农6次近4 000人次，推动实现商城高山茶标准化、现代化生产。及时总结农技推广服务特聘计划实施中的好做法好经验，形成了一批可复制可推广的典型模式，遴选出一批最受欢迎的特聘农技员，利用广播、电视、报刊、网络等媒体，大力宣传优秀特聘农技员的先进事迹，扩大影响成效，营造支持特聘农技员服务基层、创业富民的良好氛围。

云南省特聘农技员与农业部门及专家到金山村五组了解蔬菜种植中存在的问题及困难，并给出菜农合理的建议和解决方案

267 个产业技术顾问团队助力未摘帽县脱贫摘帽

为克服新冠肺炎疫情影响，推进未摘帽县特色产业发展，动员全国农业科教力量，为2020年未摘帽的52个贫困县组建了267个产业技术顾问团队，助力当地挖掘特色资源、生产优质产品、做强特色产业，通过推进产业发展促进脱贫摘帽。

一、围绕需求，针对未摘帽县特色产业打造技术帮扶"升级版"

一是更加精准对标产业问题。 组织开展52个未摘帽县产业发展调研，依据资源特点，确定267个具有发展潜力和带贫作用的特色产业，重点摸清发展现状、优势和存在问题。**二是更加精准配备对口专家。** 针对未摘

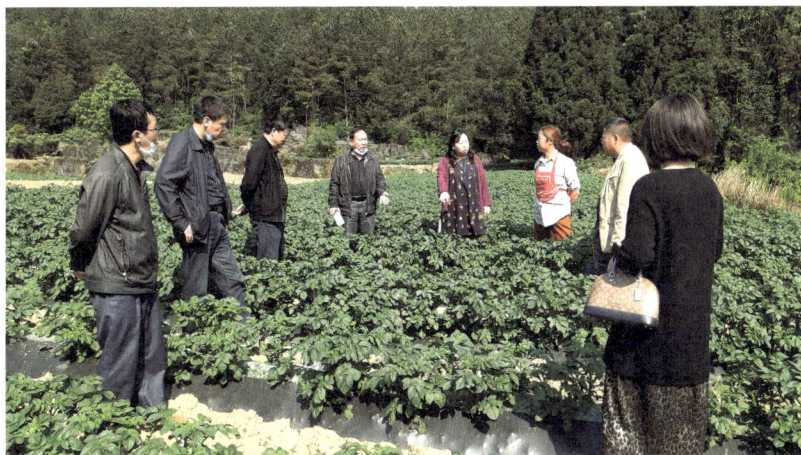

国家马铃薯产业技术体系专家、贵州省威宁县产业技术顾问组深入企业基地开展技术指导及生产模式调研

帽县农业产业"小、特、区域性强"的特点，在已经组建的产业扶贫技术专家组和"三区三州"科技服务团基础上，调配和补充特色专家队伍，优化科技资源配置，组建了由418名专家组成的、267个产业技术顾问团队。**三是更加精准明确工作着力点**。确定专家省级层面牵头人、技术顾问组组长及当地农口部门、生产经营主体联系人，推动产业情况和问题在政府部门、生产经营主体、专家顾问组之间通畅流动，精准帮扶壮大特色产业。

二、多措并举，贯通三大体系提供全产业链全方位产业技术指导服务

一是巩固深化现有科技帮扶成果。组织基层农技人员与贫困村开展结对帮扶，加大特聘农技员招募力度，实现农技服务贫困村全覆盖。加大高素质农民培训倾斜力度，重点开展"一村、一品、一人（产业发展带头人）"培训，实现农民教育培训全覆盖。**二是以问题为导向丰富产业技术顾问制度内容**。以县为单元实施产业技术顾问制度帮扶"八个一"：编制或完善一个产业发展规划，引进一批特色产业优良品种，集成推广一批适用配套技术，建设一批科技示范基地，引荐一批生产、加工、销售、电商等连贫带贫企业，培养一批懂产业、善经营、会管理的产业带头人，每县培育一个特色产业，形成一批科技要素推动的产业扶贫模式。**三是针对提升全产业链水平开展技术帮扶服务**。对照各未摘帽县实际需求，按照壮大产业所需要的"好品种、好环境、好企业、好机制、好故事、好品牌"等要素，有针对性地补齐产业短板，提升产业发展质量，提高产业带贫能力，打造贫困地区富民产业和支柱产业。

三、完善机制，发挥产业顾问制度在稳定脱贫与乡村振兴相衔接的重要作用

一是建立组长牵头负责机制。每县产业技术顾问组明确一名组长，牵头负责整县扶贫工作，贫困县不摘帽，科技帮扶不撤队伍。推动生产经营主体与专家顾问建立稳定联系，脱贫之后再"扶上马，送一程"。**二是做实需求对接机制**。明确每县扶贫产业发展联络人，承担与顾问组组长对接任务，每省在省级农业农村部门、农业科研部门各明确一位联络员，负责本省内专家、管理部门和贫困户等各方协调，确保顾问制度顺利实施。**三是明确蹲点工作机制**。要求每位顾问保证一定的一线工作时间，种养业、加工业的现场指导不少于每年60人次，深入了解产业情况，开展产业发展决策咨询和技术指导。**四是完善长效服务机制**。对承担顾问任务的现代农业产业技术体系专家给予经费支持，非体系专家在体系优化调整中给予倾斜支持，通过长期稳定的经费支持巩固长效帮扶机制。

四、真抓实干，产业技术顾问组积极为未摘帽县产业壮大坐诊把脉

产业技术顾问制度实施以来，累计开展集中扶贫活动500多次，制定完善产业发展规划和方案150多个，引进示范新品种新技术新模式1 000余个，对接新型经营主体1 300多家，开展指导培训800多场次。云南泸水市产业技术顾问组指导当地建立沃柑示范基地，开展11个柑橘品种试验示范，构建"党建＋合作社＋贫困户＋科技"产业扶贫模式，带动老窝镇500亩、泸水市5 000亩、怒江州15 000亩高海拔特色晚熟沃柑产业发展。新疆和田地区产业技术顾问组帮助当地发展蚕桑产业，推广栽植杂交桑、果桑、生态桑4万亩，形成洛浦县以桑果开发，和田县以桑叶饲料种植加

工、家禽饲养，策勒县、昆玉市以养蚕、桑叶饲料开发为主的区域性蚕桑产业新格局，建立了以栽桑养蚕、桑叶茶加工、桑枝食用菌、桑果产品、饲料加工、休闲旅游观光为一体的一二三产业融合发展新模式，带动2 000户贫困户就业，累计增加贫困户收入1 500万元。

贵州省沿河县产业技术顾问组专家在沿河县庄严村红心猕猴桃示范基地开展猕猴桃生产技术指导

贫困地区村庄基本实现干净整洁

指导推动贫困地区在集中精力脱贫攻坚的前提下，积极稳妥、扎实有序推进农村人居环境整治。832个贫困县基本实现干净整洁的目标，农村卫生厕所普及率超过45%，农村生活垃圾收运处置体系覆盖90%以上的行政村，95%以上的行政村开展了村庄清洁行动，832个贫困县基本实现干净整洁。

一、加强分类指导

印发《关于扎实有序推进贫困地区农村人居环境整治的指导意见》，明确贫困地区以决战决胜脱贫攻坚为中心任务、以实现干净整洁为基本目标、探索"菜单式"梯次推进由易到难的整治模式、统筹考虑农村人居环境基础设施建设、推进乡村产业发展和农村人居环境整治互促互进、农村人居环境整治项目向有条件的贫困地区倾斜、加大农村人居环境整治宣传引导力度七方面要求。组织召开深入学习浙江"千万工程"经验扎实推进农村人居环境整治、农村厕所革命、农村生活垃圾治理、农村生活污水治理、贫困地区农村人居环境整治等会议，进一步明确地处偏远、经济欠发达等地区，在优先保障农民基本生活条件基础上，实现人居环境干净整洁的基本要求。对标《农村人居环境整治三年行动方案》，坚持因地制宜、分类施策，指导贫困地区将所辖县分为三类，提高工作指导精准性，832个贫困县中80%以上划分为三类县。组织专家赴南疆、四省涉藏州县等贫困地区调研，宣讲政策、了解情况、发现问题，提出意见建议。在深入学习浙江"千万工程"经验、推进农村人居环境整治等培训班名额分配上向贫困地区倾斜，邀请贫困地区农村人居环境整治工作相关负责同志参加培训。

二、加大项目倾斜

在农村人居环境基础设施建设方面，针对中西部地区农村人居环境基础设施短板较为突出的现实，2019年，在中央预算内投资中新增设立专项，启动实施农村人居环境整治项目，2019—2020年累计安排60亿元，支持中西部地区（含东北地区、河北省、海南省）298个县（含129个国家级贫困县）以县为单位推进农村生活垃圾、生活污水、厕所粪污治理和村容村貌提升等重点任务，明确要求严格落实国家在贫困地区安排的公益性建设项目取消县级和西部连片特困地区地市级建设资金的政策。启动实施农村厕所革命整村推进财政奖补政策，统筹考虑不同区域经济发展水平、基础条件等情况，以奖补方式支持和引导各地推动有条件的农村普及卫生厕所，实现厕所粪污基本得到处理和资源化利用，2019—2020年共安排中央财政资金144亿元，其中安排中西部省份130亿元。在农村人居环境激励措施方面，2019年3月，印发《农村人居环境整治激励措施实施办法》，明确提出鼓励各

农业农村部办公厅
国务院扶贫办综合司
生态环境部办公厅　**文件**
住房城乡建设部办公厅
国家卫生健康委办公厅

农办社〔2019〕8号

农业农村部办公厅　国务院扶贫办综合司
生态环境部办公厅　住房城乡建设部办公厅
国家卫生健康委办公厅关于扎实有序推进
贫困地区农村人居环境整治的通知

各省、自治区、直辖市和新疆生产建设兵团农业农村（农牧）厅（局、委）、扶贫办、生态环境厅（局）、住房和城乡建设厅（局、委）、卫生健康委：

习近平总书记指出，农村环境整治这个事，不管是发达地区还

— 1 —

农业农村部联合4部门印发《关于扎实有序推进贫困地区农村人居环境整治的通知》

省向上年度治理成效明显、整治变化较大的经济欠发达地区倾斜。2019—2020年共落实7.8亿元资金，激励支持39个县（市、区），其中包括江西省上饶市横峰县、海南省琼中黎族苗族自治县、甘肃省陇南市康县、青海省海南藏族自治州贵德县等贫困县。

三、强化技术支撑

加大对贫困地区农村改厕技术指导服务力度，在湖北省咸丰县、贵州省剑河县等，以干旱、寒冷地区为重点组织开展农村改厕模式与技术集成试点示范。举办农村户厕技术指导线上培训班，安排有关贫困县卫生健康、农业农村部门人员参加，进一步提高贫困地区农村改厕工作水平。组织召开干旱寒冷地区改厕技术研究座谈会，举办全国农村人居环境治理技术产品展以及农村改厕新技术新产品展示交流活动、技术产品创新大赛、技术论坛等，推进适宜贫困地区的技术产品研发，广泛动员企业、科研机构等社会力量参与农村人居环境整治。

贵州省剑河县荣获第一届全国农村改厕技术产品创新大赛一等奖

四、加大宣传力度

通过各类媒体、全国农村人居环境微信公众号、头条号等，积极宣传贫困地区农村人居环境整治的经验做法、主要成效和典型范例。通过赠送宣传画、发布科普动漫、印送图书等方式，调动贫困地区农民群众自觉参与农村人居环境整治，引导农民群众养成健康卫生意识和良好生活习惯。2020年3月，通报表扬了106个全国村庄清洁行动先进县，并进行集中宣传展示，其中包含西藏自治区拉萨市曲水县等20个贫困县。

贫困地区建成高标准农田 2.1 亿亩

将高标准农田建设与脱贫攻坚紧密衔接，优先支持革命老区、国家级贫困县，特别是"三区三州"等深度贫困地区建设高标准农田。截至2020年，贫困地区已累计建成高标准农田2.1亿亩。特别是2019年以来，共安排832个贫困县高标准农田建设中央资金约562亿元，支持建设高标准农田4 950万亩。通过实施高标准农田建设项目，贫困地区农业基础设施条件明显改善，农业综合生产能力有效提升，产业发展基础不断夯实，有力推动了优势特色产业发展，促进了农民脱贫增收。

一、强化制度保障

2019年，印发《国务院办公厅关于切实加强高标准农田建设提升国家粮食安全保障能力的意见》，这是我国实施高标准农田建设以来，首个专门指导高标准农田建设的顶层政策文件。文件明确指出"优先支持革命老区、贫困地区以及工作基础好的地区建设高标准农田"，为高标准农田支持产业扶贫提供了有力的制度保障。

二、优化贫困地区高标准农田建设布局

按照《乡村振兴战略规划（2018—2022年）》提出的高标准农田建设目标任务，结合脱贫攻坚有关要求，修编《全国高标准农田建设规划》，明确将高标准农田建设规划与当地扶贫规划衔接，优先支持贫困地区，统筹推进高标准农田建设和高效节水灌溉，科学合理布局，推动改善贫困地

区农业生产基础条件，进一步提升农业综合生产能力。

江西省修水县高标准农田

三、优先支持贫困地区开展高标准农田建设

一是建设资金保障能力逐步增强。机构改革后，中央层面整合农业综合开发、土地整治、农田水利等相关资金设立农田建设补助资金专项，明确中央预算内投资农业生产专项，支持各地开展农田建设。为解决高标准农田建设成本不断升高、资金投入不足带来的挑战，2020年在中央财政极其困难、许多支出大幅压减的情况下，中央财政农田建设资金仍比2019年增长了近8亿元，总额达到867亿元。各地优化财政支出结构，将农田建设作为重点事项，加强财政资金保障。一些地方多渠道筹集资金，探索了农田建设融资新路径。江西、四川明确高标准农田建设每亩投入不低于3000元，江西累计发行两期乡村振兴（高标准农田建设）专项债券共计78.39亿元，四川采取市县财政安排一点、涉农资金整合一点、发行债券筹集一点、社会资金投入一点"四个一点"提高投入标准。黑龙江利用政府一般债券，支持高标准农田建设。广西明确高标准农田建设国家和省级

财政投资标准为1 500元／亩，高效节水灌溉项目每亩增加300元。江苏亩均财政投入1 750元。山西利用高标准农田建设形成的新增耕地和产能指标交易作为投资回报，引入专业公司实施百万亩高标准农田建设。贵州按照"新建3千元／亩，提质改造2千元／亩"的补助标准，采取"先建后补"方式，鼓励新型农业经营主体投资坝区高标准农田建设。

二是加大贫困地区任务和资金的倾斜支持。在安排高标准农田建设任务和资金时，将脱贫攻坚作为重要的测算因素，积极向贫困地区倾斜。在下达年度建设任务时，明确要求各地要统筹推进产业脱贫和高标准农田、高效节水灌溉建设，优先支持革命老区、国家级贫困县，特别是"三区三州"等深度贫困地区建设高标准农田。

三是降低贫困地区立项门槛。考虑到贫困地区多处于丘陵山区，农田建设成本较高，集中连片的耕地面积较少，允许各省根据实际情况，适当降低贫困地区单个项目建设立项规模，适度提高投资标准。

四是督促各地落实支持情况。按期调度各地支持贫困地区建设高标准农田情况，督促各地按照相关要求，尽快落实到位。2020年以来，共调度贫困地区高标准农田建设支持情况4次，有效推动了支持政策措施落实。

四川省南充市仪陇双胜镇群利村2018年粮油扶贫示范区

贫困地区农村集体产权制度改革稳步推进

强化组织领导，完善工作机制，将农村集体产权制度改革与脱贫攻坚相结合，通过扶持特色产业发展、强化资产收益扶贫等方式壮大集体经济，带动贫困人口脱贫致富。

一、推进农村集体产权制度改革试点扩面深化

2015—2020年，全国先后组织开展五批农村集体产权制度改革试点，共有28个省份、89个地市、442个县整建制开展试点，其中有481个贫困县被纳入试点。在2019年度改革试点单位中，将重庆、贵州、陕西、宁夏等西部省（区、市）列入整省试点单位，明确要求各地梳理改革任务，抓好宣传培训，落实保障措施，强化督导检查，按期保质完成改革任务。

贵州省剑河县苗族村寨光条村完成农村集体产权制度改革，领到了黔东南地区第一本农村集体经济组织登记证书

2020年3月部署尚未开展整省试点的13个省份全面推开改革试点，四川、西藏、甘肃和青海等贫困地区包括在内。2020年8月，召开全国深化农村集体产权制度改革试点工作会议，重庆、青海等试点单位相关负责人进行经验交流。

二、促进贫困地区集体经济薄弱村发展提升

2018年，印发《关于坚持和加强农村基层党组织扶持壮大村级集体经济的通知》，明确提出2018—2022年，在全国范围内扶持10万个左右行政村发展壮大集体经济，中央财政已累计安排扶持资金289亿元。2019年，印发《关于进一步做好贫困地区集体经济薄弱村发展提升工作的通知》，要求各地加快推进贫困地区薄弱村集体产权制度改革，探索集体经济薄弱村发展提升的有效路径，通过盘活集体资产、入股或参股、量化资产收益等渠道增加集体经济收入，实现更多的集体经济薄弱村有经营收益、有成员分红，为打赢脱贫攻坚战提供有力保障。

三、强化贫困地区典型引领和调研培训

2019年以来，两次开展学习全国农村集体产权制度改革试点典型经验活动，从前三批试点中选取80个单位，形成典型案例，为贫困地区开展农村集体产权制度改革、发展壮大农村集体经济提供样板。2020年出版的《农村改革试验区改革实践案例集》中，收录部分脱贫攻坚典型案例，提炼了一批可复制、可学习、可借鉴的脱贫攻坚成果。总结推广安徽、重庆、贵州、甘肃、陕西等省份在脱贫攻坚中探索出的农村"三变"改革经验，支持各地探索以股份为纽带联结新型经营主体，盘活资产资源要素，促进农民增收和集体经济发展。在江苏沛县举办全国农村集体产权制度改革试点评估总结培训班，在浙江象山

举办发展壮大集体经济培训班，重点对贫困地区干部和村党支部书记讲解深化农村集体产权制度改革和发展壮大集体经济的有关政策，交流各地经验做法，确保按时保质完成有关改革试点任务。

2020年9月，农村集体产权制度改革试点评估总结培训班在江苏举办

党组织结队帮扶助力贫困村加快发展

2016年以来，农业农村部组织18个机关司局和36个直属单位党组织，与5个定点扶贫县和环京津28个贫困县的70个贫困村党组织开展结对帮扶，调动各直属党组织力量投入精准扶贫、精准脱贫。各直属党组织深入基层、深入农户，为帮扶村发展想办法、出主意，助力帮扶村全部实现脱贫。

一、因地制宜，推动帮扶村产业发展

一是帮助谋划产业发展。 各直属党组织紧密结合自身业务职

2016年，农业部直属机关党委印发通知，组织机关司局党组织与部定点扶贫地区村党组织开展结对帮扶

能和帮扶村实际，充分发掘当地特色优势，指导推动帮扶村发展产业200多个。有的直属党组织支持帮扶村创建1 000亩以上的茶叶标准园，集成推广茶园整地、茶树修剪、病虫防控等技术模式，提高茶叶生产标准化水平。有的直属党组织支持帮扶村壮大藤茶产业，推动发展水稻制种产业，推广种植马铃薯1 000亩。有的直属党组织立足帮扶村资源禀赋，帮助发

展稻渔综合种养，面积扩大到445亩，每亩增收2 000元以上。有的直属党组织支持帮扶村发展架豆种植业，帮助建设200个春秋大棚，建成架豆园区，带动200户贫困户持续稳定增收。**二是加强项目资金支持**。各直属党组织积极发挥自身优势，加大项目资金支持力度，协调资金总计3亿多元，助力帮扶村脱贫。有的直属党组织主动协调有关部门，先后争取各项资金、带动各类投资共计2 300多万元，汇聚众智、凝聚众力帮助帮扶村发展主导产业、促进农民脱贫致富。有的直属党组织积极协调投入资金130万元，支持帮扶村发展脐橙产业，建设柑橘产业示范区，脐橙种植规模达到3 700亩。有的直属党组织协调多方投入资金140万元，支持帮扶村建设水果冷藏库，发展休闲农业和乡村旅游。**三是加大指导培训力度**。各直属党组织围绕帮扶村产业需求，进一步加强技术指导和人员培训，先后开展专家指导和技术培训300多场次，累计培训近2万人次。有的直属党组织针对帮扶村传统产业百合种植存在的问题，联系农科院的百合专家为农民群众提供技术指导，有效提升百合品质，为百合产业提供科技支撑。有的直属党组织发挥自身优势，把"扶智""扶志"作为帮扶重点，把人才培养作为扶贫脱贫的重点，免费为当地干部群众提供培训服务500余人次。有的直属党组织发挥专业优势，连续3年举办定点精准扶贫专题培训班，共计培训近600人次。**四是拓展产品营销渠道**。针对帮扶村农产品滞销卖难等问题，各直属党组织积极牵线搭桥，帮助拓展销售渠道，累计帮助帮扶村销售农产品达4.3亿元。有的直属党组织协调批发市场经销商与帮扶村建立产销对接长效机制，帮助销售土豆、蜂蜜等农产品。有的直属党组织支持当地农业企业参加农交会、优质农产品展销周、生态食品博览会等展销，免费设立农产品展示台和电商中心，开展营销帮扶。有的直属党组织整合资源，线上宣传、线下推介一体推进，帮助打造区域公用品牌和特色优质农产品品牌，推动当地农产品在京销售额达到 1 900 多万元。

农业农村部种业管理司在来凤县定点扶贫村建立水稻良种繁育基地

二、关心民生，改善村民生活状况

一是修缮村内公共设施。各直属党组织认真了解基层需求，重点针对影响村民生产生活的道路、活动场所等问题，多渠道争取资金，帮助修建完善公共设施180多个。有的直属党组织协调筹集20万元，帮助帮扶村修建2条组级路，解决了4个村民小组30多户分散居住村民日常出行问题。有的直属党组织协调多方力量向帮扶村捐款30万元，用于村党支部建设、文化广场和2座便民桥修建，协助筹建图书阅览室，丰富村民文化生活。有的直属党组织捐赠自有资金40万元，支持帮扶村修建8个水泥蓄水池，解决500亩农业灌溉和66户贫困村民用水需求。**二是改善村民生活环境**。各直属党组织聚焦农村人居环境综合整治特别是厕所革命，积极开展调研，协调资金，帮助帮扶村改善居住环境。有的直属党组织加强项目支持，将帮扶村列为农村卫生厕所技术、产品及模式创新应用试点示范村，协调落实项目资金支持140个农户改厕，并建立2个公厕和3座污水处理系统。有的直属党组织积极联络为帮扶县申请各项建设资金近2 000万元，开展道路桥梁、灌排水系统、危房改造等建设，使村民生产生活居住条件得到显著改善，告别了村容村貌脏乱差的现象。**三是开展扶贫捐赠活动**。面对贫困村的困难群众，各单位党员干部伸出援手，献上爱心，走访慰问贫困户2 000多户，捐款捐物价值近4 000万元，进一步增进了与农民群众的感情。有的直属党组织协调农机企业向帮扶村捐赠拖拉机、收割机、烘干机等价值70万元的农机具，指导村里成立农机合作社，开展农机社会化服务。有的直属党组织开展义诊活动，组织医疗人员为帮扶村村民开展健康检查和疾病诊治，现场接诊800余人次。有的直属党组织支持帮扶村所在县建设兽药疫苗安全评价试验站，援助价值270多万元的仪器设备、试剂耗材。

三、联学共建，促进党组织共同提升

一是用好专项党费。部直属机关党委划拨640万元专项党费，支持帮扶村党组织建设和脱贫攻坚。各直属党组织与帮扶村密切沟通，结合实际联合制定党费使用方案，确保每笔党费都用在刀刃上、见到实效。有的直属党组织与帮扶村党支部协商，使用专项党费更新党员教育设施，开展党员教育和脱贫攻坚培训。有的直属党组织使用专项党费支持帮扶村安装60多块光伏发电太阳能板，日发电100多度，年收益近1万元，解决了村两委会及全村公益事业用电问题。有的直属党组织将专项党费用于支持帮扶村建设生物多样性保护种植园区，栽种经济花木4万多株。**二是开展联学共建**。各直属党组织与帮扶村党组织联合开展主题党日、座谈交流等活动300多次，与帮扶村党员相互学习、共同进步。有的直属党组织组织党小组与帮扶村村民小组建立经常性联系交流机制，定期进组入户摸情况、问需求，共同学习研讨。有的直属党组织组织党员与帮扶村党员共过组织生活，学习宣传党的扶贫助农政策，帮助规范支部工作制度。有的直属党组织与帮扶村党支部联合开展"强党建、助脱贫"主题党日活动，在村党支部开展专题系列党课，和驻村干部一道宣传解读党的扶贫政策。**三是深入走访调研**。各直属党组织普遍将帮扶村作为联系群众的重要载体，班子成员带头，组织党员干部到帮扶村了解民情、增长本领、锤炼作风，累计参与调研达到 3 000 多人次。有的直属党组织班子成员先后 10 次带队赴帮扶村调研，并邀请村党支部书记一行来京联合开展主题党日活动。有的直属党组织聚焦脱贫攻坚与乡村振兴有机衔接，组织党员干部赴帮扶村开展入户走访、座谈交流。有的直属党组织选派青年博（硕）士赴帮扶村开展深度调研，形成专门研究报告，提出乡村产业发展规划建议。有的直属党组织承办"根在基层"主题调研实践活动，组织青年干部深入帮扶村了解基层扶贫情况，与村民同吃同住同劳动，锤炼党性作风。

农业农村部部属事业单位与龙山县打溪村开展党支部共建活动

.

地 方 篇

河北

凝心聚力育产业　精准攻坚保脱贫

河北省农业农村厅

习近平总书记视察河北时强调："一个地方必须有产业，有劳动力，内外结合才能发展"；"要把发展生产扶贫作为主攻方向，努力做到户户有增收项目、人人有脱贫门路"。河北省委、省政府认真贯彻习近平总书记重要指示精神，全面落实党中央脱贫攻坚决策部署，聚焦精准扶贫、精准脱贫，高站位、高质量、高水平抓好产业扶贫这一根本之策和长久之计，实现扶贫产业贫困人口全覆盖、产业项目贫困户全覆盖、经营主体和科技服务贫困村全覆盖。贫困人口通过参与产业发展分享收益、脱贫增收，产业扶贫成为覆盖面最广、带动人口最多、可持续性最强的扶贫举措，为全面打赢脱贫攻坚战、全面建成小康社会提供了有力支撑，为接续推进乡村振兴、加快实现农业农村现代化奠定了坚实基础。2019年年底，河北省62个贫困县（国定县45个）全部摘帽，7 446个贫困村全部出列，历史上首次消除区域性整体贫

河北省"十三五"产业精准扶贫规划
（2016—2020年）

河北省农业厅
河北省省委省政府农村工作委员会
2016年7月

河北省"十三五"产业精准扶贫规划（2016—2020年）

困。2020年年底，全省产业防贫监测体系建立，产业扶贫项目贫困户二重覆盖率达89%，扶贫产业带动贫困人口年人均增收5 343元，全省建档立卡99.5万户、232.2万人全部脱贫。

一、突出特色，调优结构，融合打造高质量脱贫产业

产业特色日益突显。因地制宜实施特色种养、林果、光伏、旅游、电商、家庭手工六大特色产业扶贫项目5.3万个，将贫困户全部嵌入产业链条。特色农业重点发展带贫广、增收强的蔬菜、中药材、食用菌、杂粮杂豆、水果和肉牛、肉羊、肉鸡、蛋鸡"五种四养"产业，62个贫困县重点培育27类农业特色扶贫产业106个（次），7 746个贫困村培育优势品种11 786个（次），从无到有、从弱到强形成"一县一业""一村一品"格局。利用丰富的光照资源发展光伏扶贫，全省装机规模392.3万千瓦，居全国首位，带动20.1万户贫困人口受益。张北县建设光伏扶贫项目26.5万千瓦，通过"公益岗位＋特困救助＋村集体事业"的分配原则，惠及1.7万贫困户年增收3 000元，并可持续20年，成为贫困群众增收的"铁杆庄稼"。总结推广涞水县"双带四起来"和丰宁县"非遗＋扶贫"乡村旅游模式，全省累计带动793个贫困村20多万贫困人口脱贫增收，好风景带来"好钱景"。创新发展魏县"扶贫微工厂"产业扶贫模式，全省规范认定扶贫车间382个，吸纳1.3万贫困人口在家门口就业增收。**产业规模稳步壮大**。加快推进农业结构调整，全省2019年年底（2020年统计数据尚未公布）蔬菜、食用菌、中药材、杂粮杂豆种植面积分别为483.00万亩、18.96万亩、84.63万亩、407.73万亩，较2015年年底分别增加126.07万亩、0.06万亩、31.52万亩、22.01万亩；肉牛、肉羊、家禽出栏分别为180.15万头、1 170.82万只、2.80亿只，较2015年年底分别增加29.53万头、122.54万只、0.72亿只。阜平县食用菌产业从"零基础"起步5年发展成

为"一号"扶贫产业，年产值近10亿元，覆盖农户1.5万户，直接带动增收3亿元。重点建设7个国家级、45个省级特色农产品优势区，建成太行山燕山百里苹果、冀南太行山百里中药材、平原百万亩沙地梨3个产业带，打造了越夏食用菌、梨2个国家级产业集群。饶阳34万亩设施果菜、平泉3.5亿棒香菇、巨鹿10万亩金银花等，规模水平均居全国第一。**产业链条融合紧密。**指导每个贫困县确定1～3个特色带贫优势产业，延伸产业链、锻造人才链、提升价值链，拓宽增收链、完善利益链。围绕特色农产品优势区创建和农产品加工产业集群，在环京津地区打造中央厨房加工企业，贫困地区共培育年销售额10亿元农产品加工集群20个，创建扶贫产业园629个、省级现代农业园区96个、产业强镇16个。

河北平泉食用菌擎起农民脱贫致富"顶梁柱"

二、配强机构，优化举措，精准实现贫困户产业覆盖

组织推动协调有力。建立12个省直部门和各市政府组成的产业扶贫部门协调推进机制。省农业农村厅实施"一全一直一最"（领导班子全员抓扶贫、直接抓产业扶贫项目、资金最大限度向贫困地区倾斜的要求）机

制，抽调精干力量成立产业扶贫指挥部，举全厅之力抓产业扶贫。各市和62个贫困县成立产业扶贫工作专班，形成了尽锐出战、协调联动的产业扶贫工作机制。制定省、县"1+62"产业扶贫规划，出台提升产业扶贫质量水平三年行动、培强农业特色扶贫主导产业、完善贫困地区乡村产业体系等46个政策文件，精准指导全省产业扶贫工作。连续5年召开全省产业扶贫工作现场会，专项调度推进产业扶贫工作。**支撑要素保障到位**。2016—2020年累计投入贫困县省级以上财政支农资金341.26亿元，为贫困地区农业特色产业发展提供了有力支撑。特别是2018年以来每年为10个深度贫困县每县安排1亿元用于脱贫攻坚。2016—2020年累计设立助农取款服务点10.8万个，实现助农取款服务100%全覆盖。开创性地建立了三级金融服务网络，实现乡村金融服务从"没人管"到"管到底"的转变。在石家庄股权交易所设立全国首个"金融扶贫板"，为扶贫龙头企业等市场主体进入资本市场打通了"最后一公里"。探索建立防贫保险机制，中央财政补贴型险种达15个，魏县率先在全国开展了"防贫保"试点工作。**责任举措精准有力**。开展"千村万户"产业扶贫调研和产业就业情况普查，明确帮扶需求。组织410名专家和干部，组成113个评估组对所有贫困县、贫困村扶贫产业进行全链条评估。建立产业扶贫数据统计系统以及贫困户、未脱贫户、脱贫不稳定户、边缘易致贫户、易地扶贫搬迁贫困户五个任务清单，做到了户有登记表、村有花名册、乡以上有统计表，并对年度产业减收幅度超过20%的贫困户及早帮扶。建立产业扶贫项目、科技服务、带贫主体、产销衔接四项重点工作台账，强化到村到户重点帮扶措施落实落地。发挥考核"指挥棒"作用，分类建立1 515个长期定位监测点，将产业项目覆盖率和项目收益率作为重要指标，通过动态分析、监测评估和考核评价树立工作导向。开展扶贫产业专项评估和困难问题大排查活动，对标对表高质量完成中央巡视、督查、国考各类反馈问题整改，推动产业扶贫工作规范开展。

三、培强主体，系紧纽带，持续提升产业带贫收益

主体带贫能力持续增强。开展农业大招商，贫困地区共签约项目162个，总投资776.39亿元，引进正大、中粮、益海嘉里等带动力强的知名企业143家，基本覆盖县域主导产业。省级农业产业化龙头企业认定标准向贫困地区倾斜，认定标准按照80%执行，对省重点龙头企业新建、改扩建扶贫产业项目年投资额3亿元以上的给予300万元奖补。62个贫困县累计打造省级龙头企业256家，年销售额亿元以上龙头企业110家。开展农民合作社规范提升活动，推广"清（清理整顿）、查（风险排查）、联（联合合作）、提（规范提升）、创（示范创建）"五字工作法，贫困地区累计发展合作社5.3万家（省级以上示范社636家），实现贫困村全覆盖，带动贫困户户均增收1 092元。全国促进家庭农场和农民合作社高质量发展工作推进会在河北省召开。**带贫增收机制持续完善。**出台新型经营主体扶贫带贫减贫工作方案，总结推广扶贫资金、长期订单、股份合作、资产收益、产销衔接、土地流转托管和就业帮扶七种产业扶贫模式。在全国率先创建农业产业化联合体，贫困地区围绕扶贫主导产业累计建成128个联合体，辐射带动90%以上的贫困村参与农业产业化经营。推行以股份合作为纽带的政府＋金融＋科研＋龙头＋合作社（基地）＋农户"六位一体"新兴合作经营模式，实行企业统一负责流转土地、基础设施、种养品种、技术指导、品牌打造、加工销售和农户分户经营管理的"六统一分"协作机制，实现贫困户与企业、金融、科技的有效联结，让贫困户入股分股金、务工挣薪金、订单产品收现金，分享第一产业种养和第二、第三产业延伸收益。**典型示范效应持续扩大。**连续三年实施"十（典型）百（龙头）千（贫困村）"示范工程，培树十大产业扶贫发展模式、四大类26个产业扶贫

样板、100个扶贫脱贫典型，遴选评定了优秀产业指导员124名、省级扶贫龙头企业591家，打造特色产业样板村1 119个。涞水县"双带四起来"旅游扶贫、威县金鸡产业收益扶贫模式被选为中央政治局第39次集体学习精准扶贫典型案例，平泉市"三零"产业扶贫模式入选全国十大典型，河北省推进"政银企户保"金融扶贫新模式入选全国"十大产业扶贫机制创新案例"，15个典型被农业农村部"两个一百"产业脱贫和帮扶典型案例收录，农业创新驿站案例入选全球最佳减贫案例。农业农村部3次在河北省召开产业扶贫现场会。人民日报、光明日报、新华网等媒体围绕河北省产业扶贫工作举措、先进典型等方面刊登宣传稿件500余篇，有效营造了产业扶贫、产业脱贫良好氛围。

河北坝上马铃薯制种农户喜获丰收

四、构建平台，指导到村，全力提升扶贫产业科技水平

指导体系日臻完善。依托省级现代农业产业技术体系19个创新团队和237名特色产业岗位专家，建立省市县乡村五级产业扶贫技术服务体系，

与贫困县产业基地实行一对一定向服务，形成"专家团队＋先进适用技术研发＋科技成果转移转化＋扶贫产业培育＋创业主体培育"的服务链条。按照"十个一"（一个特色优势产业、一个高层次专家团队、一个产业承接平台、一个研发推广中心、一支技术推广队伍、一套标准化技术体系、一个精品品牌、一笔专项经费、一套绩效目标、一套运行机制）标准，在贫困县主导产业上累计建成农业创新驿站81个，通过驿站转化、应用、推广600多个农业新品种、380多项新技术新成果，科技贡献率达到80%以上，共示范引领800多个农业新型经营主体发展，辐射带动近10万农户增收致富。顺平县太行山第一农业创新驿站创建人孙建设教授获全国脱贫攻坚奖。**技术服务进村到户**。大力弘扬李保国把论文写在大地上的务实作风，引导技术人员上坝进山到村入户，累计组织709个专家团队、14 706名专业技术人员、8 370名产业技术指导员，沉入县到产业到项目对接服务。统一设立村级产业发展指导员技术服务公示牌，按照"五个一"（开展一次调研对接、帮扶一个产业项目、设计一套产业技术指导方案、开展一次技术培训、发放一本技术手册或明白纸）挂牌承诺服务，共开展进村入户服务128 454次、政策技术培训243 629人次，协助落地产业项目7 258个、解决产业发展问题16 047个、销售农产品1 276万吨。**培训指导精准高效**。实施高素质农民培训工程和贫困村创业致富带头人培育行动，累计培训实用人才、产业带头人、经营主体和贫困户13.9万人次。创新线上培训方式，充分利用农技推广云平台、农业科技网络书屋、微信公众号、手机APP、12316三农热线等现代信息手段，将各类简便实用技术送进千家万户，实现了全天候、跨时空高效服务。依托省级产业创新团队建立产业市场分析预警机制，每季度每个产业发布一次产业分析、预警报告；加强对贫困地区农产品市场价格变化研判，市场信息采集范围覆盖全部国定贫困县，引导贫困群众有序安排生产。

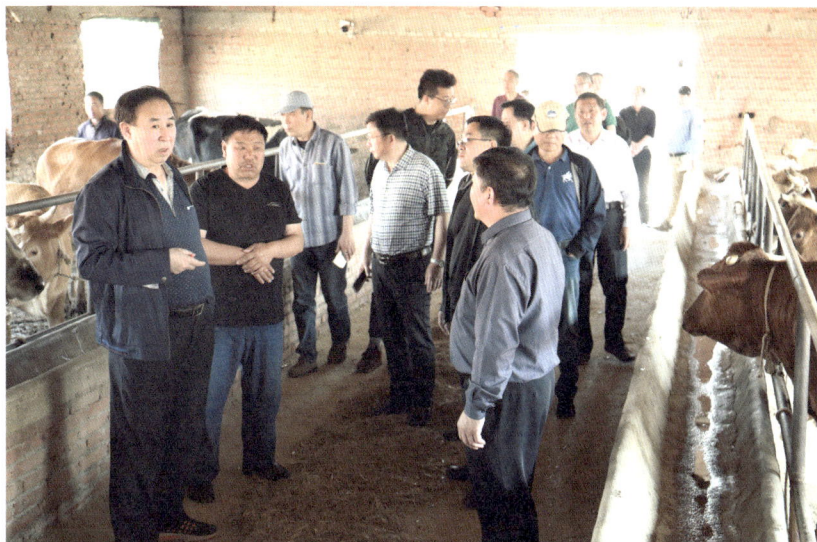

农业农村部畜牧总站技术专家指导河北省隆化县肉牛产业发展

五、培育品牌，畅通渠道，构建农产品产销稳定衔接机制

质量体系不断健全。贫困地区农业标准化生产覆盖率由2015年年底的40%提升到2020年的70%；结合产品续展认证，优先安排贫困地区的绿色食品，贫困地区产品抽检合格率一直稳定在98%以上，确保了贫困地区绿色食品的安全优质。贫困地区累计打造20个"大而精""小而特"特色农业精品示范基地，满足京津冀高端消费和冬奥会食品供给需要，涌现了一批质优价高的农产品，顶级富岗苹果100元一个，馆陶黄瓜卖到10元一根。**品牌价值明显提升。**成立河北省品牌农业建设中心，建设河北省品牌农产品（北京）展示中心供扶贫产品免费入驻，贫困县共打造区域公用品牌91个，其中围场马铃薯、巨鹿金银花、临城薄皮核桃获"中国百强农产品区域公用品牌"称号，临城薄皮核桃、巨鹿金银花、隆化肉牛入选"中国最受消费者喜爱区域品牌"。**市场渠道逐步通畅。**以"冀忆·老区臻纯"为主题，打造河北省贫困地区农产品整体品牌形象，编纂《河北省贫困地

区特色优质农产品目录》，536个企业、2 000多种特色农产品入选。组织贫困地区分级搜集批发市场、经销户、经纪人、商场超市等经营主体名录和联系方式全部建立清单台账。制定"菜篮子"产品产销衔接指南，挂到网上、发到APP上，纸质指南发给贫困村、贫困户、经营主体，消除产销衔接的信息孤岛。**产销对接形式多样**。线上"云推"，加强与阿里巴巴、京东合作，打造"河北省品牌农产品网上商城"，建立38个地方特色馆，200多家企业近千种产品上线销售。组织阿里巴巴技术脱贫大会，在不到2个小时淘宝直播中，产生14万个有效订单，销售额600万元。线下"搭台"，组织贫困地区参加河北优质农产品进京年货节、北京农业嘉年华、廊坊经贸洽谈会特色农产品采购对接，连续5年举办京津冀蔬菜、食用菌、中药材产销对接活动，销售额累计121.3亿元。

2018年5月12日，蔚县（北京）招商推介大会暨精准扶贫研讨会在北京会议中心举行

六、结对帮扶，合力攻坚，环京津扶贫共同行动成效显著

2017年农业农村部会同京津冀三省市在河北省启动实施"环京津贫困地区发展特色农业扶贫共同行动"，对口帮扶河北省环京津28个贫困县。河

北省积极对接配合农业农村部28家事业单位开展"一对一结对"帮扶，部省共选派87名挂职干部，围绕种植业结构调整优化、农产品加工业提档升级等六大任务，启动实施千村"一村一品"推进、万名农技人员"进山上坝"等八大行动。经过各方努力，已圆满完成技术援助、营销帮扶、企业合作、典型示范四个一批工作任务目标。共组建特色产业专家组142个，组织1 623名专家培训2 240场次；共开展营销活动335次，签订销售协议233个，签约金额12.1亿元，销售农产品105.7万吨；共引进省外企业107家，落实合作协议121个，完成投资49.7亿元，带动贫困户9.6万户；共帮助培育本地农业企业472家，完成投资85.6亿元，带动贫困户24.5万户。2019年年底环京津28个贫困县全部脱贫摘帽，为全省特色农业扶贫起到了示范引领作用。农业农村部3名挂职帮扶干部获河北省脱贫攻坚奖。

虽然全省产业扶贫取得了显著成效，推动贫困地区特色产业实现了跨越式发展，但总体上还处于起步期、成长期，整体水平还不高，巩固产业扶贫成果、接续推进乡村产业振兴任务十分艰巨。下一步，全省将深入贯彻落实党的十九届五中全会精神，按照党中央决策部署，把发展特色产业作为推进脱贫攻坚与乡村振兴衔接的着力点，聚集资源要素，突出做优发展规划、做长产业链条、做强带贫主体、做紧利益联结、做宽销售渠道等关键环节，持续增强产业素质和带动能力，推动扶贫特色产业向优势产业转型升级，再经过一个时期的培育，向带动面更广、带动力更强的县域主导产业转型升级，构建形成特色鲜明、融合发展、竞争力强的贫困地区乡村产业体系，为巩固拓展脱贫攻坚成果、推动乡村全面振兴奠定更加坚实的产业基础。

山 西

发展特色产业　力促增收脱贫

山西省农业农村厅

党的十八大以来，山西深入贯彻习近平总书记关于扶贫工作重要论述和视察山西重要讲话重要指示精神，全面落实中央和国家脱贫攻坚决策部署，全省上下凝心聚力，狠抓落实，奋勇担当，持续创新，合力推进"一村一品一主体"，不断完善"五有"机制，贫困地区脱贫产业快速发展，产销衔接更加紧密，龙头企业带动格局基本形成，贫困群众脱贫增收步伐明显加快，为全省脱贫攻坚决战完胜提供了有力支撑。

全省58个贫困县全部摘帽、7 993个贫困村全部退出。全省贫困地区农村居民人均可支配收入从2013年的4 875元增长到2019年的9 379元，年均增长11.5%；建档立卡户人均收入从2015年的2 327元增加到2019年的7 930元，年均增幅35.9%。据统计，58个贫困县建档立卡贫困人口主要靠特色产业带动脱贫127.69万人。山西省构建贫困村"五有"产业扶贫机制入选全国产业扶贫十大机制创新典型。大同市云州区"黄花铺出扶贫黄金道"、平顺县"药草飘香富万民"入选全国产业扶贫范例。2020年5月11日，习近平总书记视察山西时，对云州区黄花产业给予了充分肯定，指示"把黄花产业保护好、发展好，做成大产业，做成全国知名品牌，让黄花成为乡亲们的'致富花'"。全国产业扶贫（长治）现场会、全国林业扶贫（吕梁）现场观摩会、全国光伏扶贫工作（大同）现场会先后在山西省召开。产业扶贫工作在省级脱贫攻坚专项工作考核中连年获评"好"等次。

一、因地制宜，突出特色，提升脱贫产业水平

2016年，山西省委、省政府出台《关于坚决打赢全省脱贫攻坚战的实施意见》，把特色产业扶贫工程放在脱贫攻坚八大工程之首，全力实施特色农业产业扶贫、乡村旅游扶贫、电商扶贫和光伏扶贫四个专项行动，充分考虑贫困地区产业基础，结合市场需求和技术支撑等，宜种则种、宜养则养、宜林则林。在贫困县发展产业扶贫基地10 141个，其中种植业扶贫基地4 943个、养殖业扶贫基地2 061个、林草业扶贫基地668个、农产品加工基地832个、特色手工业基地334个、休闲农业与乡村旅游扶贫基地534个、其他扶贫基地769个，58个贫困县都培育了2～3个特色主导产业，产业脱贫基础进一步夯实。

（一）做强特色农业主导产业

扎实推进杂粮、果业、蔬菜、中药材、畜牧、农产品加工、乡村旅游七大扶贫产业，组织实施"8311"产业扶贫项目，对接十大产业集群，支持贫困县创建省级以上现代农业产业园33个（次），贫困地区创建国家

山西永济锐特葡萄专业合作社5000吨规模冷链仓储设施

级特色农产品优势区7个、农业产业强镇7个，创建有机旱作农业示范县7个、封闭示范片37个，涌现出一批增收效果明显的主导产业脱贫典型县。大同市云州区黄花种植面积17万亩，年实现产值6.1亿元，12 194户29 722名贫困人口人头一亩黄花，确保了稳定增收脱贫。

（二）做优乡村旅游新产业

全省58个贫困县共有全国休闲农业与乡村旅游示范县1个、示范点4个；山西省休闲农业与乡村旅游示范县14个、示范点54个；中国美丽休闲乡村12个；挂牌乡村旅游示范村233个，确定旅游扶贫示范村300个，确定黄河人家、长城人家、太行人家175家；全省具有旅游资源的建档立卡贫困村共有1 936个，其中438个村已经开展乡村旅游。全省已创建各级休闲农业和乡村旅游主体5 900多个，休闲农业和乡村旅游营业收入达到82.1亿元，接待人数达到5 500万人次，带动农户20万户，农副产品销售35亿元，涌现出一大批精品景点和精品路线。2016年以来，全省通过旅游扶贫带动18.12万人脱贫，带动脱贫率约8.22%。

（三）做精电子商务新业态

延伸农产品网销上下游服务链，全省58个贫困县骨干电商企业建设的县级服务（运营）中心实现全覆盖，通过设立村级服务站和乡村代理（代购、代送）员等方式，电商服务覆盖行政村数量由2016年的2 391个增加至2019年的12 764个，占58个贫困县行政村总数的82.9%，电商服务覆盖贫困村数量由2016年的887个增加至6 833个，占58个贫困县贫困村总数的94.3%，在巩固"双70%"的目标前提下，实现了稳定增长。58个贫困县网络销售额累计约65.4亿元，累计带动贫困人口55.8万人次。

（四）做大光伏扶贫产业

从2014年试点起步，经过试点探索、集中建设、规范提升、深化巩固，光伏扶贫从无到有、积厚成势，全省建成电站总规模294.4万千瓦，累计结算收益 37.36 亿元，惠及 6 602 贫困村，帮助 72 万贫困户稳定增收，人均增收 3 350 元。光伏扶贫收益实现贫困县贫困村全覆盖，获中国能源产业扶贫政府创新奖、全国脱贫攻坚组织创新奖。

（五）做好生态林产业

联动实施退耕还林奖补、荒山绿化务工、森林管护就业、经济林提质增效和特色林产业增收五大项目，58 个贫困县建设省级示范园 51 个，完成经济林提质增效 328.5 万亩；2020 年完成干果经济林提质增效任务 150 万亩，带动 14.3 万户贫困户户均增收 500 元，全省干果特色经济林种植面积达到 1 950 万亩，初步形成了核桃、红枣、仁用杏、柿子、花椒五大干果主产区，晋西北沙棘、安泽连翘、汾阳核桃、绛县山楂、太谷壶瓶枣等被认定为国家级或省级特色农产品优势区，山西核桃、吕梁红枣成为区域品牌和地理标志产品。58 个贫困县实施退耕还林任务 436 万亩，带动贫困户增收 12.1 亿元，惠及 20.66 万贫困户。58 个贫困县累计完成造林 1 300 万亩。特别是 2017—2020 年，累计带动贫困社员增收 15.05 亿元，平均每年惠及 4.3 万贫困社员，人均年增收 8 700 多元。精准设立生态管护岗位，全省 58 个贫困县建档立卡贫困人口集体林管护员数量达到 3.18 万人。山西组建扶贫造林（种草）专业合作社的脱贫模式得到国家林业和草原局、国家发改委、国务院扶贫办认可，联合在全国推广，并获全国脱贫攻坚组织创新奖。

二、突出重点，勇于创新，破解产业扶贫难点

（一）明确工作思路，确保精准到村到户

深入贯彻精准扶贫精准脱贫基本方略，山西省政府出台《山西省推进"一村一品一主体"产业扶贫的实施意见》，确立每个贫困村都要有特色产业和产品，都有带动贫困户脱贫的新型农业经营主体的"一村一品一主体"产业扶贫思路，全力构建贫困村有脱贫产业、有带动主体、有合作经

济组织，贫困户有增收产业项目、有技能的"五有"产业扶贫机制，密切利益联结，努力使贫困户有业可从、有企可带、有股可入、有利可获。全省7 243个贫困村确立"五有"，产业带贫益贫机制进一步完善，从根本上破解了产业扶贫到村到户不够精准的问题。

（二）聚焦深度贫困，着力攻克坚中之坚

深入贯彻落实习近平总书记在深度贫困地区脱贫攻坚座谈会上"深度贫困地区脱贫攻坚，要采取超常规举措才能实现"的指示要求，省委、省政府狠抓落实，持续打出政策、资金、项目"组合拳"，10个深度贫困县贫困发生率下降到0.45%。研究制定聚焦深度贫困集中力量攻坚若干意见，创造性地出台《关于"一县一策"集中攻坚深度贫困县的意见》，为每个深度贫困县量身定制共享政策十条、专享政策一条。制定《山西省深度贫困县农林脱贫主导产业发展的若干意见》，集中人力、物力、财力支持10个深度贫困县培育了1～2个带贫增收作用突出的农林主导产业。如天镇县发展红芸豆5.6万亩，产品远销韩国、日本、德国、法国、英国等国，年创汇8 000多万元，带动83个贫困村5 042户贫困户户均增收2 000元，昔日"糊口粮"正转变为今天的"脱贫豆"。省脱贫攻坚领导小组把"一县一策"纳入考核，召开推进会、交流会，多次召开专题会逐县逐项对标研判，持续推进政策落地。中央和省财政专项扶贫资金30%以上、地方政府债20%倾斜支持深度贫困县。

（三）创新工作举措，拓展消费扶贫渠道

贯彻落实习近平总书记"产业扶贫要在扶持贫困地区农产品产销对接上拿出管用措施"的要求，省政府创新思路、创新举措、拓展渠道，出台《关于开展消费扶贫促进精准脱贫的若干措施》，采取农特产品进机关、企业、学校、医院和军营，"五进"对接承销、龙头企业带销、宣传推介展销、商场超市直销、电子商务营销、基地认领订销、旅游带动促销、帮

扶单位助销和劳动就业推销的"五进九销"方式，促进贫困地区产品变商品、收成变收入、服务变劳务。2019年贫困地区农产品"五进"活动，现场签约5 800多万元，带动43.5万贫困户增收。中央政治局常委、全国政协主席汪洋对山西省消费扶贫批示"跟踪成效，总结推广"，胡春华副总理批示肯定，并在全国转发推广。"消费扶贫进机关"模式和"农业认养"模式入选全国消费扶贫典型案例。

三、多措并举，强力推动，压实产业扶贫任务

（一）强化思想武装

山西站在"两个维护"的政治高度，深入学习贯彻习近平总书记脱贫攻坚座谈会、中央政治局会议、视察山西等重要讲话精神，第一时间跟进、第一时间落实，牢固树立"军令状"意识，用实际行动推进产业扶贫工作。省农业农村厅党组始终认为抓好脱贫攻坚是农业农村最重要的工作，是义不容辞的工作责任。党组、中心组坚持专题学习脱贫攻坚理论和政策，举办"三农大讲堂"扶贫专题讲座和产业扶贫干部培训30余次，组织1.5万余名扶贫工作人员参加全省产业扶贫知识测试。

（二）强化高位推动

坚持以上率下，省委书记、省长带头深入贫困地区调研指导产业扶贫，在省委农村工作会、全省脱贫攻坚会议及现场推进会上部署推进。近年省委贯彻中央一号文件的实施意见均把脱贫攻坚和产业扶贫摆在突出位置。省委组织开展脱贫攻坚专项巡视，进一步压实各级各部门产业扶贫责任。各市、县党委政府主要负责同志均把产业扶贫作为主责主业，强化部署推动。省级成立分管副省长任组长的山西省特色产业扶贫工作领导小组，11个市和58个贫困县也成立了政府分管领导任组长的产业扶贫工作领导小组，形成上下一体、齐抓共推的组织体系。省特色产业扶贫工作领导小组成员单位均建立

"厅党组牵头抓总，班子成员分工负责，责任单位狠抓落实"的扶贫工作格局，建立党组专题会议定期研究扶贫工作制度等，强化考核督导，把产业扶贫纳入市县脱贫攻坚年度考核重要内容。

（三）强化规划引领

组织编制了"十三五"山西省特色产业精准扶贫规划、58个贫困县特色产业扶贫规划和10个深度贫困县农林主导产业培育规划，形成了"1+58+10"的产业扶贫规划体系，构建了"东药西薯、南果北杂、中部蔬菜、面上干果牧业乡村游"的脱贫产业格局。布局三年攻坚，制定了《山西省特色农业扶贫三年攻坚行动方案（2018—2020年)》，重点实施特优区和产业园创建等九项行动，深入推进特色农业扶贫。

（四）强化政策保障

产业扶贫政策体系完备，省级层面出台《山西省加强县级脱贫攻坚项目库建设的实施意见》等财政支持政策，《进一步规范和完善扶贫小额信贷管理若干措施》等金融支持政策，《关于设立山西省扶贫周转金的通知》《山西省新型农业经营主体特色产业扶贫贷款贴息实施办法》等产业扶持政策。市县层面也出台了相应扶持政策，如晋中市出台《支持深度贫困村发展脱贫产业财政专项扶贫资金管理办法》，吕梁市出台《关于推进产业扶贫精准到户的若干意见》，河曲县出台《2018年农业产业脱贫20项奖补政策》等。新冠肺炎疫情发生后，省政府及时出台《关于克服疫情影响确保贫困群众产业就业增收有关政策措施》等一批政策，确保增收产业稳定发展，化解农产品滞销卖难问题，有效帮助贫困群众克服了疫情影响。

（五）强化财政金融扶持

2016年以来，财政累计安排扶贫资金1 108.4亿元，其中财政专项扶贫资金541.47亿元，包括中央资金168.75亿元、省级资金185.12亿元、市级资金69.18亿元、县级资金118.42亿元。全省产业带动精准扶贫贷款发放6.3万笔1 526.2亿元，项目精准扶贫贷款发放0.1万笔580亿元。截至2020年年末，全省金融精准扶贫贷款余额987.6亿元，惠及贫困人口763.8万人次。其中，产业带动精准扶贫贷款余额526.2亿元，带动贫困人口9.7万人次；项目精准扶贫贷款余额276.9亿元，服务贫困人口721.5万人次。全省农业保险累计为77.99万贫困户提供风险保障96.62亿元，省级设立扶贫周转金，总额达46.64亿元，支持269户企业带动44.48万贫困人口增收。山西省扶贫小额信贷为54.07万户次贫困户和边缘户放贷247.26亿元、户均获贷4.58万元。山西股权交易中心服务贫困县企业441家。

（六）强化龙头带动

制定《关于扶持农业产业化龙头企业发展若干政策》，出台科技、投资扶持等十项政策，年安排资金3.96亿元，培育壮大龙头企业。在贫困县培育农业产业化省级龙头企业175家、农业产业化联合体34个。举办贫困县企业项目对接活动7场，引进签约项目220余项。出台省级扶贫龙头企业和扶贫农民专业合作社认定管理办法，2019年度认定扶贫龙头企业426家、扶贫农民专业合作社448家。深入实施农民合作社"提质创优"工程，贫困县培育示范社5 861个。据统计，全省有1 563个龙头企业、43 689个农民合作社参与扶贫，龙头带动格局基本形成。

（七）强化科技支撑

强化产业技术指导服务，在贫困县建立产业发展技术专家组135个，聘请专家438名，选派科技特派员928名，为贫困地区选聘56名首席专家提供蔬菜、水果等特色产业技术指导和咨询服务，成立由100名专家组成的有机旱作专家指导组。推进产业发展指导员制度，选聘产业发展指导员17 277人，覆盖9 931个村123.7万人。加快人人持证技能社会建设，发放山西省职业农民技能证书4万余张。注重激发内生动力，多层次、多渠道、多方式开展培训，累计培训贫困村致富带头人 2.53 万人、贫困人口 150 余万人次，贫困户都掌握了 1～2 项现代实用技术。

（八）强化产销衔接

线上线下齐发力，依托阿里巴巴、京东商城、山西苏宁、乐村淘等电商企业开展"山西品牌网上行"等活动 260 余场，推动美特好等大型超市与贫困地区进行农超对接，提升了农特产品知名度。省内省外齐发力，举办山西特色农产品展示展销活动，组织参加全国农产品产销对接和交易会，拓展贫困地区农产品销售市场。近年来，累计销售贫困地区农产品 87.56 万吨、88.45 亿元，让农产品卖上了好价钱、农民有了好收成、市民买到好东西、扶贫建立起好机制。新冠肺炎疫情期间，组织经销企业与北京新发地等农产品批发市场达成果蔬产销对接协议 3.2 万吨，订单金额 1.56 亿元，促进了贫困地区农产品销售。制定贫困地区品牌农产品目录，收录 58 个贫困县 347 家农产品向全国推介。培育"山西小米"等一批区域公用品牌和"雁门清高"苦荞茶等山西功能农产品品牌，岚县马铃薯、沁州黄小米、大同黄花被评为全国百强区域公共品牌，隰县玉露香梨等 7 个县区域公共品牌入选中国农业品牌目录。

（九）强化典型培育

总结推出安泽连翘等主导产业扶贫、主体带贫、市场化机制带贫典型 10 个，产业脱贫范例 20 余个、新型经营主体扶贫典型 50 余个，创建"五有"示范村 129 个、特色蔬菜等产业扶贫示范村 268 个、村企合作示范村 59 个、企业和合作社等新型经营主体产业扶贫典型 137 个。山西"三对三扶三分强"扶贫模式入选全国农业企业产业扶贫范例。

（十）强化宣传示范

组织省级以上观摩会 10 余次，现场示范推广产业扶贫做法。配合央视、新华社、《中国扶贫》《山西日报》《农民日报》等主流媒体报道全省产业扶贫100余次。联合《山西农民报》开展"一村一品一主体"采风活动，深度展示58个贫困县产业扶贫经验和成效。联合省网信办在网上展播产业扶贫农产品近百个。与山西日报报业集团联合推出脱贫攻坚风采展，展示典型270余个。拍摄"我们在路上"产业扶贫宣传片，展示扶贫成果。组织开展"感恩奋进　致富有我"等主题征文活动5次，凝聚奋进脱贫正能量。

四、下一步打算

深入贯彻习近平总书记对脱贫攻坚与乡村振兴有机衔接的要求，落实省委"四为四高两同步"总体思路和要求，践行新发展理念和高质量发展要求，精准把握山西"特""优"禀赋特点，依托农产品精深加工十大产业集群、"五大平台"建设，推进摘帽县"一县一业"，大幅提升主导产业融合发展水平；推进"一村一品一主体"，在土特优新产业发展上取得突破；持续提升贫困人口产业技能，让贫困户脱贫产业有序融入当地主导产业；不断完善贫困村"五有"机制，增强主体带贫益贫能力，密切与贫困户利益联结；推进脱贫户就近就业、创新创业，实现稳定增收；推进衔接试点建设，优化产业扶持政策，全力巩固产业扶贫成果，扎实推进乡村振兴。

内蒙古

深耕脱贫梦　浓墨写华章

内蒙古自治区农牧厅

党的十八大以来，内蒙古自治区认真贯彻落实习近平总书记关于扶贫工作的重要论述和考察内蒙古时重要讲话精神，把发展产业作为脱贫攻坚的根本之策，举全区之力推动产业精准扶贫。"十三五"期间，全区累计完成脱贫任务80.2万人，通过产业脱贫41.87万人，占脱贫总人口的52%，3 681个贫困嘎查村全部出列，31个国贫旗县、26个区贫旗县全部摘帽退出。

一、建立政策体系，通过政策保障实现脱贫

内蒙古始终把产业扶贫工作作为重要政治任务，坚持高起点谋划，高标准部署，高质量推进。**一是加强组织领导**。自治区人民政府成立了产业精准扶贫工作领导小组，定期召开产业扶贫工作现场会、电视电话会、电视电话会等专题会议，部署产业扶贫工作，协调解决产业扶贫中存在问题。并印发《关于建立推进产业精准扶贫工作机制的通知》，完善了产业扶贫工作运行和落实机制，构建了"1+13"产业扶贫体系。指导各盟市、贫困旗县也成立了相应的组织机构，形成了自治区负总责、盟市旗县抓落实的上下联动推进机制。**二是突出规划引领**。编制了《内蒙古自治区"十三五"产业扶贫规划》，指导57个贫困旗县和24个有贫困村的非贫困旗县编制了产业扶贫项目规划。为了推进产业扶贫与乡村振兴有序衔接，对"十三五"产业扶贫规划进行了修编，充实完善细化了扶贫产业，形成了贫困地区全覆盖的产业扶贫规划体系。**三是强化政策保障**。印发了《关

于贫困地区发展特色产业促进精准扶贫的实施意见》，制定了《关于进一步促进全区产业精准扶贫工作政策措施》，细化了用地、金融、农牧业保险等20项务实管用的政策措施，为产业扶贫提供了有力的政策保障。**四是畅通融资渠道**。自治区政府印发《关于进一步完善精准扶贫信贷政策八项措施的通知》，完善了扶贫小额信贷政策，规范发展扶贫小额信贷，推动金融机构开展贷款需求再调查，确保符合贷款条件且有贷款意愿的建档立卡贫困户实现能贷尽贷，切实满足有效需求。截至2020年年底，累计发放扶贫小额贷款207.6亿元。出台《关于支持金融机构创新开展活体牲畜质押贷款的指导意见》，重点解决贫困地区畜牧业养殖经营主体融资贵、融资难问题。到2020年年底，已累计投放产业扶贫贷款447亿元，活体牲畜质押贷款30亿元，农村承包地经营权抵押贷款60亿元。搭建产业精准扶贫强龙板融资平台，推动25家扶贫龙头企业在内蒙古股权交易中心挂牌融资，有效解决了产业扶贫融资难的问题。**五是加强工作考核**。将产业扶贫工作纳入对盟市旗县党委、政府的实绩考核，明确了5个方面、5项考核指标，考核结果作为对盟市党政主要负责人和领导班子综合评价的重要依据，通过考核推动产业扶贫落地见效。**六是强化督导调度**。建立产业扶贫调度机制，对产业扶贫资金投入、产业指导员、技术专家组、科技包联组实行台账化管理，及时掌握工作进度和成效。完善产业扶贫督查制度，通过不定期调研督导和定期专项调度检查相结合的方式，推进产业扶贫各项措施落实。

二、强化产业培育，通过产业覆盖带动脱贫

一是大力发展优势主导产业。内蒙古自治区按照"宜农则农、宜牧则牧、宜工则工"的产业发展要求，近3年累计向贫困地区和大兴安岭南麓片区倾斜农牧业发展资金445亿元，大力发展特色农畜产品种养殖及农畜产品

深加工业，持续强化贫困地区农牧业生产基础设施建设。在扎赉特旗等47个贫困旗县实施高标准农田建设204万亩；在阿荣旗等4个贫困旗县实施黑土地保护项目110万亩；在五原县、土右旗实施盐碱化耕地改良试点示范项目4万亩；在四子王旗等8个贫困旗县实施耕地轮作试点项目300万亩；在科左中旗等41个贫困旗县开展畜禽粪污资源化利用项目，畜禽粪污资源化利用率达到75%以上；在翁牛特旗等16个贫困旗县实施粮改饲试点，落实粮改饲任务139万亩。将贫困旗县全部纳入自治区15个优势产业带和11个产业集群，因地制宜发展肉羊、肉牛、奶牛、饲料饲草、玉米、水稻、小麦、马铃薯、向日葵、杂粮杂豆、果蔬等主导产业，突出资源优势发展光伏、电商、旅游、生态、庭院经济等特色产业，把贫困户吸附在产业链条上，实现贫困人口产业项目全覆盖，通过产业带动实现稳定脱贫。截至2020年年底，全区57个贫困旗县，建有1 376个"一村一品"基地，2012个特色产业基地；共建设11 000个储窖和冷库；创建带贫减贫的扶贫产业园区491个，通过务工收益、财产收益、生产收益和资产收益等方式带动贫困

内蒙古扎赉特旗现代农业产业园

人口13.7万人。**二是集中发展光伏产业**。全区共建光伏扶贫电站461座共164.7万千瓦，涉及11个盟市、53个贫困旗县。**三是积极发展乡村旅游业**。全区共打造了96个旅游产业扶贫示范项目，覆盖56个贫困旗县。**四是创新发展电商产业**。在31个国贫县实施电子商务进农村综合示范项目，先后评定了48个国家级电子商务示范县。通过因地制宜的发展特色产业，有效拓宽了贫困户增收渠道。

三、加强主体培育，通过联结带动巩固脱贫

坚持"扶优、扶强"原则，采取政策引导、项目扶持、示范创建等形式，先后出台了《关于深化农村牧区改革　建立完善龙头企业与农牧民利益联结机制的意见》《关于进一步完善农（牧）企利益联结机制的意见》等文件，累计投入资金5亿元，加大新型经营主体培育力度，引导新型经营主体与贫困户建立减贫带贫机制，通过多种模式，带动贫困户参与产业发展获得收益。一是针对强劳力贫困人口，实行"菜单式"等扶贫模式，将扶贫资金补贴到户，让贫困户通过发展产业增收脱贫。二是针对弱劳力贫困人口，采取"托管寄养式"等扶贫模式，让贫困户与新型经营主体建立减贫带贫关系，通过订单生产、托管寄养、保底收购等形式实现收益。三是针对无劳力贫困人口，采取"资产收益式"等扶贫模式，将扶贫资金投入到设施农业、加工、光伏等项目，收益给贫困户分红或补助，让贫困户享受产业发展收益实现增收脱贫。截至2020年年底，全区农企利益联结比例达到82%，其中，有656个产业化龙头企业和2 605个合作社与贫困户建立利益联结关系，指导贫困旗县组建产业化联合体320家，通过新型经营主体直接带动贫困人口15万人次，实现年人均增收2 400元；通过政府／党支部＋公司企业／合作社＋贫困户模式带动贫困人口28.7万，人均增收1 700元；通过家庭农牧场、土地流转、"集体经济＋奖励积分"等模

式带动贫困户1.1万人，人均增收700元。在资产收益扶持带动方面，对有劳动能力但无经营能力或无劳动能力的贫困人口，推行资产收益分红和劳务补助，扶持贫困人口37.48万人次，年人均增收1200元；在特色产业带动方面，通过旅游产业共带动3.3万户8.18万贫困人口增收，带动2203户4736人脱贫；通过电商产业帮助贫困户增收4175.5万元，带动贫困人口创业就业17033人；通过光伏产业惠及15.3万贫困户，设置公益岗位20925个，吸纳贫困人口就业人数16315人。通过不断创新利益联结机制，将贫困人口牢牢地吸附在产业链条上实现脱贫增收。

四、突出科技指导，通过技术服务推动脱贫

实施农牧业科技支撑行动，提升贫困人口内生动力。一是印发《内蒙古自治区农牧厅关于组建产业扶贫技术专家组的通知》，围绕优势主导产业，组建由四级产业扶贫技术专家组成"千名专家"技术团队，采取专家+技术指导员+科技示范户+辐射带动贫困户的工作机制，根据产业发展需求，为贫困户提供生产经营技术保障。开展产业扶贫培训4000余期，覆盖贫困农牧民15万余人次。二是指导旗县建立了贫困户产业发展指导员队伍，吸纳基层农技人员、乡土专家、致富带头人、新型经营主体带头人等作为产业指导员，共选聘产业发展指导员1.7万人，因村因户开展产业指导，打通了产业扶贫"最后一公里"通道。三是农牧厅落实帮扶责任，对20个深度贫困旗县实行产业扶贫科技包联，点对点帮助贫困户提升脱贫能力。已开展技能培训3896期次，覆盖贫困人口47.7万户人次，通过实施科技支撑服务，有效提升了产业精准扶贫质量。四是加大贫困地区高素质农牧民培育力度。依托国家高素质农民培育项目和中组部、农业农村部农村实用人才带头人培训项目，在自治区本级、12个盟市、94个旗县（区）开展农牧民教育培训工作，参训学员遴选全部面向贫困旗县。截至2020

年年底，国家高素质农民培育项目累计向贫困旗县倾斜项目资金13 244万元，在贫困旗县培育高素质农牧民44 552人；培训农村牧区实用人才带头人3 700余人，实现对贫困地区全覆盖。

2020年7月，内蒙古巴彦淖尔市杭锦后旗金山家庭农场小麦收割现场

五、注重产销对接，通过产品销售促进脱贫

为了深化产销对接，通过销售拉动脱贫，自治区采取多种形式拓宽销售渠道。**一是加强特色农产品品牌培育。**自治区实施品牌提升行动，加大区域公用品牌和"蒙字号"品牌的培育宣传力度，锡林郭勒羊肉、科尔沁牛、呼伦贝尔草原羊肉、兴安盟大米、赤峰小米、乌兰察布马铃薯、河套向日葵、乌海葡萄、鄂托克阿尔巴斯绒山羊、达茂草原羊、敖汉小米11个区域公用品牌入选2019中国农业品牌目录；通辽黄玉米、科尔沁牛、乌兰察布马铃薯3个区域品牌价值超百亿元，天赋河套影响力位居全国第二，产品溢价20%以上；培育出了蒙牛、蒙草、蒙稻、蒙薯、蒙葵等"蒙字号"品牌，品牌越树越亮、实现了产品质价双提升。例如，扎赉特旗强力

实施"兴安盟大米·扎赉特味稻"品牌战略，规范水稻产业发展，"保安沼""绰勒银珠""绰尔蒙珠"等品牌大米多次获得农博会金奖，蒙源、绰勒银珠、极北香稻等系列品牌享誉区内外，被选定为2020年第十四届全国冬运会指定用米，有效提升了大米品牌影响力和市场竞争力。全旗水稻产业"三品一标"农产品认证18个、区级企业品牌2个，优质米市场价格达到每千克50元。扎赉特"味稻"已成为"兴安盟大米"中优质米、高端米的代表。**二是依托农牧业展会拓宽销售渠道。**连续举办7届内蒙古绿色农畜产品博览会、3届中国—蒙古国博览会——内蒙古绿色农畜产品展；连续两年在广州、上海举办了内蒙古味道——内蒙古绿色农畜产品展销会。**三是积极组织农产品产销对接活动。**组织贫困地区参加农业农村部组织的首场全国贫困地区农产品产销对接活动和东北贫困地区县（市）农产品产销对接活动，签订合作协议约4.1亿元；举办了内蒙古乌兰察布市首届"中国农民丰收节"暨贫困旗县农畜产品进京销售产销对接会，现场签约金额达2.36亿元，自由签约洽谈达成协议3.97亿元。**四是促进"农校、校企"对接。**举办农校对接活动，现场促成14家高校与27家企业签署农畜产品销售合作协议。**五是加强京蒙协作帮扶。**在北京市扶贫双创中心运营内蒙古馆，在京东设立便利店，上线京东"特产馆"，深化与首农、阿里巴巴等企业战略合作，通过线上与线下结合，推动贫困旗县优质农畜产品走进北京。2018—2020年共组织贫困地区参加了农产品产销对接活动12次，有22家贫困地区上线京东"特产馆"，在京东设立45家便利店；建设1500多家京东"金融小站"；有15个贫困旗县与首农集团签订直采业务，据不完全统计，签约金额超过20亿元，达成合作意向金额10亿元；近几年国贫旗县还通过京东集团、建行商城等网络平台销售农畜产品超过20亿元。京蒙协作依托各类线上与线下馆、站、会等实现进京销售9.5亿元。通过多渠道组织产销对接，有效解决了农产品卖难问题。

中国草原生态稻米之都"兴安盟大米"主产区扎赉特旗稻田

六、严格资产管理，通过集体经济有效脱贫

全面完成土地确权颁证，已完成确权耕地面积9 700多万亩，完善土地承包合同率达到99%，土地承包经营权证颁发率达到98%。规范集体承包地流转，协调金融部门推进土地承包经营权抵押担保试点工作，不断拓宽农牧民融资渠道，为发展壮大嘎查村集体经济提供了土地保障。推动11 225个嘎查村（涵盖3 694个贫困嘎查村）完成清产核资工作，99%的嘎查村完成集体经济成员身份确认，87%的嘎查村完成股权设置，85%的嘎查村成立了股份（经济）合作社。出台了《关于扶持发展壮大嘎查村级集体经济的指导意见》，自治区、盟市、旗县三级拿出资金，重点扶持497个嘎查村发展壮大集体经济（每个村125万元）。截至2020年年底，全区集体经济年收入5万元以下的嘎查村基本清零达标，为进一步发展壮大村级集体经济打好基础。

七、突出宣传引导，通过凝聚力量助力脱贫

认真贯彻落实总书记"脱贫攻坚不仅要做得好，还要讲得好"重要指示精神，积极组织产业扶贫各领域参加农业农村部开展的"产业脱贫典型

和产业帮扶典型遴选""高质量完成产业扶贫目标任务专题征文"、国务院扶贫办组织的"我所经历的脱贫攻坚故事征集"、内蒙古电视台"全民小康，奋斗有我直播节目"等活动。已报送各类典型材料50余篇，宣传图片、视频30余部，树立扶贫典型20余人，充分宣传展示了自治区产业扶贫领域取得的丰硕成果。

下一步，内蒙古自治区将继续落实"四个不摘"要求，接续推进产业扶贫与产业振兴有效衔接，用乡村振兴巩固和拓展脱贫攻坚成果。充分依托自治区优势产业带和产业集群建设，促进特色产业培育，引导贫困农牧户与新型经营主体之间加强合作，完善农企利益联结机制，积极组织贫困旗县参加扶贫产品展销活动，总结推广产业扶贫典型经验，推介产业扶贫优秀范例，促进内生可持续发展，为实现巩固拓展脱贫攻坚成果同乡村振兴有效衔接提供有力支撑。

吉　林

扛起责任　精准发力　推动扶贫产业实现新突破

吉林省农业农村厅

党的十八大以来，吉林省委、省政府坚决贯彻习近平总书记关于精准扶贫的重要论述和重要指示精神，按照党中央国务院决策部署，推动工作狠抓落实，各项重点任务得到较好完成，在推动全省产业精准扶贫工作方面，取得了积极成效。全省围绕以棚膜瓜菜、食用菌和中药材为主的种植业，以猪牛羊、禽和特色养殖为主的养殖业，以休闲农业、电商和光伏为主的新兴业态三个方面九大产业，初步形成了县有主导产业、村有主打产品的产业发展格局。2016年以来，全省投入财政专项资金121.6亿元，实施产业扶贫项目5 162个，贫困户户均增收5 778元。全省累计减贫70多万人，15个贫困县全部摘帽，绝对贫困现象历史性消除，贫困群众稳定增收的产业体系、就业机制基本形成，贫困地区基础设施和基本公共服务加快改善，贫困乡村面貌发生巨大变化。

吉林省镇赉县开展农村环境整治后的乡村景色

一、牢记使命，扛起重任，高位推动产业扶贫

习近平总书记指出，"产业增收是脱贫攻坚的主要途径和长久之策"。吉林省坚持把推动贫困地区和贫困人口发展产业作为稳定脱贫的根本之策，秉持因地制宜、加强引导、统筹谋划、强力推动的工作理念，构建体制机制，强化措施保障，统筹推进产业扶贫与全省经济全面发展。

构建大机制。省、市、县三级政府成立产业精准扶贫工作领导小组，统筹推进全省产业扶贫工作。建立了产业精准扶贫工作规则和细则，通过制定年度任务清单，划定时间表和路线图，实行"施工图""清单制"管理，压实各级、各部门责任。

立足大战略。把产业扶贫放到习近平总书记关于吉林省要"率先实现农业现代化，争当现代农业建设排头兵"的重大战略中去谋划、摆位、推动。

融入大农业。立足吉林农业人口人均耕地7.9亩、是全国平均水平3.91倍的实际，把依托农业作为摆脱贫困的主要路径，东部山区大力发展林特产业和全域旅游，中西部平原区积极发展种养、棚膜和庭院经济，培育发展一批带贫作用明显的特色优势产业。

构筑大格局。全省通盘布局，市县科学布局，乡村特色布局，省里直接谋划种植、养殖和新兴业态3方面170个项目，推动形成以汪清木耳、通榆辣椒、靖宇蓝莓、延边黄牛、柳河烤烟、长岭杂粮等为代表的扶贫产业体系。

制定大规划。2016年，制定了《吉林省"十三五"产业精准扶贫规划》，指导全省各地全面推进产业扶贫工作。适应产业扶贫发展新形势需要，2019年又制定出台了《吉林省产业精准扶贫规划（2019—2020年）》。谋划了特色种养业、农产品加工、新兴业态等产业扶贫项目，总投资

24.25亿元，带动贫困人口18.54万人。全省61个市（州）、县（市、区）全部都编制了产业扶贫规划。

二、整合力量，多方统筹，持续强化资金政策供给

吉林省不断加大产业扶贫资金投入力度，持续有力地推进金融助推产业脱贫攻坚。

做大"**财政投资池**"。专项扶贫资金累计投入产业扶贫81.5亿元，实现收益19.94亿元；15个贫困县用于产业发展方面整合资金共58.1亿元；安排新增地方政府债券资金31.8亿元，重点支持产业发展"四个一"示范带动工程；较早推行"6+N+1"范式扶贫产业成本险（"6"即玉米、水稻、大豆、花生、葵花籽和马铃薯6人粮油作物收入险；"N"即地方特色农业产业收入险；"1"即扶贫产业设施农业成本险），2020年又升级成收入险，承保13.9万户次，提供15.94亿元风险保障。截至2020年年底，共计为26.7万余户农户提供风险保障184.7亿元，较2015年末增加98.06亿元。

做强"**信贷资金池**"。对国贫县单列信贷计划，转授扶贫贷款审批权，累计发放产业扶贫贷款643.7亿元、受益17万人次；扶贫小额信贷累计发放42.3亿元，贷款户数15.5万户次。

做优"**协作援助池**"。东西部扶贫协作宁波援建43个产业项目全部落地，到位投资36.1亿元；引进中央定点单位帮扶资金11.5亿元，推动省内扶贫协作投入1.34亿元，支持被帮扶地区发展扶贫产业。

三、提质强能，精准布局，促进贫困地区一二三产业融合发展

结合各地优势，加大对特色扶贫产业扶持力度，逐步形成种养业传统项目为支撑、新兴项目为补充的协调发展格局。

产业扶贫规划项目实施方面。重点推动省级规划中的170个项目落地实施。克服新冠肺炎疫情影响，截至2020年年底，规划的170个产业扶贫项目已经全部开工建设，开工率达到100%，其中有148个项目已达效，占项目总数的87%。

推进扶贫产业园建设方面。全省11个贫困县共创办了13个省级扶贫产业园，财政投入8 426万元，培育了汪清木耳、和龙桑参、洮南辣椒等一批扶贫主导产业，带动农民达18.1万人。省级产业园共吸引返乡下乡就业人员2.5万人，在联工促农、联城带乡方面发挥重要作用，为城乡融合发展探索了新路子。

特色产业基地建设方面。全省共有"一村一品"专业村镇817个，其中国家"一村一品"示范村镇75个，省级"一村一品"示范村镇120个。专业村镇实现经济总收入604亿元，主导产业总收入325亿元，占经济总收入53%，主导产业从业人员130万人。专业村镇农民人均可支配收入近1.4万元，从事主导产业农民增收8%以上。全省"一村一品"专业村镇主导产业种植面积近800万亩，畜禽养殖量4 100万（头、只）。汪清县发展了以黑木耳为主导的特色产业，围绕木耳产业实施扶贫项目98个，投资2.79亿元，惠及全县贫困户。在黑木耳扶贫产业的有力支撑下，汪清县实现累计脱贫9 878户16 614人，贫困村出列74个，贫困发生率降至0.32%。通榆县培育了辣椒优势特色产业，通过"公司+扶贫资金+基地+贫困户""公司+庭院经济+基地+农户"等模式，发挥庭院周围土地浇水施肥田间管理方便的优势，大力发展庭院经济，增加农民经济收入。2017年3 830名建档立卡贫困户签订辣椒种植合同，户均增收4 000元，2018年4 660名建档立卡贫困户签订了3万亩辣椒种植合同，户均增收4 000元左右，真正实现了以产业带动脱贫致富。

吉林省抚松人参特色产业

农产品产地初加工方面。依托贫困地区各具特色的农产品资源优势，支持贫困地区开展农产品产地初加工项目建设，降低农产品产后损失、提高产品品质、延长供应期、增加农户收入。2016年以来，在全省15个国家级、省级贫困县共投入资金6 000多万元，建成各类农产品储藏设施600多座，新增储藏能力8.7万吨。

乡村旅游方面。2016年以来，投入2 611万元旅游产业发展引导资金支持贫困县发展乡村旅游业，为15个扶贫重点村编制乡村旅游扶贫规划，鼓励和支持贫困村群众依托景区发展种植养殖、餐饮住宿、农家乐、特色旅游商品，采取"公司＋农户""农家乐协会＋农户"等形式带动创收扶贫。

光伏扶贫方面。制定了《吉林省光伏电站管理实施细则》和吉林省光伏扶贫电站验收评估方面的政策，明确光伏扶贫电站建设方式、建设规模、建设资金来源和责任主体。2016年以来，实施光伏扶贫电站建设规模135.1万千瓦，总投资81亿元，带动贫困户31万人次。截至2020年年底，光伏发电收益设置公益性岗位吸纳贫困人口就业46 662人，发放岗位工资1 346.86万元。

电商扶贫方面。全省在20个县（市）开展了电子商务进农村综合示范项目建设，累计建成县、乡电商公共服务中心128个，村级电商服务站2 668个；县域物流集配仓储中心31个、乡镇物流分拨中心341个、农村物流网点2 575个。在贫困县评选培育8个电商双创基地，在镇赉等19个县（市）孵化电商企业97户，在通榆等地建设改造30个乡镇电子商务公共服务中心，累计培训乡村干部、农民和返乡大学生、退伍军人、建档立卡贫困户等35.5万人次，基本实现贫困县、贫困村电商公共服务全覆盖。

四、加强引导，强化扶持，推动完善利益联结机制

吉林省突出强化经营主体带贫益贫作用，紧密利益联结机制，因地制宜科学推进产业扶贫精准到户到人。

加大政策扶持力度。制定了土地经营权入股发展农业产业化经营试点的政策，组织各县市区筹备试点，探索推动贫困户与经营主体利益联结机制。指导市县制定出台利益联结机制文件，牢牢抓住带贫主体"牛鼻子"，切实保障扶贫资金收益，构建"带得准、带得稳"利益联结机制。

加强龙头企业培育。进一步提升产业扶贫组织化程度，优先认定贫困地区符合标准要求的省级龙头企业。全省培育省级以上农业产业化龙头企业651个，其中贫困县的有149个。认定扶贫龙头企业45个。组织认定43个首批省级示范农业产业化联合体，共吸纳合作社、家庭农场60个，辐射带动贫困户3 521户，户均增收约2 000元。

推进合作社参与产业扶贫。开展合作社形式产业扶贫隐患排查和问题整治，增强农民合作社带贫益贫功能，强化对贫困地区农民合作社政策扶持，2020年省级农民合作社项目资金分配到贫困县（市、区）319万元，占项目资金总额的40%。全省农民合作社发展到8.6万个，成为带动扶贫产业发展的中坚力量。

强化家庭农场培育。实施家庭农场培育计划，2019年以来，中央财政安排资金8 000万元用于家庭农场培育，优先支持贫困地区发展，对县级以上示范家庭农场采取贷款贴息、以奖代补、物化补助、政府购买服务等方式进行补助。全省家庭农场发展到14.6万户，有力带动了扶贫产业发展。

吉林省大安市红岗子乡黄菇娘种植专业合作社进行采收

加大扶贫车间建设力度。制定扶贫车间认定标准，引导各地创建工厂式、居家式、基地式、融合式扶贫车间80个，直接吸纳500余名贫困劳动力就近就业。

五、聚焦短板，多元保障，加强产业技术指导服务

吉林省集中各类资源要素投入产业扶贫，筑牢贫困群众稳定增收的基石。

建立产业服务体系。组建了涵盖种植、养殖、电商、旅游、光伏5个领域省级67人的专家团队，市县383人的服务小分队，设立服务咨询电话，为全省各地的扶贫产业提供技术指导与服务；建立乡村2.6万人的贫

困户产业发展指导员队伍，实现有劳动能力贫困户全涵盖，定期进村入户为贫困户提供技术指导与服务；培育村级致富带头人0.6万人。

加大培训力度。省里定期在贫困县举办产业扶贫培训班，重点对新型经营主体负责人、县乡村干部、贫困户产业发展指导员等进行培训，提升其产业发展能力和指导产业发展的水平。省里每年开展两次"产业扶贫服务周"活动，对规划项目实施、指导员制度落实等情况进行指导。截至2020年年底，全省在产业技术、劳动力就业、电子商务、金融宣讲等方面进行培训活动280余次，累计培训45.4万人次。

编印技术手册，提升技术水平。编印《产业扶贫技术指导手册——特色种植业》3万册、《吉林省畜牧特色产业扶贫技术指导手册》3 000册、《吉林省畜牧产业扶贫十项技术推广手册》8 000册，免费发到至各地，帮助农户解决生产中的技术问题。

六、精准帮扶，畅通渠道，开展农产品产销对接

吉林省主动对接贫困地区和贫困户产业发展需求，开创服务支撑产业扶贫发展新局面。

搭建贫困地区农产品产销平台。印发《关于加强吉林省农产品产销对接平台应用完善农产品预警机制的通知》，搭建农产品产销对接平台，通过平台加强贫困地区农产品宣传推介及产销对接力度。截至2020年年底，农产品产销对接平台贫困县已经上线52家企业，305款产品。

加强贫困地区农产品产销宣传推介。充分借助展会和农业对外交流合作有利契机，整合对口城市各类资源，引导市场优先采购吉林省贫困地区农产品。在浙江、深圳、西藏等地举办的一系列农产品宣传推介活动中，累计为贫困县210余家企业700余种农产品开展宣传推介，促成了一大批省外企业与吉林省贫困地区涉农企业签订经贸合作项目，签约总金额达到

4.1亿元。协调组织吉商联合会深入到汪清县、通榆县两个深度贫困县开展调研考察，在第四届全球吉商大会上双方正式签署了产业扶贫战略合作协议，带动当地贫困户脱贫致富。依托长春农博会，连续两年举办特色农产品展销会，累计达成各类经贸项目60多项，评选出了金牌农产品，建立了供销"吉字号"特色农产品品牌名录库。

吉林省通榆县天意农产品经贸有限责任公司辣椒基地丰收场景

依托网络促销售。2019年，开展"网红公益扶贫百村行"活动，已完成50场，实现特色农产品营收120万元以上。新冠肺炎疫情期间，10个市（州）、44个县（市、区）举办了89场网络直播促销活动，销售各种类农特产品5 428.3万元。

加快推进贫困地区农产品品牌建设。2016年以来，贫困县认证绿色食品224个，有机食品9个，无公害农产品206个，地理标志农产品9个。同时做好全省农业品牌名录汇总工作，截至2020年年底，品牌名录统计出区域公用品牌64个、企业品牌185个、产品品牌267个，其中贫困地区企业品牌84个。

七、注重实效，因势利导，加强典型宣传和示范推广

吉林省聚焦典型宣传，强化范例推广。先后总结了汪清木耳、通榆辣椒、靖宇蓝莓、延边黄牛、柳河烤烟、长岭杂粮杂豆等一批立得住、叫得响、推得开的产业扶贫典型和"企业＋合作社＋贫困户"等6种产业扶贫模式在全省交流推广，《人民日报》、央视《新闻联播》都给予肯定性报道。在此基础上先后总结出84个产业扶贫典型，通过媒体网络进行宣传推广。2019年组织筛选了70个产业扶贫项目，编制产业扶贫项目推介手册对外发布。大安市万寿菊产业、镇赉县肉牛产业、通榆县辣椒产业、靖宇县蓝莓产业、靖宇县平贝母产业、安图县特色蜂产业、汪清县黑木耳产业、和龙市桑黄产业、龙井市延边黄牛产业9个"一县一业"典型案例通过全国产业扶贫微信公众号广泛推介宣传。

八、多措并举，综合施策，强化产业扶贫风险防范

吉林省积极探索构建产业发展风险防范体系，促进产业扶贫工作高标准、高质量发展，为决胜脱贫攻坚和实施乡村振兴奠定坚实基础。

加强畜牧业监测预警。坚持突出抓好非洲猪瘟等重大动物疫病防控、饲料兽药投入品监管和畜产品质量安全追溯体系建设等工作，为深入开展精准脱贫工作打造了绿色安全的产地环境。加强行业监测预警，累计定期发布畜牧业生产和价格变化信息193期，指导贫困户科学调整存出栏结构，有效规避市场风险。

统筹推进农业保险业务。2018年推行了扶贫产业成本保险，2020年又率先升级为收入保险，成为稳产业、保收入、防返贫的"压舱石"。先后制定了《2019年农业保险工作意见》《关于修订吉林省扶贫产业保险实施办法（暂行）的通知》等文件，积极组织农业保险经办机构针对建档立卡

贫困户多样化需求，不断创新保险产品，增强贫困户抵御风险能力。根据农业产业特点和脱贫攻坚需要，聚焦保障贫困户收益，设计了"6+N+1"保险范式，面向全省所有建档立卡贫困户，自种承包地的农作物、自养的畜禽动物、自建的扶贫产业设施，只要符合起保条件，全部纳入保险保障范围，保费由省级财政全额承担。

黑龙江

聚力精准施策　决胜产业攻坚

黑龙江省农业农村厅

党的十八大以来，黑龙江省深入贯彻习近平总书记关于扶贫工作的重要论述和考察黑龙江重要指示精神，全面落实党中央和省委、省政府脱贫攻坚决策部署，坚持把发展产业作为贫困人口稳定脱贫的主要途径和长久之策，高度重视，密集部署，全力推进，贫困地区脱贫产业快速发展，联贫带贫益贫能力稳步提升，为全省决战决胜脱贫攻坚提供了有力支撑。

一、产业扶贫成效显著

贫困地区特色产业快速发展。全省贫困地区特色产业从小到大、从弱到强、快速发展。截至2020年年底，20个贫困县累计建成种植、养殖、农产品加工等特色产业基地2 447个，旅游扶贫、电商扶贫、光伏扶贫等新模式新业态加快推进，每个贫困县都形成了2～3个特色鲜明、带贫面广的主导产业。认证绿色、有机、地理标志农产品940个，涌现出海伦大豆、龙江和牛、望奎马铃薯、兰西蔬菜、饶河黑蜂等一批特色品牌。

贫困群众收入水平大幅提升。产业扶贫实现全省有劳动能力和意愿贫困人口全覆盖，主要通过发展产业实现脱贫的贫困人口占比70%以上。在产业扶贫的有力支撑下，全省贫困地区农村居民人均可支配收入由2015年的7 174元增加到2020年的11 933元，年均增长10.7%，比同期全省农村居民可支配收入增速高2.9个百分点。生产经营性收入和工资性收入占比上升。

产业发展支撑能力明显增强。截至2020年年底，全省培育带贫农业企业886个，发展带贫农民合作社、家庭农场和种养大户9 211个，主导产业基本实现了龙头带动。贫困地区农产品仓储保鲜、冷链物流设施564个，农产品精深加工企业272个。组建产业技术专家组、招募特聘农技员，打造了一支进村入户的帮扶队伍。培养各类产业带头人5.12万人，为贫困地区产业发展培育了一批懂技术、会管理、善经营、本土化的脱贫带头人。

贫困群众自我发展能力明显提升。通过产业扶贫，形成了一系列产业联农带贫有效模式，依托订单生产、土地流转、生产托管、就地务工、股份合作、资产租赁等方式，72.1%的贫困人口与新型农业经营主体建立了利益联结关系。通过产业赋能，强化生产指导和技术培训，有劳动能力和意愿贫困群众大都掌握了1 ~ 2项实用技术，志智双扶成效明显，激发了贫困群众不等不靠、自强不息、用勤劳双手改变生活的精神状态。

二、推进产业扶贫的主要做法

（一）强化组织领导，汇聚产业扶贫工作合力

高位部署推动。省政府成立产业扶贫工作领导小组，定期召开全省产业扶贫工作现场推进会、电视电话会、调度会等专题会议，统筹协调解决

黑龙江省龙江县和牛特色产业

产业扶贫工作推进中的重点难点问题。**各方协同联动**。省市县三级设立专门工作机构，配备专兼职人员，专项推进产业扶贫工作；农业、人社、扶贫等11家省直部门建立定期会商制度，明确各自分工，合力组织推进，构建了上下协同、部门联动的工作格局。**督导调度促动**。组成工作组，开展"百村千户"调研督导，摸清产业扶贫底数，推动各地精准设计项目，精准对接贫困村、贫困户产业发展需求，促进产业精准扶贫工作落实落地。成立专家组，深入一线研究扶贫产业、指导扶贫项目，实现贫困县产业扶贫调研指导全覆盖。建立调度机制，及时掌握各地工作进展、带动脱贫效果等情况，确保产业扶贫工作事事有人抓，件件有落实，项项有结果。

（二）强化统筹推进，构建产业扶贫支撑体系

发挥规划引领作用。按照宜农则农、宜牧则牧、宜林则林、宜游则游原则，组织编制省、县两级产业扶贫规划，指导各地依托当地资源禀赋、市场条件和产业氛围，扶持建设一批贫困人口参与度高的特色优势产业，形成各具特色的产业体系。**实施三年攻坚行动**。出台产业扶贫攻坚行动指导意见和三年行动实施方案，明确产业扶贫目标任务、工作重点和政策举措，指导各地突出产业提升、龙头带动、产销对接、人才培养、技术服务和机制创新，优化政策供给，推进政策落地，提升精准扶贫质量。**加大政策资金支持**。围绕财政投入、金融信贷、特色保险等方面，省政府及省直相关部门先后出台了一系列政策举措。2016—2020年，各级财政专项扶贫资金累计用于产业发展的比例超过55%，贫困县涉农整合资金用于扶贫产业项目的比例达到49.3%。全省累计发放扶贫小额信贷60.6亿元、累计发放扶贫再贷款169亿元。**积极应对疫情灾情影响**。坚持统筹新冠肺炎疫情防控和脱贫攻坚，持续跟踪调度疫情灾情对产业扶贫影响，制定带贫企业复工复产，贫困劳动力就业、农产品销售、抗灾减灾等一系列举措，推动支持产业发展相关政策措施落实落地，确保贫困群众收入不减。

（三）突出优势特色，培育扶贫新产业新业态

发展农业产业扶贫。引导贫困地区依托当地资源、市场条件和产业基础，加快发展带贫面广、有竞争力的优质大米、蔬菜、食用菌、鲜食玉米、杂粮杂豆、中药材、猪牛羊、肉鹅肉鸡等特色优势主导产业。明水县发展杂粮杂豆面积10.5万亩，带动贫困户2052户，户均增收3600元。发挥黑龙江农户房前屋后菜园面积大的优势，推进"菜园革命"，发展庭院经济辐射行政村6314个，面积38.2万亩，其中贫困村1569个，带动贫困户10.8万户。海伦市引领1.37万户贫困户种植小菜园8021亩，共收益1040万元，户均757元。截至2020年年底，贫困县特色农业产业带动贫困户覆盖率94.3%，其中2个以上项目叠加带动的占83%。**推进旅游产业扶贫**。加强贫困地区旅游扶贫项目创设，推进旅游扶贫试点村建设，落实贫困村乡村旅游奖补政策。开展"百企百村"结对帮扶，组织80家旅游企业与贫困村点对点结对帮扶。截至2020年年底，全省累计创建各类旅游扶贫点2000个，直接或间接带动12万余贫困人口受益增收。**加快电商产业扶贫**。电商进农村综合示范项目覆盖全部贫困县。依托阿里、京东等开设"黑

黑龙江齐齐哈尔依安县新兴镇东和平村白鹅绿色养殖产业

龙江扶贫馆",建立20个国贫县地方馆,组建"黑龙江电商扶贫联盟",上线600多款扶贫产品,2020年农村电商零售额40.7亿元,动员社会各界线上线下消费扶贫15.9亿元,受益贫困人口11.3万人次。**规范光伏产业扶贫**。全省建成光伏扶贫电站9 286个,累计实现发电收入14.21亿元,受益贫困户10.94万户。光伏扶贫电站资产全部确权到村,80%用于扶贫公益岗及公益事业劳务费用支出,安置贫困劳动力就业4.2万人。

(四)强化科技支撑,提升扶贫产业发展质量

坚持"扶贫必扶智",探索完善科技支撑产业扶贫长效机制,提高贫困地区自我发展能力。**组建产业扶贫技术专家组**。按照"贫困县每个主导产业组建一个不少于3人的扶贫技术专家组"要求,指导贫困县组织197名专家组建57个专家组,开展包片包项、点对点指导服务。**实施农技推广服务特聘计划**。从贫困县农业乡土专家、种养能手和新型主体技术骨干中,招募97名特聘农技人员,为县域特色优势产业发展和重点产业扶贫项目提供技术指导与咨询服务。**建立产业发展指导员制度**。根据贫困村产业发展和贫困户实际需求,选聘贫困户产业发展指导员1.08万名,覆盖7 394个行政村、25.4万名贫困户,指导发展贫困群众参与度高、"门槛儿低"的庭院经济、特色种养、手工制作等扶贫产业项目。**开展协同创新体系扶贫行动**。依托16个现代农业产业技术协同创新推广体系,17名首席专家、480名岗位专家,按照贫困县主导产业类型,开展产学研一体化精准帮扶,实现全省特色产业领域全覆盖。**加大技能培训力度**。农村实用人才带头人培训全部面向贫困县,高素质农民培育重点支持贫困地区,2020年共培训基层农技推广人员、新型主体带头人和产业扶贫带头人7.1万人次。拜泉县开办村屯农民夜校202所,2020年共培训2 100期,坚持农闲人不闲,就地就近,聘请省农业专家和指派基层农技员,根据贫困户技术需求现身说法、答疑解惑,成为扶志扶智最灵活最有效的方式。

（五）强化产销对接，加快释放产业扶贫效益

打造农产品品牌。指导贫困地区做好品牌规划，开展品牌创建，加强品牌宣传，打好寒地黑土、非转基因、绿色有机优势牌。支持绿色、有机、地理标志农产品认证，鼓励拥有认证的企业与贫困县合作创建绿色食品原料标准化基地和有机农业基地。加快贫困地区互联网＋高标准基地建设，持续提高产品质量。**拓宽农产品营销渠道。**支持贫困地区建设农产品田头市场，降低流通消耗和成本，组织带贫主体参加农交会、大米节等农产品展示展销活动，推动广东东西部扶贫协作农产品交易市场黑龙江馆运营，推动龙头企业、农民合作社、农产品生产基地、批发市场与知名电商龙头平台开展对接。2020年贫困县开展系列产销对接活动179次，参与经营主体857家、产品910种，销售额21亿元。**加强产销信息服务。**依托全省农业大数据平台，及时发布主要农产品生产布局、数量规模、品种结构、销售去向、价格变动情况和市场预测，为指导科学调整生产结构、对接产品销售提供决策依据。推进信息进村入户工程，加强益农信息社建设，推动农产品出村进城。

黑龙江省绥化市明水河镇西口村特色种植产业的赤松茸喜获丰收

（六）完善利益联结，提高产业扶贫带动能力

培育带贫主体。组织农业产业化龙头企业与贫困地区开展有效对接，在贫困地区投资兴业。省级示范社评定、农民合作社质量提升项目向贫困县倾斜、向带贫增收明显的经营主体倾斜。截至2020年年底，全省培育发展带贫农业企业、农民专业合作社、家庭农场和种养大户1.01万个，累计带动贫困户43.5万人次。青冈县围绕"粮头食尾""农头工尾"，发展绿色、有机食品认证面积135万亩，依托28家加工及配套企业，打造玉米、汉麻、葵花南瓜、畜禽4个百亿产业园，提高农产品加工转化率和附加值，放大产业溢出效应，带动全县1.39万贫困户户均增收10 243元。**强化利益联结**。根据产业项目不同特点、不同带贫主体、贫困户参与能力条件，建立健全"龙头企业+合作社+贫困户"等联贫带贫机制，让贫困户多形式参与产业发展，持续受益增收。因地制宜推广贫困户与农业企业、营销主体对接，发展订单式生产；以土地、国投资金资产、扶贫贷款等入股企业，发展股份制经营，获得更多分红收益；无劳动力贫困户，通过土地托管、畜禽托养、资产收益等途径带动脱贫的产业扶贫机制。绥滨县依托中粮贸易（绥滨）有限公司，探索"农户带地入社、合作社以资入股、贫困户参与分红"产业扶贫模式，落实优质水稻订单41万亩，涉及合作社65家，亩增收60元以上，通过"按股、按地、普惠"3种模式分红900余万元，全县5 030户贫困户全部受益。**推广典型模式**。总结基层实践，编制全省产业扶贫典型案例汇编，下发市县和驻村工作队村学习借鉴。深度挖掘遴选对产业扶贫攻坚有明显推进作用、带贫益贫机制精准的优秀范例，在全省重点推广互助菜园、托牛入场、田园地订制等13种产业扶贫模式，发挥示范引路作用。拜泉"四联"模式等8个产业帮扶和产业脱贫典型入选农业农村部"双百"典型案例。龙江县创新"政府+龙头带贫困户、国有资产+龙头企业合作、龙头企业+金融、合作社+政府+金融"4种模式

发展和牛产业，带动4 084户贫困户脱贫致富的经验做法，入选国家产业扶贫典型范例在全国推广。

（七）聚焦短板弱项，推动扶贫产业可持续发展

集中整改问题。聚焦国家考核、督查反馈及全省"回头看"排查的问题，举一反三，建立台账，挂图作战，实地督导，产业扶贫措施不够精准、贫困群众参与度不高、利益联结不紧等问题得到有效整改。**开展规划评估。**组织贫困县认真总结政策措施落实、新型主体培育、联贫带贫机制、产业带贫成效、服务体系建设等工作情况，深入分析规划实施进展、成效和存在问题，进一步完善规划，优化发展重点，强化政策落实，推进扶贫主导产业长效发展和持续稳定带贫增收。**加强风险防范。**印发加强产业扶贫风险防范指导意见，组织贫困县聚焦生产、经营、带贫能力、政策措施落实等重点环节，系统评估扶贫产业发展面临的主要风险。针对排查梳理出的风险点，从科学决策、产销对接、利益联结、技术服务、保险保障等方面，制定风险防范应对措施，提高风险处置能力。

三、下一步工作打算

总体看，全省产业扶贫工作取得积极进展和明显成效，但仍面临扶贫产业发展基础较弱、可持续发展能力不强等困难和问题。下一步，黑龙江省将深入贯彻习近平总书记关于巩固拓展脱贫攻坚成果接续推进乡村全面振兴重要讲话和重要指示精神，坚持把发展产业作为巩固拓展脱贫攻坚成果的根本之策，把推进脱贫地区产业发展摆在更加突出的位置，统筹谋划、有序推进、聚焦短板、明确方向、持续发力，全面提升脱贫地区特色产业可持续发展能力，让脱贫群众从产业发展中获得更多收益，为巩固拓展脱贫攻坚成果、全面推进乡村振兴、加快农业农村现代化做出更大贡献。

安　徽

创新推广"四带一自"
发挥特色种养业"造血"功能

安徽省农业农村厅

　　党的十八大以来，特别是脱贫攻坚战全面打响以来，安徽省认真贯彻习近平总书记关于扶贫工作重要论述和考察安徽重要讲话指示精神，全面落实党中央、国务院和省委、省政府脱贫攻坚决策部署，始终牢记总书记"要脱贫也要致富，产业扶贫至关重要，产业要适应发展需要，因地制宜，创新完善"的谆谆教导，始终坚持精准扶贫精准脱贫方略，始终把发展产业作为实现脱贫的根本之策，创新推广"四带一自"产业扶贫模式，着力实施产业扶贫（特色种养业）三大行动，深入推进产业脱贫工程，充分发挥了产业扶贫受益范围广、增收数额大、效果持续久、"造血"功能强的作用，为打赢脱贫攻坚战、全面建成小康社会提供了有力支撑。截至2020年年底，全省贫困村共发展蔬菜、茶叶、中药材等特色种植433.4万亩，养殖畜禽5 648万头（只），分别较2016年增长136.3%、90.2%；全省特色种养业扶贫累计带动贫困户145万户以上，占建档立卡贫困户的84.5%；2020年，全省贫困地区农村居民人均可支配收入14 763元，较2015年增长64.9%，增速比全省农村高出11.3个百分点。在实践中探索创新、总结推广的"四带一自"产业扶贫模式在全国叫响，为全国产业扶贫提供了安徽方案。

一、加强组织领导，建立健全工作推进体制机制

　　省委、省政府高度重视产业扶贫，从落实组织保障、加强顶层设计、

强化制度建设入手，建立高效有力的工作推进体制机制。

（一）坚持高位推进抓组织保障

省委、省政府把产业脱贫工程列为脱贫攻坚十大工程之首，主要负责同志亲自安排部署，带头调研指导，坚持高位推进。省政府成立产业精准扶贫领导小组，每年都印发工作要点、召开现场会、举办培训班，出台政策性文件，强调和部署产业扶贫工作。压实部门责任，明确由农业农村部门牵头负责产业扶贫，并建立农业农村、扶贫、财政、商务、文旅、林业等产业扶贫相关部门定期会商的常态化沟通协调机制。各市、县都成立了产业扶贫组织领导和指挥协调机构，为推进产业扶贫提供坚强组织保障。

（二）坚持规划引领抓顶层设计

加强顶层设计，印发《安徽省脱贫攻坚期产业精准扶贫规划》，划定皖北平原区、沿淮湖洼区、江淮丘陵区、皖西大别山区、沿江平原区和皖南山区六大产业精准扶贫区域，明确蔬菜、水果、茶叶、林特、中药

安徽省国家地理标志保护产品六安瓜片原产地

121

材、畜禽、休闲农业和乡村旅游、光伏等十大优势主导产业。同时，组织31个贫困县分别制定县级产业精准扶贫规划，推动贫困村制定村级产业发展规划。突出行蓄洪区等深度贫困地区产业发展，印发《行蓄洪区适应性农业产业发展方案》，指导11个行蓄洪区县结合实际制定15个行蓄洪区适应性产业扶贫规划，充分发挥规划的引领作用，稳步有序推进扶贫产业发展。

（三）坚持健全制度抓推进落实

围绕推动产业扶贫工作落实，建立健全调度通报制度，定期对各地产业扶贫工作情况开展调度，并印发通报，指出问题、点名到县、督促整改落实。**建立健全调研指导制度**。省农业农村厅安排35个厅属单位包保指导70个有扶贫任务的县（市、区），结合业务工作，开展调研指导，及时发现和解决问题。2019年以来，已组织开展调研指导232次。建立健全绩效评价制度，每年制定完善绩效评价办法，对16个市、70个有扶贫任务的县（市、区）开展产业扶贫绩效评价，推动重点工作落到实处。**建立健全典型选树制度**。2018—2020年，连续三年组织开展产业扶贫先进典型评选活动，评选产业扶贫十大园区、十大企业、十大合作社、十大家庭农场、十大示范村，并在安徽日报等媒体广泛宣传。同时，遴选了一批产业脱贫典型和产业帮扶典型，充分发挥典型的示范引导作用。

二、聚焦工作重点，大力实施产业扶贫三大行动

坚持以提升产业扶贫质量为方向，聚焦项目实施、"四带一自""一村一品"，推进贫困地区产业发展和贫困群众脱贫增收。

（一）大力实施到村到户扶贫项目提升行动

从注重提高项目覆盖率向覆盖率与覆盖质量并重转变，坚持提升项目产业档次，围绕特色高效产业谋划实施项目，常规粮棉油等传统大宗农作

物以及列入负面清单的产业不得作为项目产业。坚持精准界定扶持对象，项目只针对具备条件的贫困村贫困户（具有劳动能力、常年在家、有产业发展意愿，以及虽然无劳动力但拥有一定规模的土地、设施、设备等可用生产要素、有参与产业发展意愿的贫困户，界定为扶持对象）实施。坚持因村因户分类施策，根据贫困村贫困户实际，指导实施最适合的项目，加大项目扶持力度。坚持产业发展标准，制定并落实特色种养业扶贫对象产业发展标准，达不到标准的，不得作为项目予以奖补支持，切实杜绝"小散弱"项目。深化"三变"改革，对入股分红项目全面推行"自有要素＋财政奖补"方式，发挥贫困村贫困户的土地、设施、设备、资金等自有要素增收作用。2016年以来，全省共实施特色种养业扶贫到村项目42 484个（次）、到户项目666.3万个（次）。

（二）大力实施"四带一自"利益联结深化行动

全面推广以园区带动、企业带动、合作社带动、家庭农场（能人大户）带动和贫困户自种自养为主要内容的"四带一自"产业扶贫模式，着力提高扶贫园区和新型农业经营主体带贫能力，切实强化经营主体与贫困村贫困户之间的利益联结，提高产业扶贫组织化程度，增强带贫效果。着力打造产业扶贫园区，指导各地围绕主导产业，推进贫困村产业扶贫园区建设，严格建设标准，加强认定管理，完善运营机制，带动贫困村集体经济增收、贫困人口脱贫。全省共建设产业扶贫园区5 108个。其中2020年全省投入资金29.9亿元，建设完善产业扶贫园区3 253个，每个有条件贫困村至少一个园区，每个园区至少给贫困村带来村集体经济收入2万元以上，累计带动贫困村集体经济增收3.7亿元。着力深化经营主体带贫，构建"有主体带""愿意带""带得稳"的主体带贫格局。加强主体引进培育，全省2 900多个有条件的贫困村都至少建立或引进1个企业或合作社，带动贫困户选择产业、应用技术、销售产品、务工就业；建立健全主体带贫激励机制，对带贫数量多、效果好、达到带贫标准的主体，在项目安排、资金扶持、示范评定、典型选树等方面给予倾斜支持。完善主体带贫利益联结机制，鼓励支持主体与贫困村贫困户通过订单生产、务工就业、土地流转和入股分红等方式，建立紧密型利益联结关系，提高贫困群众参与度。2016年以来，全省参与带贫经营主体18.5万个（次），带动贫困户336万户（次）。着力发展贫困户自种自养，指导各地设立财政奖补项目，支持引导具备条件贫困户自主调整种养结构，发展特色高效产业。2016—2020年，全省分别有12.3万户、47.6万户、54.7万户、49.0万户、58.5万户贫困户开展自种自养并达到产业发展标准。

（三）大力实施"一村一品"主导产业推进行动

坚持"立足特色、面向市场、分类指导、农民自愿"原则，引导有一定资源禀赋和产业基础的贫困村，大力发展"一村一品"。2020年全省有716个贫困村发展"一村一品"，依托龙头企业、合作社推行标准化生产、打造知名农产品品牌、推进一二三产业融合，年底实现主导产业产值占村农业总产值30%以上的目标任务。潜山县横中村为省级"一村一品"茶叶专业示范村，依托下河有机茶场、皖国茶业公司，创立了下河剑毫、下河弦月等品牌，认证了"横中""谷雨尖"等商标，全村茶叶总产值达5 200万元，占村农业总产值的86%。以推动贫困村"一村一品"发展为突破口，指导各地以特色高效为方向发展主导产业。全省有条件的贫困村必须通过引入主体或引导一般农户、贫困户，调整农业结构，发展特色产业并达到相应规模标准。截至2020年年底，全省有条件的贫困村每个村都发展了一项当家主导产业。全省贫困村共发展蔬菜85.8万亩、茶叶119.6万亩、林特124万亩、水果54.7万亩、中药材49.3万亩、畜禽养殖5 572万只、水产养殖65.1万亩，分别较2016年增长204.1%、126.5%、98.4%、77%、447.8%、90.2%、160.4%。全省贫困村中，发展加工业的673个，发展手工业的

125个，发展包装产业的75个，发展农机服务业的529个，发展仓储服务业的222个，发展电商产业的584个，发展休闲农业的292个。

三、加大倾斜支持，切实强化产业扶贫要素支撑

始终把产业扶贫作为重中之重，着力在政策、资金、科技等方面加大投入、倾斜支持，提供要素支撑和保障。

（一）强化政策支持

出台脱贫攻坚期倾斜支持贫困县和革命老区县有关政策，在按因素分配法分配到县项目资金时，把贫困县和革命老区县作为分配的重要因素，竞争立项的项目同等条件下优先予以支持。在评定省农民专业合作社示范社、省示范家庭农场时，在原有基础上，给大别山革命老区贫困县每县各增加2个名额，其他贫困县额外增加1个名额。安排农业项目资金时，采取"大专项＋任务清单"方式，对贫困县不设立约束性目标任务，不限制资金具体用途，支持贫困县统筹整合用于脱贫攻坚。

（二）强化资金支持

加大财政扶贫资金投入，据初步统计，2016—2020年，全省仅贫困县投入产业扶贫的财政扶贫资金就达196.6亿元。加大农业项目资金投入，严格落实支持贫困县的项目资金不低于总资金40%要求，支持贫困县的农业项目资金不低于全部到县资金的50%。2018年安排68.7亿元，占到县资金的58.2%；2019年安排94.6亿元，占到县资金的58.3%；2020年安排117.6亿元，占到县资金的57.6%。加大扶贫小额信贷资金投入，扶贫小额信贷工程自实施以来，全省累计投放扶贫小额信贷411亿元，累计服务108万户贫困户和边缘易致贫户，有力支持扶贫产业发展。

（三）强化科技支持

发挥科技支撑作用，加强产业扶贫指导服务，保障扶贫产业稳定发展。

成立9个省级产业扶贫专家组，负责全省农业特色产业发展技术服务指导，并定点帮扶大别山革命老区、皖北地区、沿淮行蓄洪区的18个贫困县（市、区）。每个贫困县组建3～5个县级产业扶贫技术专家组，开展产业扶贫决策咨询和科技服务。2016年以来，各地产业扶贫专家组共开展技术指导18.6万次。组建产业发展指导员队伍，在全省所有贫困村和贫困发生率较高的非贫困村设置贫困户产业发展指导员，指导贫困户实施产业扶贫项目，发展特色高效产业。截至2020年年底，全省共聘用产业发展指导员9 715名。实行基层农技人员包村联户制度，全省1.38万名基层农技人员每人联系包保2户自种自养贫困户，实施精准帮扶。加强产业技术指导培训，组织贫困地区农业农村部门对自种自养贫困户开展轮训，每个自种自养贫困户每年至少培训一次。2016年以来，共培训自种自养贫困户573.6万人次。

安徽省霍山县产业发展指导员现场给贫困户讲授茶叶绿色防控技术

四、巩固扶贫成果，切实防范产业扶贫风险隐患

围绕巩固脱贫攻坚成果，推动扶贫产业持续稳定发展，出台建立"五防"机制的意见，突出产业选择、自然灾害、市场波动等风险隐患，加强

防范应对。

（一）指导科学选择扶贫产业

编印《特色种养业扶贫技术指南》，推荐了九大类、171个种类的种养加"菜单"，以及适宜区域、适宜对象、关键技术等，发挥产业扶贫专家组、产业发展指导员作用，指导贫困村、贫困户因地制宜、科学选择特色高效、市场风险小的扶贫产业。建立扶贫产业"负面清单"制度，将高风险、高污染、市场前景不明、产品容易滞销、生产技术复杂、妨碍其他作物生长等七大类产业列入"负面清单"，作为禁止类产业。加强产业扶贫项目谋划，组织风险论证，对市场前景不明朗、产业风险度较高、属于"负面清单"范畴的，一律不得列入产业扶贫项目库，从根本上防止因产业选择不当带来的风险。

（二）全面推广特色农业保险

坚持把特色农业保险作为防范产业扶贫风险的"压舱石"和"稳定器"，鼓励引导金融保险机构积极开展商业性特色农业保险的同时，积极探索并大力推广特色农业政策性保险，力争特色产业、产品应纳尽纳、应保尽保，为贫困户和带贫数量较多的新型经营主体提供保险保障。全省70个有扶贫任务的县（市、区）均制定出台特色农业保险政策措施。各地特色农业保险覆盖贫困户31万户，赔付资金6 800万元以上。六安市整市推进"深贫保"综合保险（包括特色产业保险、农产品价格保险等），保费由财政承担。对贫困家庭发展特色种养产业过程中因自然灾害、病虫害等原因导致作物减产或畜禽死亡，或者因农产品上市时发生价格下跌、产品滞销等造成经济损失的，给予每户每年最高5万元的保险保障。

（三）大力推进农产品产销对接

坚持线上线下相结合、发挥党组织作用与发挥市场作用相结合、专业合作社行业协会帮助销售与农户自行销售相结合，积极推进贫困地区农产品产销对接。推动贫困地区加强田头市场、产地储藏、保鲜、烘干、物流等市场营销设施条件建设，仅2019年以来，全省已实施农产品加工、储藏、冷链物流等项目1 700多个，为农产品错峰销售、止损增效、规避风险提供保障。加强农产品品牌建设，截至2020年年底，全省70个有扶贫任务的县共培育"三品一标"农产品7 423个，占全省总数的84.4%，获证产品"带证上网、带码上线、带标上市"，实现可追溯。霍山黄芽、砀山酥梨、旌德灵芝、黟县香榧等成功入选国家地理标志农产品保护工程。借助合肥农交会、上海农交会，以及长三角绿色农产品生产加工供应联盟等平台，加大贫困地区农产品展示展销力度，每年都在合肥农交会上设立扶贫展区，加强宣传推介。新冠肺炎疫情期间，加大贫困地区农产品直供直销信息发布，积极协调产区和销区构建"点对点"的对接关系，发挥好现有网络平台、大型电商平台作用，促进扶贫农产品网上销售，累计帮销蔬菜、水果、肉蛋奶、畜禽水产等农产品28万吨，农产品"四压"问题全面"清零"。

在近年来的强力推进下，安徽省产业扶贫取得了显著的成效，但是也存在着一些需要长期努力、持续发力解决的问题，比如个别地方受地理环境、资源禀赋、基础条件等限制，发展特色种养业难度大；带贫经营主体数量少，带贫能力弱，带动不稳定；产业扶贫风险防范压力大，特色农业保险覆盖面不够宽等。下一步，安徽省将深入学习贯彻习近平总书记关于扶贫工作的重要论述和考察安徽重要讲话指示精神，全面落实中央脱贫攻坚决策部署，围绕推进脱贫攻坚与乡村振兴有机衔接，坚持问题导向、目标导向、结果导向，进一步完善产业发展规划，夯实产业发展基础条件，强化主导产业长期培育，落实各项扶持政策措施，积极防范应对产业发展风险，不断推动贫困地区产业升级，切实把产业做大做强，推动产业扶贫向产业兴旺转变，为巩固脱贫攻坚成果、如期打赢脱贫攻坚战、实现乡村全面振兴提供基础支撑。

江　西

强化产业扶贫根本之策　确保脱贫高质量可持续

江西省农业农村厅

党的十八大以来，江西省坚持以习近平总书记关于扶贫工作重要论述为根本遵循，牢记习近平总书记寄予江西"要在脱贫攻坚上领跑"厚望重托，坚持把产业扶贫作为脱贫攻坚"十大工程"之首，强化产业扶贫根本之策，确保脱贫高质量可持续。全省获得产业发展扶持的贫困户74.2万户，占全省贫困户总数92.4%，特色产业带动贫困户94.1万户次、贫困人口302.9万人次，有力支撑全省25个贫困县全部摘帽，3 058个"十三五"贫困村全部退出，现行标准下农村贫困人口全部脱贫，区域性整体贫困得到解决，消除了绝对贫困。贫困地区农民人均可支配收入从2012年5 419元增至2020年12 877元、年均增幅11.43%。

一、抓政策强支撑，积极提供全方位综合支持保障

加强组织实施保障，坚持"全省上下一盘棋"，着力构建党委统一领导、领导小组牵头抓总、相关部门各司其职、社会各界广泛参与的组织管理新架构。省政府成立了全省特色产业精准扶贫工作领导小组，全面统筹协调推进全省产业扶贫各项工作，建立健全了10多个省直部门和单位参与的产业扶贫工作推进机制，制定出台大力发展特色产业推进精准脱贫实施意见、推进产业扶贫提质增效三年行动方案、推进扶贫产业高质量可持续发展的意见等一系列政策措施，突出发展重点，落实保障措施。全省各地积极行动，按照脱贫攻坚"省负总责、市县抓落实"的工作要求，全省各

地均成立了相应组织领导机构，压实工作责任，形成上下联动、整体推进的强大工作合力。加大财政资金投入，坚持对扶贫产业项目投入资金只增不减，全省财政专项扶贫资金和统筹整合资金用于扶贫产业项目占比逐年提高，近三年全省安排财政专项扶贫资金投入扶贫产业78.57亿元，资金占比从2018年27.34%提高到2019年30.94%、2020年40.9%，保持逐年较大幅度增长。聚焦导向精准、帮扶精准、措施精准、管理精准"四个精准"，强化产业奖补政策指向，确保贫困户政策"应享尽享""应补尽补"。修水县产业直补政策坚持"单补封顶、综补限额、滚动发展"要求，从2016年开始全县累计发放产业直补资金1.1亿多元，涉及贫困户2.1万户，推动新发展产业基地11.5万亩，其中贫困户直接自建基地4.2万亩，贫困户户均年增收3 000元以上。强化金融保险支撑，注重贫困户在产业链全过程的信贷需求，对扶贫小额信贷持续强化投入、推进提质扩面，对有贷款意愿符合条件的做到应贷尽贷。截至2020年年底，全省扶贫小额信贷累计贷款金额180.3亿元，累计贷款户数31.6万户。拓展覆盖"农业险"，积极应对洪灾，简化理赔手续，快速核灾核损，向受灾农户支付赔款2.98亿元1.9万户次。安排省级财政专项资金，在14个贫困县区探索开展特色农业价格（收入）保险试点，纵深推进特色农业价格保险高质量发展。对扶贫产业项目全面落实农业保险，对贫困户和边缘户按照农村人口10%比例购买防贫保险，对贫困户及边缘易致贫户理赔10 249例5 127万元。鹰潭市积极拓展新险种，启动了母猪商业保险补助政策，即在落实母猪政策性保险的基础上，对新增后备母猪，地方财政给予每头300元的母猪商业保险保费补贴，保险公司对死亡母猪每头可赔偿3 000元。

二、抓产业固根基，努力构建多层次产业发展格局

完善生产生活基础设施。2017年以来创新方式从省级层面统筹整合

资金360亿元，启动新一轮1 158万亩高标准农田建设，累计在1 920个贫困村建设高标准农田191.03万亩，惠及贫困户8.92万户，工作探索实践获全国推广，连续两年获国务院督查激励。以新农村建设推动农村人居环境整治，共完成1.5万个贫困村组整治建设，基本实现了全省25户以上宜居不迁并贫困村组新农村建设全覆盖，有效改善了贫困地区生产生活条件。**培育发展一批优势特色产业**。大力实施农业结构调整九大产业发展工程，2018年开始每年争取省级财政专项资金5亿元以上，支持优质大米、蔬菜、果业、茶叶、中药材、草地畜牧业、水产、休闲农业和油茶产业发展。截至2020年年底，全省发展有扶贫带动功能的种植业400.4万亩，生猪养殖85.1万头，养牛13.6万头，养羊13.9万只，家禽养殖3 097.8万羽，水产养殖32.9万亩，休闲农业2 192个。25个贫困县建立种植业扶贫基地9 900多个、养殖业扶贫基地4 400多个、农产品加工业扶贫基地6 600多个。2016年习近平总书记视察过的井冈山市茅坪乡神山村，曾是井冈山市最贫困的山村之一，近年来，通过大力发展乡村旅游、茶叶、毛竹和黄桃等产业，开办农家乐20余家，2019年接待游客32万人次，人均可支配收入2.2万元，村集体经济收入38万多元，全村面貌发生翻天覆地的变化。**大力发展电商扶贫**。全省25个贫困县全部纳入国家电子商务进农村综合示范建设，全省累计建成县级电子商务公共服务中心45个、镇村电商服务站5 793个、县级物流配送中心59个，累计培训人员40.8万人次，带动20多万余人就业。**积极扩大光伏扶贫**。全省建设光伏扶贫电站3.9万座，扶贫装机规模153.58万千瓦，全省光伏发电收益累计设置岗位吸纳贫困人口6.3万人就业。着力打造扶贫农产品品牌，培植了赣南脐橙、"四绿一红"（江西茶叶）等超百亿元产业集群，发展了优质蔬菜、白莲、虾稻共作等一大批万亩特色产业扶贫基地，培育了赣南脐橙、井冈蜜柚、广丰马家柚、宜春油茶、萍乡牛肉、鄱阳湖水产等一批具有区域特色扶贫产业品牌。赣州市的"赣南脐橙"发展成为全国首批三大产业扶贫典范之一，获得习近平总书记批示，并在全国12场集中连片扶贫区域现场观摩会上做典型发言。赣州市赣南脐橙种植面积达163万亩，帮助25万种植户、70万果农增收致富，脐橙产业解决了100万农村劳动力就业。2020年赣南脐橙以678.34亿元的品牌价值，位居全国区域品牌（地理标志产品）第六位、水果类第一。2019年5月习近平总书记视察江西时，给予"江西脱贫攻坚成效明显，赣南苏区脱贫攻坚取得决定性胜利"的充分肯定。

赣南脐橙成为贫困群众的"摇钱树"

三、抓龙头促带动，大力培育多元化新型经营主体

大力培育扶贫龙头企业、农民专业合作社、家庭农场、创业致富带头人等带贫主体，发挥带贫益贫的强大牵引力，通过"龙头企业＋合作社＋产业基地＋贫困户"紧密联结，实现经营主体带贫益贫和发展壮大双赢，全省发展有扶贫带动功能的新型经营主体5.16万个，带动贫困户

59.6万户次，带动贫困人口170.3万人次，带动贫困人口稳定就业17.2万人。梳理发布7条优惠政策，积极引导龙头企业参与扶贫，全省认定省级扶贫龙头企业185家。广昌县致纯食品股份有限公司牵头成立了广昌白莲产业化联合体，吸纳深加工企业7家、专业合作社6家、家庭农场2家、莲产品废弃物利用型企业3家、莲文化休闲旅游型企业2家，2019年实现销售收入18亿多元，带动4 780户农户增收6 521万元，其中280户贫困户增收512万元。建立健全沟通协调、问题处理移送、名录库定期更新、完善培训、完善考核通报、专人负责等六项机制，进一步规范合作社发展，提升带贫益贫能力，全省1.28万个有扶贫带动功能的合作社带动贫困户32.8万户101.6万人。瑞金市壬田镇廖奶奶咸鸭蛋专业合作社吸收社员32户，其中贫困户达到28户，合作社年销售收入300万元以上，帮助贫困户年均增收2万多元，合作社创始人廖秀英，先后荣获首届"全国脱贫攻坚奖奋进奖""全国三八红旗手"。抓紧"选、育、带"三个关键环节，加快培育创业致富带头人，全省3.2万名创业致富带头人带动贫困户15万户、带动贫困人口35.2万人。石城县积极做好"产业引领、人才回流、导师孵化、带贫益贫、建强组织"五篇文章，深入实施三年培育1 000名创业致富带头人"千人铸造计划"，荣获全国脱贫攻坚组织创新奖。石城县珠坑乡坳背村黄小勇上演"都市达人"变身"乡村农夫"，返乡创建麒麟山现代农业观光园，2019年园区总产值突破1 200万元，直接带动贫困户136户200余人实现就业增收，其先进事迹得到国家领导人批示肯定。全力壮大村级集体经济增动能，全省贫困村集体经济从2015年年底平均每村2.4万元，提高到2019年年底12.3万元。修水县马坳镇黄溪村通过引进投资商建成多家企业，大力发展蚕桑、蔬菜等主导产业，村集体经济迅速壮大，从国家级贫困村变成远近闻名的富裕村，村集体经济每年收入50万元以上，集体固定资产3 000多万元，村民人均纯收入达到了1.2万元，该村先后获评"全国一村一品示范村""江西省ＡＡＡ级旅游村"等。

四、抓创新活机制，建立健全多样化利益联结方式

突出强化经营主体带贫益贫作用，紧密利益联结机制，带动贫困户获得稳定产业增收。创新运行管理机制，制定出台了产业扶贫运行机制管理办法，明确了产业扶贫的对象范围、配套政策、风险防范机制、项目管理和监督职责，受到国务院扶贫办高度肯定并转发全国学习借鉴。创新多元合作方式，大力推行"选准一项主导产业、打造一个龙头、设立一笔扶持资金、建立一套利益联结机制、培育一套服务体系"的"五个一"产业扶贫模式和村干部与能人带头领办、村党员主动参与、村民自愿参与、贫困群众统筹参与的"一领办三参与"产业扶贫合作方式，因地制宜科学推进产业扶贫精准到户到人。鼓励引导贫困户与龙头企业、农民专业合作社、家庭农场等经营主体建立经营性、工资性、生产性、政策性、资产性等多种带动增收方式，建立健全收益分配机制，保障贫困户利益，加快形成贫

江西省九江市的金丝皇菊成为扶贫"致富花"

困户稳定增收长效机制。宁都县依托国家原产地保护标志宁都黄鸡，通过"公司＋合作社＋基地＋养殖户"方式，统一提供鸡苗、饲料、防疫、技术支持、订单收购，由贫困户"分户养殖"，全县养殖规模达9 000万羽，联结带动贫困户5 680户，户均年增收约1.2万元。吉安县永阳镇江南村，村支部书记领办井冈蜜柚种植合作社，种植面积达1 100亩，吸纳农户入股158户，占全村农户的48%；党员干部入股13名、占党员干部的60%；全村72户贫困户实现入股全覆盖，2020年预计产量将达55万千克，产值超200万元。

五、抓服务解难题，深入开展多形式精准对接帮扶

主动对接贫困地区和贫困户产业发展需求，开创服务支撑产业扶贫发展新局面。创新开展江西农业大讲堂下基层宣讲活动，每年集中利用1个月时间，由省、市、县三级农业农村部门和农业院校、科研院所1 000名领导干部和专业技术人员组成宣讲团，深入全省基层和生产一线，宣讲新思想新政策新技术，激发农民群众干事创业激情。建立健全农业扶贫产业发展指导员制度，省、市、县乡共确定9 300多名产业发展指导员，2020年累计开展技术指导与培训2.5万场（次），服务贫困人口20.2万人次。分宜县借力中国林科院业热带林业实验中心博士团队，将博士团的研发成果转化为扶贫产业优势，趟出了一条"技术帮扶＋土专家＋产业＋劳务"的新扶贫模式，全县培养"土专家"300余名，其中贫困户40余名，发展高产油茶育苗扶贫产业800亩，林下经济1万余亩，带动全县100余户贫困户增收脱贫，人均年增收4 000余元。大力推进贫困地区农产品产销对接，组织扶贫农产品积极参加省内外各类展示展销活动，充分利用涉农电商平台，大力推介扶贫农产品，打通线上线下销售通道，规范扶贫产品认定，深入实施"六进"活动，密集开展"百县千品消费扶贫""最

美第一书记带货啦"等活动，厅局长、市县长、驻村第一书记带头网上直播推销，全省认定扶贫产品1.28万个、供应商4 132个，2020年销售总额达75.4亿元。

下一步，江西省将以习近平中国特色社会主义思想为指导，牢记习近平总书记"发展扶贫产业、重在群众受益、难在持续稳定"的重要指示精神，坚决贯彻落实党中央和国务院决策部署，补短板、强弱项、防风险、促巩固，加快调整农业产业结构，延伸产业链条，全面推进扶贫产业高质量发展。突出强化新型经营主体的带动作用，建立更加稳定的利益联结机制，确保贫困群众持续稳定增收。认真总结运用脱贫攻坚工作经验，加强统筹谋划和顶层设计，强化脱贫攻坚与实施乡村振兴战略有机衔接，推动乡村产业、人才、文化、生态、组织等全面振兴。

河　南

创新联贫带贫模式　提升贫困群众获得感

河南省农业农村厅

党的十八大以来，河南省深入贯彻习近平总书记关于扶贫工作的重要论述和视察河南时重要指示精神，认真落实党中央、国务院关于脱贫攻坚决策部署，把发展产业作为贫困群众实现稳定脱贫的主要途径，因地制宜、精准施策、强化服务，深入推进产业扶贫十大行动，走出了一条具有河南特色的产业扶贫之路。截至2020年年底，全省产业扶贫带动脱贫469万人，占全省脱贫人口的72.5%。

一、加强顶层设计，形成了完备的政策体系和工作机制

始终把产业扶贫作为脱贫攻坚的主攻方向，精心谋划产业扶贫工作。**一是加强组织领导**。成立河南省产业扶贫硬仗指挥部，省领导任指挥长，省直20个成员单位分工协作，合力推动产业扶贫工作。同时，各地也分别成立产业扶贫硬仗指挥部，组织专人专班推进产业扶贫。**二是健全政策体系**。相继出台《河南省产业扶持脱贫实施方案》《河南省"十三五"特色产业精准扶贫规划（2016—2020年）》《关于加快推进产业扶贫的若干意见》，明确了八项扶贫产业、七种帮扶模式、四大脱贫平台，构建产业扶贫政策支撑体系。按照职能分工，省直相关部门分别出台《河南省农业产业扶贫三年行动计划》《河南省旅游扶贫三年行动计划》《河南省电商扶贫三年行动实施方案》《关于组织实施光伏扶贫工作的指导意见》《关于应对新冠肺炎疫情做好产业扶贫有关工作的通知》等文件，进一步加强对产业

扶贫分类指导。各地结合实际，制定实施了一系列务实管用的政策措施。**三是完善工作机制**。分别建立产业扶贫观摩点评制度、联席会议制度、月通报制度和专项督查制度，交流各地经验，解决实际问题，开展督查巡查，加强跟踪管理，确保产业扶贫工作高效推进。

河南省召开全省农业产业发展指导员队伍建设工作会

二、打造特色主导产业，形成了"一县一业""一村一品"发展局面

发挥产业扶贫对脱贫攻坚基础支撑作用，结合河南资源禀赋和地方特色，因地制宜发展优势扶贫产业。**一是发展优势特色农业产业**。以农业供给侧结构性改革为主线，按照"布局区域化、经营规模化、生产标准化、发展产业化"要求，着力发展优质小麦、花生、草畜、林果、蔬菜、花木、茶叶、食用菌、中药材、水产品十大优势特色农业，优化农业产业结构，促进产业转型升级。截至2020年年底，全省53个贫困县发展优质专用小麦653万亩、中药材430万亩、稻渔综合种养95万亩，分别占全省48.4%、81%、91%，培育发展特色主导产业71个，创建国家和省级现代农业产业园43个、国家级农业产业强镇21个，认定"三品一标"农产品1 567个，培育创建省

级农业品牌263个，占全省43.8%。创建汝阳香菇、封丘金银花等26个国家和省级特色农产品优势区。**二是发展畜牧养殖产业**。加快贫困地区生猪生产恢复，截至2020年年底，全省生猪存栏3 887万头，居全国第一位。支持发展牛羊等草食性畜牧业和特色养殖业，其中养蜂产业年产量70万箱（群），年产值50多亿元，成为贫困户脱贫致富有效手段。加快优质畜草发展，截至2020年年底，53个贫困县发展优质饲草作物69.4万亩。**三是开展乡村旅游业扶贫**。发挥农业农村多种功能，推进"十百千万"工程，重点打造10个旅游扶贫示范县、100个乡村旅游特色村、千家旅游扶贫示范户，全省旅游产业带贫32万人。发展民宿经济，把特色民宿打造成旅游休闲新热点，节假日期间，贫困地区精品民宿入驻率超过80%。**四是促进电商产业扶贫**。依托电商进农村综合示范，挖掘农村电商发展潜力。截至2020年年底，全省共认定95个电商进农村综合示范县，实现综合示范对贫困县全覆盖。累计建成县级电商公共服务中心121个、农村电商服务站点2.35万个，农村电商服务站点累计服务覆盖7 381个贫困村，实现所有贫困村服务全覆盖，在有条件的贫困村累计培育5 740名电商扶贫带头人。2020年，通过电商促进

河南省内乡县畜禽粪污资源化利用整县推进项目支持建设的养殖场粪污处理设施

农村产品上行258亿元。**五是开展光伏扶贫**。根据国家光伏扶贫有关政策，充分利用河南省自然光照条件比较充足的优势，调动地方政府积极性，有序推进光伏电站建设。全省纳入国家补贴目录范围光伏扶贫电站267.6万千瓦，覆盖110个县（市、区）、40万户贫困群众，光伏扶贫电站扶贫规模容量位居全国第一，村级光伏扶贫电站规模容量位居全国第一，参照执行项目规模容量位居全国第一。

三、加快扶贫载体培育，建立了一支稳定的精准带贫生力军

依托产业发展优势加强载体建设，提升扶贫带贫能力。**一是培育新型经营主体**。对农民合作社进行全面摸排，清理整顿"休眠社""空壳社"，实现优胜劣汰。开展农民合作社规范提升行动，实施家庭农场培育计划，全面提升带贫新型主体发展质量和服务能力，实现贫困群众抱团发展。截至2020年年底，贫困地区发展农民合作社8.89万家，占全省46.8%；家庭农场11.78万家，占全省49.1%。**二是培育龙头企业**。加大项目资金和政策倾斜力度，扶持培育本地发展潜力好的优质企业；优化招商环境，招引外地龙头企业落户，带动贫困地区扶贫产业和贫困群众发展。截至2020年年底，在53个贫困县培育省级以上龙头企业300家、省级集群93个；培育各级扶贫龙头企业1630家。**三是培育致富带头人队伍**。致富带头人是农村实用人才队伍的重要组成部分，是带动贫困群众共同发展的重要载体。截至2019年年底，全省培育致富带头人4.72万人，带动贫困群众14.83万户。**四是培育产业指导员队伍**。在全省9536个贫困村建立2.8万产业发展指导员队伍，覆盖贫困户102.6万户，通过面对面开展政策宣传、农业技术和信息服务等综合性指导，破解政策落地"最后一公里"难题。**五是建设扶贫车间**。充分发挥全省劳动力资源优势，有序开展扶贫车间建设，采取就业培训、产业促进、创业带动等措施，提高贫困人口就业能力，激发

脱贫信心，增加工资性收入，实现贫困群众在家门口稳定就业。河南省共建设认定扶贫车间3 820个，直接带动14.74万人就地就近务工就业，其中受益贫困户4.28万户、4.97万人。

四、强化服务保障，建立了完善的产业配套服务体系

集中各类资源要素用于产业扶贫，筑牢贫困群众稳定增收的基石。**一是加大财政资金投入**。坚持财政资金向扶贫产业倾斜，明确要求"财政专项扶贫资金投向产业扶贫的比例要达到50%以上"，进一步加大产业扶贫财政资金投入力度。2020年，河南省实施产业扶贫项目9 929个，投入资金107.02亿元，占全省财政专项扶贫资金57.47%，带动贫困人口164.1万户。**二是加大金融资金投入**。探索构建推广"金融服务、信用评价、风险防控、产业支撑"四大体系为支撑的金融扶贫"卢氏模式"，有效破解农村金融"成本高、风险大、信用低、机构少"等难题，把"小银行"开到了贫困群众家门口，累计发放扶贫小额信贷571.37亿元，居全国前列。创新出台精准扶贫企业贷款实施方案，有效解决带贫企业贷款渠道不畅、融资成本较高、带贫意愿不强等问题，实现金融扶贫"双轮驱动"，累计发放精准扶贫企业贷款115.39亿元，有效支持了扶贫产业发展。**三是开展科技扶贫**。实施万名科技人员包万村技术扶贫行动，依托12个省级现代农业产业技术体系团队，在贫困地区开展技术宣讲活动。建立了产业扶贫技术专家组，为贫困县提供关键技术攻关、生产技术指导、产业风险防范等服务。实施农技推广服务特聘计划，为贫困户从事农业生产经营提供技术帮扶。实施科技特派员助力脱贫攻坚"十百千"工程，组建省级产业科技特派员服务团57个，县级科技特派员服务队105个，选派省、市、县科技特派员5 130人，开展技术服务21万多次，培训群众100多万人次，示范推广新品种新技术6 000余项。**四是加强农产品产销对接**。推动贫困地区农

产品与大型批发市场、商超有效对接，建立长期稳定的产销关系。搭建对接平台，利用投洽会、农交会、农民丰收节等节庆展会和阿里巴巴、天猫商城、"扶贫832"销售等线上平台，推动贫困地区农产品上行。2020年，全省累计举办产销对接活动740场次，组织2 729家农批市场、商超、电商企业与贫困地区开展农产品网上对接，采购量5.3万余吨。开展消费扶贫专项行动，举办"互联网＋战疫情促销售助脱贫""河南省首届网络直播大赛"、高速公路服务区贫困地区品牌农产品消费扶贫行动等活动，拓宽农产品销售渠道。广泛发动省直单位采购扶贫产品，在全社会营造参与消费扶贫、购买扶贫产品的良好氛围。

2018年12月，中部贫困地区农产品产销对接活动在河南商丘举办

五、创新联贫带贫模式，贫困群众参与度获得感明显提升

建立健全利益联结机制，激发贫困群众内生动力，转变贫困群众精神面貌，提高贫困群众收入水平。**一是创新农业产业扶贫模式。**正阳县依托国家级花生现代农业产业园，探索创新"政府＋科研机构＋花生龙头企业＋花生合作社＋贫困户"的全产业链扶贫模式，全县98%的贫困户通过花

生种植、加工、销售，实现每年人均增收3 000元以上。嵩县黄庄乡三合村张嵩现2014年因残疾被确定为建档立卡贫困户，在帮扶干部支持和农业专家技术指导下，发展养蜂产业，2017年率先脱贫，2018年成立嵩县甜蜜蜜中蜂养殖专业合作社，注册"铁拐张"蜂产品商标，帮助更多贫困群众脱贫奔小康。带动贫困户200余户，年养蜂总量达到6 000多箱，实现产值840余万元。**二是创新旅游业带贫模式。**新县立足资源优势，大力推广"公司+合作社+贫困户"的旅游扶贫模式，带动全县84.34%的贫困群众，走出了一条发展全域旅游助力脱贫攻坚的新路子。修武县加快实现小民宿带动大产业、助推大发展，该县通过民宿产业带动985户、3 520名贫困人口实现脱贫，年人均增收6 000余元。**三是创新电商带贫模式。**光山县持续推进电子商务发展，构建了完善的电商生态体系，形成了电商带动农产品销售，进而推动产业发展的良好局面，截至2020年年底，全县电商从业人员5万多人，带动7 300多名贫困人口实现增收脱贫。光山县电商扶贫模式荣获2020年全国脱贫攻坚组织创新奖。**四是创新新型主体带贫模式。**兰考县创新搭建"龙头企业做两端，农民群众干中间"的产业扶贫模式，引进和培育龙头企业24家，带动贫困群众16 227户、39 816人。南阳市牧原集团探索实施"3+N"扶贫模式，3即"党委政府+金融机构+龙头企业+合作社+贫困户"的"5+"资产收益、转移就业、劳务外包；N即教育扶贫、金融扶贫、订单扶贫等精准扶贫模式多效并举。该集团累计完成扶贫产业投资260亿元，帮助贫困户13.6万户36万人脱贫增收，牧原扶贫经验已复制推广至全国12省49个县。夏邑县刘店集乡徐马庄村王飞创办王飞家庭农场，并走出了"家庭农场+土地流转+贫困户务工+脱贫技能培训"的路子。对有技术无资金的贫困户，帮助协调贷款；对没项目的贫困户，免费提供项目、技术及销售；对没能力创业又不想承担风险的贫困户，招入农场打工。截至2020年年底，王飞家庭农场累计举办培训班30余期，

3 000余人次参与培训。2019年10月1日，王飞作为农民代表登上国庆七十周年庆典游行花车。**五是创新品牌扶贫模式**。确山县依托全省品牌扶贫整县推进行动，培育发展了中药材、红薯等各具特色的农业主导产业，全县"三品一标"数量由2015年的1个增加到42个，留庄大米、瓦岗红薯、瓦岗西瓜、竹沟中药材、确山板栗等50多个特色品牌农产品畅销省内外。洛宁县强化品牌扶贫带动作用，以"一村一特一品一主体"为抓手，构建"政府＋农产品地理标志＋贫困户""企业＋三品＋贫困户"等带贫模式。全县84家企业获得农产品质量品牌认证、2个农产品获得农业农村部地理标志登记，建成63个品牌专业村，21个贫困村、1.36万名贫困群众通过品牌带动走上脱贫致富路。**六是创新技术扶贫模式**。宁陵县依托省梨产业科技特派员服务团，帮助引进新品种（系）100多个，集成新技术新模式30余项，为梨农增收累计达1.6亿元。睢县充分利用农民田间学校贴近农村、贴近农民、贴近产业优势，成立脱贫攻坚特色产业专家服务团，实施"冬培训、春育苗、夏指导、秋促销"的"全天候"指导服务计划，为贫困群众提供技术指导。全县举办专业培训班100余场，田间地头实训200余场，培养产业致富带头人850人，带动全县特色主导产业迅速发展，实现产业带贫32 567户。

经过全省下上共同努力，河南产业扶贫工作取得了显著成效，但还存在仓储冷链等基础设施建设滞后、产业链条短、抗风险能力弱等问题和短板。下一步，河南将深入贯彻习近平总书记关于注重产业长期培育和发展的指示要求，始终把发展产业摆在突出位置，加强产业扶贫与乡村产业振兴有效衔接，持续做好产业提升、主体培育、产销衔接、金融支持、风险防范等重点工作，为巩固拓展脱贫攻坚成果、接续推进乡村振兴提供坚实基础。

湖 北

推进特色产业发展　夯实脱贫底盘

湖北省农业农村厅

湖北是一个贫困面较大、贫困程度较深的中部省份，有大别山、武陵山、秦巴山、幕阜山4个集中连片特殊困难地区，37个贫困县、4821个贫困村，其中有9个深度贫困县、507个深度贫困村，2013年年底建档立卡贫困人口191.5万户581万人。党的十八大以来，湖北省委、省政府坚定不移贯彻落实习近平总书记关于扶贫工作特别是产业扶贫的重要论述和视察湖北重要讲话精神，自觉强化政治担当，紧盯特色产业、绿色农业，做好"立特色、兴产业、强主体、固联结、扶科技、保增收"六大文章，不断巩固提升产业扶贫成效，为全省打赢脱贫攻坚战提供了有力的支撑。到2020年年底，全省581万贫困人口全部脱贫，37个贫困县全部摘帽，4821个贫困村全部出列，消除了绝对贫困和区域性整体贫困。

贫困地区特色产业迅猛发展。根据贫困地区的资源禀赋特点，坚持分区推进、分类发展，以"茶果菜药"为主导的特色产业面积逐年增加，形成了"三大药谷"（武陵山、秦巴山、大别山）、"四座茶山"（武陵山、秦巴山、大别山、幕阜山）、"五条水果带"（长江三峡优质柑橘、汉江流域优质砂梨、316和107国道沿线优质桃枣、三峡库区优质甜橙、幕阜山区和武陵山优质猕猴桃）的"345"产业布局。截至2020年年底，37个贫困县茶果菜药等特色经济作物生产基地达2055.34万亩，其中茶叶486.13万亩、林果392.75万亩、蔬菜（含食用菌）674.22万亩、中药材502.24万亩，分别占全省种植面积的92.3%、58.8%、38.3%、94.3%，基本形成"县有支柱产业、乡镇有主导产业、村有特色基地、户有增收项目"的产业发展格局。

茶产业成为湖北省咸丰县的产业脱贫生力军

贫困地区生产生活条件不断改善。37个贫困县落实470万亩高标准农田建设任务，完成"两区"划定耕地面积1 225万亩。农村公路总里程达到27.95万公里，所有乡镇、行政村、20户以上自然村通硬化路。贫困地区通动力电达100%，农网供电可靠率达99.8%。贫困村通宽带比例达100%。全省累计建（改）农村户厕375.9万户、农村公厕2.9万座，897个建制乡镇污水处理厂建成并运行，建成乡镇生活垃圾中转站1 872座，96.2%的行政村达到农村生活垃圾治理"五有"标准。现行标准下农村饮水安全已实现全覆盖。7.5万户4类重点对象农村危房"全清零"。

贫困地区带贫益贫效果显著。37个贫困县培育各类新型农业经营主体超10万家，其中规模以上龙头企业1 887家、注册农民合作社4.5万余家、注册家庭农场5.4万余家，建档立卡贫困村实现农民合作社全覆盖，507个深度贫困村每村有2个以上带动力较强的农民合作社。推进订单、股份、劳务、服务、租赁等多种方式，提高贫困人口参与产业发展的组织化程度，探索出了"藤上结瓜、入股分红、资产收益"等产业扶贫模式，将贫困户由"单打独斗"嵌入"产业链条"，构建"租金＋薪金＋股金"的利益联结机制，带动贫困人口78.8万户236万人受益增收。

贫困地区发展后劲明显增强。培育3.57万个创业致富带头人，为74.29万户贫困户累计发放扶贫小额信贷318.08亿元，建成5646座光伏扶贫电站，认定317家扶贫龙头企业和1354家扶贫车间，通过发展产业实现脱贫的贫困户达96.4万户286万人。通过文旅结合，2020年休闲农业和乡村旅游综合收入达1100亿元，"十三五"期间培育休闲农业和乡村旅游精品工程惠及100万贫困人口增收。

贫困地区群众收入水平大幅提高。2013—2020年，贫困县农民人均可支配收入由7266元增加到13075元，年均递增10%，高于同期全省农民人均可支配收入增幅，高于同期城镇居民收入增幅。

一、坚持谋篇布局高起点，为产业发展搭建新架构

加强组织领导。省委、省政府成立脱贫攻坚指挥部，设立产业扶贫专班，建立省领导联系片区和贫困县制度，多次召开指挥部会议、督办会和专题会，每年召开产业扶贫现场会、推进会，重点交流产业经验，研究部署产业扶贫工作。建立健全产业扶贫工作联席会议制度，推进相关部门协调联动，强化省级指导和政策的创设。压实市县工作责任，畅通调度沟通渠道，形成上下联动、整体推进的工作合力。**注重顶层设计**。构建产业扶贫政策矩阵，制定出台产业扶贫指导意见、产业精准扶贫规划和产业脱贫攻坚三年行动方案等，细化发展目标，优化产业布局，强化工作举措，实化政策支持，推动各地做强特色产业、做活特色文章，让特色产业发展成果更多惠及贫困人口。**健全工作机制**。建立和落实包片包县对口帮扶工作机制，全省412家省直单位、36个经济强市县结对

帮扶37个贫困县，累计投入帮扶资金54.19亿元、财政援助资金20.63亿元。提升浙鄂东西部扶贫协作机制运行效益，大力开展扶贫协作、产业合作、人才交流等，杭州市向恩施州投入财政援助资金12亿元，实施帮扶项目近950个，建成利川、咸丰现代农业产业园区17个，带动16万贫困人口增收脱贫。各市县组建2万余个"尖刀班""服务队""专家组"下沉村、组生产一线，开展不间断的跟踪帮扶，以超常规的力度攻克贫困的最后堡垒。**加大投入力度。**制定出台贫困县资金整合机制实施意见，突出主导产业，加大资金投入。2015年以来，全省累计投入产业扶贫项目48 798个、资金326.9亿元，其中中央、省级支农专项资金300余亿元向贫困地区倾斜。

二、坚持提档升级高定位，为产业发展找准新思路

四大片区分类发展。按照习近平总书记提出的"不搞大开发，走生态优先、绿色发展之路"重要指示精神，坚持"生态＋扶贫"双轮驱动，以"四大山区"为重点，推动富硒茶叶、道地药材、高山蔬菜、名优水果等特色产业全产业链发展，形成了恩施绿茶、利川红茶等54个主导产业，创建宜昌蜜橘、蕲春蕲艾、通城油茶等28个省级以上特色农产品优势区。优先在贫困地区实施绿色高产高效创建行动、果菜茶有机肥替代行动，推动贫困地区放大绿色优势，擦亮绿色品牌。全省贫困地区"三品一标"品牌数达1 195个，农产品质量监测合格率稳定在99%以上。**一县一策全力推动。**各地立足自身优势，宜农则农、宜林则林、宜牧则牧、宜游则游，走好差异化发展路子。如鄂东的黄冈市"一子落"走出"满盘活"，重点打造"罗田一只羊""蕲春一棵草""英山一杯茶""麻城一朵花""红安一株苔""团风一粒莲"特色产业布局。鄂西的恩施州坚持"一村一品"发展思路，发展富硒土豆、富硒茶叶、富硒药材等，大力消

除产业空白村、消除产业空白户，全州特色产业基地达到698万亩，覆盖2 000余个村，带动32万户贫困人口脱贫。**产业融合提升效能**。全省37个贫困县创建31个现代农业产业园，建成种、养、加、旅及扶贫车间等特色产业扶贫基地近3.6万个、产地初加工设施2 000余座，创建21个中国美丽休闲乡村、85个省级休闲农业示范点，优先支持18个乡镇实施农业产业强镇示范建设项目，推进一二三产业融合发展。加快城市要素向农村流动，创办各类"扶贫车间"，十堰市郧阳区创造性开展"袜业扶贫"，形成了"区有扶贫产业园、乡镇有扶贫工厂、村有扶贫车间、户有扶贫作坊"的袜业全产业链扶贫格局，带动1万余名群众就近就业创业，7 500多名贫困人口实现稳定脱贫。

三、坚持利益联结高效益，为产业发展建立新机制

强化市场主体带动。积极推广黄冈"政府+市场主体+银行+保险+贫困户"的"五位一体"和恩施"一村培育1个主导产业，建立2个合作组织，对接1个龙头企业，带动若干个贫困户以土地租金、劳务薪金、销售现金、分红股金等多渠道增收"的"121+X"产业扶贫模式，引导贫困村（户）嵌入产业链，与市场主体抱团发展。开展"千企帮千村""知名民企湖北行"等活动，截至2020年年底，全省6 970家民营企业对口帮扶6 293个村，累计帮扶贫困人口78.5万人，累计投入产业帮扶资金72.21亿元。**激发乡村发展活力**。大力推进农业社会化服务体系建设，为经营主体和贫困户提供农资配送、农机服务、技术咨询、技术指导等全方位农业服务。全面推进农村集体产权制度改革，建立贫困村集体经济管理台账，成立经济合作社、股份经济合作社23 581个，量化集体资产资源782.8亿元，累计分红10.9亿元。大力实施"三乡工程"，引导市民下乡、能人回乡、企业兴乡，签约"能人回乡"创业项目2 000余个，完

成投资超500亿元，农村双创园区达到234个，培育双创主体8.1万个、双创人员39.7万人。**加大技术服务支撑**。组建农技专家团队179个，涵盖各类专家639人，特聘农技员179人，设置村级产业指导员1.6万名。按照"贫困村＋村级技术员＋示范主体"的模式，推动每个贫困村培育至少1个以上农业科技示范主体，每个示范主体至少示范推广1项以上主推技术，解决农技推广"最后一公里"难题。推广老果园改造、茶园绿色防控、中药材标准化生产、稻田综合种养等省级农业主推技术148项，农业关键技术到位率达95%，农业机械化应用率年均增速2%以上。培育高素质农民14.8万人、农业科技示范户6.5万户，培训经营主体8.2万人次，培训贫困人口117.3万人次。

四、坚持产销对接高价值，为产业发展打通新脉络

打造金字招牌。实施农产品品牌培育"222"行动，利用央视等重要媒体，接续推进"中国荆楚味·湖北农产品"宣传公益行动，大力宣介"一红一绿一黑"（利川红、恩施玉露和赤壁青砖茶），着力打造武当道茶、恩施玉露、房县花菇、蕲春蕲艾、秭归脐橙等名优特"金字"招牌，以品牌树形象、以品牌增效益，为脱贫减贫注入持久活力。**搭建推介平台**。组织贫困地区农业龙头企业、示范合作社等参加茶博会、农交会、农洽会和贫困地区农产品产销对接活动，举办专场推介会百余场次，签订意向协议近30亿元。组织开展"湖北名茶沿海行""湖北名茶边疆行"活动，在俄罗斯、摩洛哥设立中国茶展销中心，积极推动湖北省茶叶、香菇、柑橘等优势农产品"走出去"，2020年全省农产品出口152.1亿元，同比增长12.3%，创历史新高。**构建网销渠道**。28个国家贫困县实现电子商务进农村综合示范全覆盖，累计建立5 786个村级服务网点，服务贫困人口126万人次，带动就业13万人次，帮助贫困人口增收1.7亿元。组织开展"百天

千万扶贫行动"，利用京东、斗鱼等平台资源，以"主题宣传＋新闻故事＋扶贫代言＋互动直播＋大型活动＋电商销售"的新模式，持续掀起消费扶贫新热潮，农产品累计销售金额超2 000万元。

五、坚持应对困难高标准，为产业发展开创新局面

奋力战"疫"战"洪"战"贫"。出台"促进经济社会发展30条""稳就业25条""春耕生产20条""决战决胜脱贫攻坚15条""促进农业龙头企业疫后重振15条"等举措，启动新冠肺炎疫情后重振"十大工程"，制定产业扶贫、就业扶贫、消费扶贫等系列政策，全力降低疫情和汛情对产业扶贫的叠加影响，坚决答好疫情灾情"加试题"。**千方百计稳产就业**。实施公益岗位"倍增计划"，在贫困地区设置6.69万个生态护林员岗位，利用光伏扶贫收益设置超过5万个扶贫公益岗位。积极推动东部六省和湖北的"6＋1"劳务协作，全省外出务工贫困劳动力208.4万人，超2019年全年的9.7%。**保障主体复产复工**。开展"千名干部帮千企、万名干部下基层"等活动，举办上下游企业产业链对接200余场次。协调人民银行武汉分行推出"政府＋担保＋金融""新型经营主体＋建档立卡贫困户"产业信贷，投放贷款561亿元，带动帮扶贫困户39万户。指导省农业担保公司累计为10 108户新型经营主体提供贷款担保92.59亿元。**齐心协力促进消费**。新冠肺炎疫情发生以后，积

农业农村部扶贫挂职干部李岩（左1）在"湖北重启抖来助力"活动中为恩施农产品代言

极对接人民日报、央视、微信、京东、美团等平台，持续开展"搭把手、拉一把""拼单带货""网红直播""社交促销"等活动，大力推进浙鄂消费扶贫协作和鄂粤"保供稳价安心"专区行动，加大政府和工会职工福利采购力度，争取中央定点扶贫单位支持，促进茶叶、香菇、小龙虾等农产品销售70.4万吨、389.2亿元，有力有效带动贫困户增收。推动"扶贫832"等网络平台建设，全省规范认定37个贫困县扶贫产品22 487个，累计销售额达403.3亿元。

习近平总书记强调指出"脱贫摘帽不是终点，而是新生活、新奋斗的起点"。面对当前严峻复杂的外部挑战和未来减贫防贫的崭新征程，全省农业农村系统将坚决贯彻落实省委、省政府决策部署，持续发扬伟大脱贫攻坚精神，深化农业供给侧结构性改革，把基点放在农民增收上，把重点放在产业发展上，把着力点放在发展壮大农村集体经济上，加快建设农业产业强省，以农业农村现代化抬高全域高质量发展的底板，为全面建设社会主义现代化开好局、起好步提供有力支撑，为"建成支点、走在前列、谱写新篇"做出新贡献。下一步，湖北省着力抓好以下几项工作。

一是强筋壮骨，推动产业提档升级。持续发展特色种养业，加快升级农产品加工业，培育发展产业融合新业态，以全产业链思维，推动第一产业往后延、第二产业两头连、第三产业走高端，不断提升特色产业发展水平。**二是通经舒络，推动产销对接工作**。主动投入"双循环"新发展格局，发挥湖北的自然禀赋、交通区位和科教资源等优势，着力在平台建设、品牌打造、物流体系等方面下功夫，巩固生产链、畅通流通链、提升价值链，不断提升减贫益贫质效。**三是循环再生，建立长效帮扶机制**。壮大龙头企业、农民合作社、家庭农场等新型主体，发展壮大农村集体经济，推广订单生产、土地流转、就地务工、股份合作、资产租赁等带贫模式，完善联贫带贫长效机制，让更多贫困群众更好融入现代市场经济。**四是活血补气，补齐三农领域短板**。细化实化农业农村优先发展的具体办法，推动加快构建与建设农业强省目标相适应的农业农村投入稳定增长机制，加快提升农村特别是贫困地区农村基础设施和公共服务水平，不断增强脱贫减贫的条件支撑。**五是内外兼顾，有机衔接乡村振兴**。将37个脱贫摘帽县作为巩固脱贫成果的重点，传承扶贫攻坚期内系列有效战法，予以持续支持，推动特色产业发展壮大。围绕规划、政策、产业、组织和人才等方面，加强脱贫攻坚与乡村振兴有效衔接，确保581万脱贫人口在乡村全面振兴中不掉队。

湖 南

因地制宜　精准施策　产业扶贫结硕果

湖南省农业农村厅

2013年11月，习近平总书记在湘西十八洞村视察时首次提出"精准扶贫"重要论述。这些年，湖南始终牢记习近平总书记殷殷嘱托，按照"实事求是、因地制宜、分类指导、精准扶贫"要求，扛牢精准扶贫首倡地的责任担当，一仗接着一仗打，一年接着一年干，围绕产业扶贫责任落实、政策落实、工作落实，先后走出了"四跟四走"① "四带四推"②产业精准扶贫新路子，带动350多万贫困人口发展产业脱贫，取得历史性成就。**一是扶贫主导产业加速发展**。适合贫困地区发展的茶叶、油茶、水果等特色主导产业迅速发展。据统计，2020年全省茶叶、油茶、柑橘分别达24.55万吨、110万吨、585万吨，比2015年分别增长40.0%、33.5%、28.1%。**二是产业扶贫基地加速建成**。截至2020年7月，48个国家脱贫攻坚普查县有产业扶贫基地53 577个，其中种植业扶贫基地15 910个、养殖业扶贫基地8 353个、林草业扶贫基地2 290个、农产品加工业扶贫基地7 308个、特色手工业扶贫基地4 950个、休闲农业与乡村旅游扶贫基地12 027个、其他扶贫基地2 739个，是2015年扶贫基地数量的近3倍。**三是扶贫产品销售网络加速完善**。建立湖南省贫困地区优质农产品展示展销中心，开展灵活

① "四跟四走"即资金跟着穷人走、穷人跟着能人走、能人跟着产业项目走、产业项目跟着市场走。

② "四带四推"即以优势产业带动扶贫产业，推进产业精准培育；以新型主体带动贫困群体，推进利益紧密联结；以市场机制带动发展机制，推进产业持续发展；以组织作为带动农户有为，推进措施落地见效。

多样的贫困地区农产品展示展销活动，搭建消费扶贫"一平台、一中心、一联盟"①，开创《芒果扶贫云超市》等栏目，打造"永不落幕的农博会"。截至2020年年底，全省认定扶贫产品18 574个、供应商5 104家，总价值约1 149.61亿元。在贫困村建成电商服务站4 200多个，开办电商扶贫小店3.6万家，电商扶贫年销售额达150亿元。**四是贫困地区农民人均收入加速增加。**2014—2020年，全省51个贫困县农民人均可支配收入由5 137元提高到12 406元，增长141.50%，增长率高出全省农民收入平均增速水平76.64个百分点。其中，十八洞村通过发展猕猴桃、苗绣、休闲农业等特色产业，2020年人均可支配收入达18 369元，是2013年的11倍。

湖南省花垣县十八洞村乡村旅游快速发展

一、以决战决胜为使命，深入推动责任落实

一是加强领导。建立由分管农业农村工作的副省长任召集人，省农

---

① "一平台、一中心、一联盟"即湖南省消费扶贫公共服务平台、湖南省消费扶贫示范中心、湖南省消费扶贫联盟。

业农村厅、省扶贫办等17个部门负责人为成员的湖南省产业扶贫工作联席会议制度，不定期召开产业扶贫联席会议，研究、解决产业扶贫工作推进中存在的问题；每年召集成员单位及市州、贫困县市区，召开一次产业扶贫现场工作推进会议，交流产业扶贫经验、研究部署工作。**二是尽锐出战**。省农业农村厅切实承担产业扶贫牵头责任，成立厅产业扶贫工作领导小组，整合全厅各产业发展相关处室、厅直各单位的力量组成产业扶贫办公室，明确各自职责，抓好工作调度，将产业扶贫与推进"六大强农"①和"千亿产业"②有机衔接，尽锐出战打好产业扶贫攻坚战。**三是发挥优势**。充分发挥农业农村部门4 460个省市县乡四级农技服务机构、24 594名技术人员的队伍优势，不断强化"不出现因技术指导不到位导致扶贫产业发展失败、不出现因产销对接不到位导致扶贫产品卖难"的底线思维，按照"一县一特""一村一品"的产业发展思路，深入一线帮助贫困村、贫困户发展产业，融入产业体系，实现精准帮扶。

二、以精准帮扶为核心，深入推动政策落实

一是强化规划引领。2016年印发《湖南省产业精准扶贫规划（2016—2020年）》，并组织有发展生产脱贫任务的131个县市区、管理区编制了产业扶贫规划，以规划引领扶贫产业高质量发展。2018年经省政府常务会议研究，发布《湖南省"一县一特"主导特色产业发展指导目录》，按照一个县或一个片区重点扶持一个特色主导产业的思路，规划了"四带八片

---

① "六大强农"即品牌强农、特色强农、质量强农、产业融合强农、科技强农、开放强农行动。

② "千亿产业"即《2018—2022年在湖南省实施千亿产业培育计划》中明确的粮食、生猪、水产、水果、蔬菜、茶叶、中药材、油茶、油菜、竹木全省十大千亿产业。

五十六个基地"①主导特色产业，既避免同质化竞争，又向特色、规模要效益。二是强化政策构建。近年来，湖南省构建了横向到边纵向到底、覆盖了产业扶贫各领域的产业扶贫政策体系。在宏观指导方面，下发了《关于打赢脱贫攻坚战三年行动的实施意见》《关于推进农业产业精准扶贫工作的意见》等；在强化资金保障方面，下发了《关于推进贫困县统筹整合使用财政涉农资金工作的实施意见》等；在扶持扶贫主体方面，下发了《关于支持贫困地区发展产业扩大就业的若干政策》《关于印发<湖南省贫困县精准扶贫新型农业经营主体贷款保证保险试点工作实施方案>的通知》；在规范资金管理和完善利益联结机制方面，下发了《关于完善县级脱贫攻坚项目库建设的实施意见》《湖南省财政专项扶贫资金管理办法》等。三是强化示范带动。每年安排5亿元省重点产业扶贫项目资金，按照"资金跟着穷人走、穷人跟着能人走、能人跟着产业项目走、产业项目跟着市场走"的"四跟四走"精准帮扶模式，引导产业扶贫资金与有产业发展能力和产业发展意愿的贫困户相结合、与"一县一特"特色主导产业相结合、与带贫主体相结合，着力提升贫困人口产业覆盖率和组织化程度，促进扶贫产业高质量发展，做好产业扶贫示范。四是强化政策落地。省委、省政府组建49个脱贫攻坚常态化联点督查组，由36名省级领导牵头、45个省直单位参与，每季度对51个贫困县、25个贫困人口较多的非贫困县开展为期一周的联点督查，精准查摆产业培育、带贫联贫、协议履行等问题，督促各县及时解决。全省党政主要领导干部带头开展脱贫攻坚"三走访三签字"活动，深入基层一线，开展调研指导，推动领导干部压实责任、转变作风、狠

---

① "四带八片五十六个基地"，四带即衡邵罗霄山脉茶油产业带、湘南脐橙产业带、湘西柑橘产业带、长株潭百里花卉苗木产业带；八片即湘西北茶油产业片、都市蔬菜产业片、供粤港澳蔬菜产业片、安化黑茶产业片、湖南红茶产业片、岳阳黄茶产业片、洞庭水产产业片、湘中道地药材产业片；五十六个基地涉及特色粮食产业、菜油产业、特色蔬菜、特色水果、潇湘绿茶产业、特色茶叶、畜禽产业基地、特色水产、道地药材、楠竹产业、花卉苗木产业。

抓落实。组建省级定点挂牌督战队，对9个挂牌督战县、20个省重点易地扶贫搬迁安置点开展产业扶贫挂牌督战，督导政策措施落实落地。

三、以"四带四推"为重点，深入推动工作落实

（一）以优势产业带动扶贫产业，推进产业精准培育

一是聚力培育优势产业。在贫困地区大力实施"六大强农"行动和"千亿产业"培育计划，加速贫困地区"一县一特"优势产业发展，使之成为带动贫困人口脱贫的扶贫产业。如安化县将"安化黑茶"列入扶贫产业，守正笃实，久久为功，2020年全县茶叶产值达230亿元，15万贫困人口中有9.6万人靠茶产业实现脱贫。**二是搭建产业扶贫平台**。加强贫困地区现代农业产业园、优质农副产品供应基地和农业产业特色小镇建设，引导优势产业生产向优质农副产品供应基地集中、加工和销售向现代农业产业园和农业特色产业小镇等集聚。截至2020年年底，在全省51个贫困县累计创建国家现代农业产业园3个、省级现代农业产业园13个、优质农产品供应基地省级示范片18个，建设现代农业特色产业园省级示范园295个、国家级农业产业强镇17个、省级农业产业强镇23个。**三是加大财政金融扶持**。明确要求中央20项、省级19项专项资金按照财政扶贫专项资金不得低于85%、农村危房改造补助资金不得低于65%、其他各项资金不得低于55%切块下达到各贫困县，只能用于农业生产发展和农村基础设施建设，重点保障产业发展的资金需求，2018—2020年，每年投入到产业扶贫的资金超过200亿元。围绕"贷得到、用得好、收得回、可持续"目标，推出以"一授二免三优惠一防控"①为核心内容的扶贫小额信贷，分三批在127个县市区（含管理区）迅速推广。截至2020年年底，全省累计发放

---

① "一授二免三优惠一防控"，一授即开展贫困农户评级授信；二免即免担保、免抵押；三优惠即贷款期限、利率和贴息优惠；一防控即实行风险防控。

扶贫小额贷款292.9亿元，贷款余额78.12亿元，有逾期贷款余额1 318万元，预期率仅0.17%。全省70余万户贫困农户获得扶贫小额信贷支持，直接或间接带动240余万贫困人口受益，户均增收10 000元以上。

（二）以新型主体带动贫困群体，推进利益紧密联结

一是加大带贫主体培育。把带贫主体培育情况纳入市州、县市区党委政府脱贫攻坚年度考核中，要求各县市区每年培育、引进两家以上规模化扶贫龙头企业，每个贫困村都要建有运行规范的合作社。截至2020年年底，全省51个贫困县共有省级以上龙头企业330家（国家级11家、省级319家），比2014年增长111.5%，有农民合作社47 721家（其中有国家级示范社209家、省级示范社494家、市级示范社631家、县级示范社2 036家），比2014年增长219.0%。从中择优认定省级扶贫龙头企业166家，扶贫合作社省级示范社388个。**二是加大带贫主体扶持**。省重点产业扶贫专项资金每年安排5亿元、"百企千社万户"①工程及"千亿产业"专项每年安排1.4亿元、农产品加工引导项目每年安排5 000万元支持新型经营主体开展产业扶贫，引导带贫主体采取订单生产、土地托管、股权合作、吸纳就业等方式，与贫困户形成"五金"②利益联结模式，保障贫困人口利益联结精准、可持续。**三是开展"千企帮村万社联户"③产业扶贫行动**。充分调动国家级、省级、市级农业产业化龙头企业和农民合作社参与产业扶贫行动的积极性，构建"龙头企业＋合作社＋贫困户"的产业联合体和利益共同体。合作社制定生产标准、

---

① "百企千社万户"即百企千社万户现代农业发展工程，扶持发展100家龙头企业、1 000个现代农机合作社、10 000户家庭农场。

② "五金"即推动土地流转，让贫困群众赚租金；发展订单种养，让贫困群众发展生产得现金；实行入股分红，让贫困群众获股金；建设扶贫车间，让贫困群众挣薪金；发展壮大村级集体经济，让贫困群众得年金。

③ "千企帮村万社联户"即组织1 000家左右农业产业化龙头企业和10 000家左右农民合作社，结对帮扶贫困村发展产业、带动贫困人口脱贫致富。

提供技术服务，组织贫困户进行标准化生产，龙头企业负责对接市场、开展精深加工，确保合作社、贫困户真正融入产业高质量发展链条。2020年共有1 739家农业产业化龙头企业（其中国家级60家、省级637家、市级1 042家）参与"千企帮村万社联户"产业扶贫行动，帮扶贫困村3 010个，发展"一村一品"专业村达到1 840个，创建全国"一村一品"示范村镇81个，安排贫困村劳动力就业3万人；全省建立产业扶贫合作社1.7万个，入社贫困户37.3万户、117.9万人，社员人均增收1 670元以上。

湖南省冯鑫林木油茶专业合作社组织成员和贫困户一起劳作

（三）以市场机制带动发展机制，推进产业持续发展

一是打造扶贫产品公用品牌。 大力培育贫困地区农产品品牌，构建省级区域公用品牌、片区公用品牌和"一县一特"区域公用品牌三级品牌网络体系。截至2020年年底，打造了打造"湖南红茶""湖南油茶"等6个省级公用品牌，"崀山脐橙""南县小龙虾"等5个片区公用品牌，支持洞口县、永顺县、桑植县等贫困地区打造"一县一特"公用品牌，推荐保靖黄金茶、怀化碣滩茶等11个"一县一特"公用品牌入选央视"广告精准扶贫"项目。

二是强化扶贫产品质量监管。对贫困地区"两品一标"优质农产品认证提供全额补贴，新登记的地理标志每个奖励20万元。截至2020年年底，全省51个贫困县"两品一标"农产品共计1 196个，比2019年增长53.5%，其中绿色食品985个、有机食品173个、农产品地理标志产品38个。重点支持贫困地区国家和省级农产品质量安全县整体创建，逐步构建全链条农产品质量安全追溯体系和信用体系。创新开展扶贫农产品"身份证"管理，打造信得过的扶贫农产品。**三是建立扶贫产品促销网络**。在中国中部农博会等大型农业博览会上设立贫困地区优质特色农产品展馆，在北京、深圳、香港等地每年至少举办一次贫困地区优质农产品博览会，在省会长沙建设湖南省贫困地区优质农产品展示展销中心，建立稳定的扶贫产品展示窗口。与步步高集团合作，定期举办贫困地区特色优质农产品产销对接活动，与湖南邮政合作连续举办"919扶贫助农电商节"，自主创办"湘农荟"贫困地区农产品营销平台，建立宽畅的线上线下营销渠道。推广明星现场"带货"、网红直播"销货"等新方式，给湖南扶贫产品插上互联网的"翅膀"。如"网红县长"陈灿平，半年来在阿里巴巴、抖音等平台直播260余场，带动安化黑茶销售超过1 500万元。为降低新冠肺炎疫情对扶贫产品销售的影响，2020年在广州市与广东省联合举办湖南黄桃广东奈李现场推介活动，联动千屏直播、腾讯等直播平台观看流量2 891.7万人次，联动绿叶水果全国700家门店、华润万家湖南20多家门店等渠道同步线下销售，采购销售总额达1 197.1万元。**四是开展消费扶贫**。出台《关于深入开展消费扶贫助力打赢脱贫攻坚战的实施意见》，大力推进消费扶贫月活动和"三专一平台"①建设，实现扶贫产品与市场需求有效对接，促进贫困群众稳定脱贫、持续增收。截至2020年年底，全省共布放消费扶贫专柜21 547台，居全国第一；

---

① "三专一平台"即消费扶贫专柜、消费扶贫专馆、消费扶贫专区、社会扶贫网消费扶贫平台。

建成专馆252个，开设专区574个，实现全覆盖。2020年，通过线上、线下各种渠道，湖南省扶贫产品累计销售192.3亿元。

（四）以组织作为带动农户有为，推进措施落地见效

一是强化村级集体组织建设。实施村党组织带头人队伍整体优化行动，推动党建"主业"与脱贫攻坚"主责"融合，创建村社合一产业扶贫合作社，探索一个党支部引领发展一个产业、一名党支部书记引领好一个经济组织、一名党员结对帮扶一户贫困户的"三个一"工作机制，将5 798名产业发展带头人充实进村两委班子，组建1.8万支驻村帮扶工作队，重点抓产业扶贫工作。**二是加强产业扶贫技术指导**。全省集中586名省级农业科研院所专家，组建51个专家服务团，对贫困县开展组团式科技服务，近年来共培训贫困户100多万人次。以农技员为主，广泛吸纳农村脱贫致富能人充实产业发展指导员队伍，切实帮助贫困户解决产业发展技术难题。在6 920个贫困村全面建立产业发展指导员制度，全省共聘请产业发展指导员87 812人。**三是加大产业扶贫典型推介**。编制《湖南省产业扶贫100个典型案例》《湖南产业扶贫100例》，免费发放各县市区，供各地产业扶贫借鉴学习。2018年在《湖南农业农村工作》中开设产业扶贫专刊，2019年创办《湖南省产业扶贫手机报》，推送人员近1 000人，每月发布2～3期。

2020年9月习近平总书记在湖南考察时强调，要积极做好乡村振兴与脱贫攻坚衔接工作。全省将牢记习近平总书记的重要指示精神，不忘初心，牢记使命，在发展目标上，把脱贫攻坚与实施乡村振兴战略的目标和任务相衔接，统筹安排一体推进；在实现路径上，把"两不愁、三保障""五个一批"与"产业兴旺、生态宜居、乡风文明、治理有效、生活富裕"相衔接，促进乡村全面振兴；在政策体系上，把脱贫攻坚的特惠性、阶段性、攻坚性的政策体系与乡村振兴的普惠性、长期性、常规性的政策体系相衔接，努力开创脱贫攻坚与乡村振兴衔接的新局面。

广　西

聚焦八大重点环节　打好产业扶贫硬仗

广西壮族自治区农业农村厅

广西集"老、少、边、山、库"于一体，是全国脱贫攻坚的主战场之一。党的十八大以来，广西深入学习贯彻习近平总书记关于扶贫工作的重要论述和视察广西的重要指示精神，始终坚持产业扶贫作为脱贫攻坚的根本之策，按照"前端抓好技术支撑，中端抓好生产组织，后端抓好市场营销"的工作思路，立足资源禀赋，坚持因地制宜，发展特色产业，产业扶贫取得巨大成就，为打赢打好广西脱贫攻坚战提供了有力保障。2016—2020年，在国家组织开展的省级党委和政府扶贫开发工作成效考核中，广西连续5年获得综合评价"好"的等次。

一、主要工作措施

（一）聚焦责任落实，强化组织领导

一是领导带头推动。 自治区党委、政府把产业扶贫列为脱贫攻坚"八个一批"和全力打好的"五场硬仗"之首，主要领导率先垂范，带头抓调研、强指导、促落实，检查指导产业扶贫工作。**二是组建专门机构。** 创新设立自治区、市、县三级扶贫开发领导小组产业开发专责小组，由农业农村部门牵头，构建了由20多个部门组成的多层次、多部门合力推进产业扶贫的组织架构。**三是协调高效有力。** 各级产业开发专责小组下设办公室，落实机构、人员、场地、经费、制度"五保障"，建立成员单位工作例会、信息统计、暗访检查、情况通报等工作机制，推动成员单位各司其职、各

负其责，合力推进产业扶贫。

（二）聚焦制度供给，强化政策扶持

一是加强顶层设计。自治区党委、政府建立"1+20"脱贫攻坚政策体系，实施"八个一批""十大行动""20个专项"，涉及产业扶贫有三个一批、五大行动和10个专项，并制定《广西壮族自治区"十三五"特色产业精准扶贫规划》和《广西壮族自治区农业产业扶贫三年行动实施方案》，对产业扶贫进行周密部署和统筹安排。**二是部门联动落实**。各产业发展主管部门立足职能职责、部门优势和行业特点，制定了60多份关于财政投入、金融支持、科技支撑、主体培育、产销对接、三产融合、村级集体经济等方面的具体措施办法。**三是市县精准施策**。有扶贫开发任务的市县按照"宜农则农、宜工则工、宜商则商、宜游则游"的原则，依托资源禀赋，因地制宜制定了560多份科学的、接地气的产业扶贫政策措施。环江毛南族自治县因地制宜发展桑蚕、优质水稻、柑橘、猪、杉木等特色产业，毛南族在全国率先实现整族脱贫，习近平总书记作出重要指示予以肯定。

油菜花盛开季节下的广西壮族自治区百色市田阳区五村镇巴某村

（三）聚焦产业发展，强化资金支持

一是加大财政资金投入。2016—2020年广西共筹集财政专项扶贫资金447.84亿元，整合财政涉农资金745.56亿元，统筹用于基础设施建设和扶贫产业发展。实施扶贫产业"先建后补"以奖代补政策，激发贫困群众内生动力。2018年以来，累计发放产业奖补资金109.44亿元，惠及贫困户269.35万户次。**二是增加金融保险支持。**创新"户贷企管、户企共营、户企共享、户贷户还"模式，引导贫困户带资入股，以资领养领种，实现户企共赢、利益共享。全区累计发放扶贫小额信贷359.37亿元，惠及79.91万户贫困户。落实免除建档立卡贫困户自缴保费政策，农业保险累计为294.20万户次贫困户提供521.01亿元农业生产风险保障。**三是争取世界银行贷款支持。**2018年积极争取和组织实施4亿美元的世界银行贷款广西扶贫示范项目，主要用于扶贫产业发展，涉及全区28个贫困县（市、区）1 791个贫困村，覆盖约165万贫困人口。

（四）聚焦科技服务，强化人才支撑

一是建设农业科研拔尖人才队伍。开展首席科学家（院士）进广西等活动，聘请13位院士为自治区主席农业院士顾问，选聘22位国家产业首席科学家在内的114名区内外知名专家，作为广西现代农业"高端智囊团"，为扶贫产业发展"把脉问诊"。**二是建立产业扶贫培训指导队伍。**全区组建了自治区产业扶贫专家服务团、国定贫困县产业扶贫专家服务组、贫困村科技特派员、产业扶贫培训讲师团和贫困户产业发展指导员5支队伍，形成了"一个扶贫特色产业，一个专家团队指导、一个产业发展指导员覆盖"的产业技术服务体系。连年开展产业扶贫春季大培训和秋冬季大培训活动，提升贫困群众产业发展实用技能。**三是建强农村实用人才队伍。**开展高素质农民、农村实用人才带头人和贫困村创业致富带头人培养培育，打造一支"永不走的扶贫工作队"。截至2020年，

54个贫困县累计培育高素质农民73 304人，占全区总数的58.8%；培养现代青年农场主810人，占全区总数的50.2%。融安县海归赖园园，回乡带头发展融安金橘产业，带动9 314户贫困户种植金橘3.65万亩脱贫，被评为全国农业劳动模范和全国十佳农民，受到了习近平总书记的亲切接见。

广西凌云县进行茶叶采摘培训

（五）聚焦示范带动，强化主体培育

一是引进培育经营主体。实施龙头企业成长计划，开展"央企名企进广西""千企扶千村""千企进千村""万企帮万村"等活动，举办了400多场次"企业+扶贫"活动。全区5 379个贫困村均实现"一村一新型经营主体"或"一村一产业示范基地（园）"的覆盖。**二是提高经营主体发展质量**。开展农民合作社示范社和示范家庭农场创建、农民合作社"空壳社"专项清理、农产品加工企业100强评选等工作，规范和提升经营主体发展质量。截至2020年，全区有市级以上农业产业化重点龙头企业1 453家、

自治区级以上农民专业合作示范社1 294家、自治区级示范家庭农场467家。**三是推广利益联结机制。**引导和支持有技术、有能力、有市场、有平台的新型农业经营主体与贫困户签订产业发展协议，采取直接帮扶、订单生产、土地流转、股份合作、务工就业等形式，直接带动了39.7万户贫困户融入产业链发展产业增收。

（六）聚焦产品销售，强化产销对接

一是加强特色农业品牌建设。立足广西生态、富硒、长寿等优势，大力开发"三品一标"农产品，支持有条件的贫困村发展"一村一品""一村多品"，优先支持贫困地区培育打造特色农业品牌，聚力打造"广西好嘢"特色品牌。截至2020年，54个贫困县累计认定"三品一标"农产品1 083个，占全区2 344个的46.2%；创建农产品区域公用品牌26个、农业企业品牌28个、农产品品牌61个，占全区品牌目录总数的50%以上。例如，百色革命老区的芒果被评为国家农产品地理标志示范样板，产品畅销全国，成功打造出全国闻名的"百色芒果"品牌。**二是展示展销贫困地区农产品。**每年举办中国—东盟博览会农业展、广西名特优农产品交易会等10余场大型农业展会，组织贫困地区参加中国国际农产品交易会、中国国际茶叶博览会等专业会展，创新举办面向"一带一路"的中国（广西）农业丝路行专题活动，广泛宣传推介广西优质特色农产品。**三是大力发展农村电商。**全区有58个县66次获批电子商务进农村综合示范县，全覆盖国家扶贫开发工作重点县。累计建成服务站点5 429个，物流配送网点3 779个，网络零售额221.32亿元，农产品网销单品6 833个；累计培训贫困人口11.66万人次，带动就业10.44万人，帮助销售8.51亿元，增收4.27亿元。

（七）聚焦典型宣传，强化范例推广

一是召开现场会推广。每年组织召开一次以上全区产业扶贫现场推进会，组织学习和推介各地产业扶贫工作经验和成功做法。**二是选编案例推**

广。总结推出龙头企业、农民合作社、家庭农场、示范园区带动等九大产业扶贫模式，组织编印《广西贫困村产业扶贫案例》《大石山区扶贫产业发展实例》等8本汇编，累计推广800多个产业扶贫范例。百色芒果"六统一"、三江稻渔综合种养等产业模式在全国推广。**三是新闻媒体推广**。在广西电视台开设《八桂农业—五彩田园》专栏、广西日报开办"产业扶贫振兴乡村"专栏，在人民日报、农民日报、经济日报、今日头条等主流媒体宣传报道产业扶贫信息4 500多篇。

（八）聚焦粤桂协作，强化产业合作

一是加大招商引资力度。出台粤桂扶贫协作13条优惠政策等，积极动员和引导广东企业到广西贫困地区投资产业、建立基地、兴办工厂。2016年以来，共引导超过1.3万多家广东企业到广西投资参与扶贫，投资额超过3 000亿元，带动贫困人口脱贫12.11万人。**二是共建扶贫产业园**。建设一批劳动密集型扶贫产业园和扶贫车间，主动承接东部产业转移。积极引导1.32万多家企业到广西投资，实际投资3 218亿元，受益贫困人口20.91万人，直接吸纳贫困人口就业2.61万人；建设深巴、深百等扶贫产业园区90个，引导196个粤港澳大湾区企业和产业集群入驻，投资355.95亿元。**三是加强产销协作**。通过搭建购销平台、宣传推介、定向采购、商超直销、基地订销、电商促销等方式，主动对接广东巨大消费市场，并将消费扶贫纳入粤桂两省区层面工作清单重点推动，引导广东社会各界购买贫困县的产品和服务，累计销售广西农畜产品和扶贫产品金额644.04亿元，带动贫困人口65.9万人。

二、主要工作成效

（一）产业有体系

近年来，广西探索制定扶贫特色产业认定标准，建立全区扶贫特色

产业目录，创新发展县级"5+2"、贫困村"3+1"特色产业，全区构建形成了"县有扶贫支柱产业，村有扶贫主导产业，户有增收致富产业"的扶贫产业体系。2018年10月，广西发展县级"5+2"、贫困村"3+1"特色产业的做法被农业农村部评为全国产业扶贫十大机制创新典型，位列第一。2020年年底，全区发展有县级"5+2"特色产业的贫困户占有发展能力贫困户总数的97.04%，贫困村"3+1"特色产业均覆盖90%以上的有发展能力贫困户，全区特色产业（含其他产业）覆盖率达99.06%，高于全国平均水平。

广西都安县肉牛养殖示范基地

（二）发展有规模

广西出台产业扶贫以奖代补等政策，引导各地集中项目、资金、人才等要素资源投入，扶贫产业实现了从无到有、从小到大、从弱到强、从劣到优，一批产业已成长为在全国具有举足轻重地位的优势特色产业。近年来，广西桑蚕茧产量占全国的一半，柑橘、百香果、火龙果、木薯、双孢蘑菇、茉莉花茶等农产品产量均居全国第一位。截至2020年，全区桑园面积达298.21万亩、桑蚕产量37.65万吨，桑园面积、蚕茧产量、生丝产量等6项指标连续多年位居全国首位；火龙果面积34.11万亩、产量45.76万吨；百香果面积43.20万亩、产量36.12万吨。

（三）带贫有平台

以创建产业示范园（区）为平台，积极引进和培育新型农业经营主体，推进农村一二三产业融合，带动贫困群众融入产业链生产，分享全产业链增值收益。全区有6个贫困县列入国家及自治区现代农业产业园创建，22个贫困县获评创建中国及自治区特色农产品优势区，13个贫困县乡镇列入国家农业产业强镇创建，累计带动24万贫困人口脱贫。54个贫困县共认定自治区、县、乡、村级示范区（园、点）7 489个，占全区总数的54.03%，累计带动138万贫困人口脱贫。

（四）科技有支撑

整合国家现代农业产业技术体系、广西创新团队、产业联盟专家和农技推广人员组成联合技术服务工作队，在主要农时季节、重要物候期、生产经营关键时期开展技术培训和指导服务。2016年以来，全区共举办各类培训班3.29万期，培训贫困群众160.99万人次，形成了"区域全覆盖、产业全覆盖、户户有指导"的产业扶贫技术服务体系。广西桑蚕产业扶贫专家服务团在边境地区靖西市主推蚕桑生产机械化规模化发展技术，被评为"2018年度全国科技助力精准扶贫工作先进团队"。落户在湘江战役涉及革命老区县灌阳县的"袁隆平院士工作站"带动当地种植超级稻18.3万亩，帮扶1 100多户贫困户实现脱贫。

（五）增收有实效

根据建档立卡数据统计，在全区脱贫人口中，有94.41%的脱贫人口通过产业帮扶发展生产增收，产业扶贫挑起了脱贫攻坚的"大梁"，成为覆盖面最广、带动人口最多、减贫效果最好、可持续性最强的扶贫举措。

在产业扶贫的带动下，广西贫困地区农村居民和贫困人口人均可支配收入持续快于同期全国农村居民增速，为全区累计减贫634万人，5 379个贫困村和54个贫困县摘帽发挥了重要的支撑保障作用。

三、基本经验

（一）组织领导是前提

广西在建立"区负总责、市抓协调、县为主体、乡村实施、部门配合"扶贫机制和落实"五级书记抓扶贫"的基础上，自治区、市、县三级扶贫开发领导小组创新设立产业开发专责小组，由农业农村部门牵头，20多个部门共同推进，实现了由一个部门单干向多个部门共推转变。广西农业农村厅认真履行主体责任，专门组建厅产业扶贫办公室，抽调精兵强将全脱产集中办公，建立健全工作机制，集全厅之力推进产业扶贫，为接续实施乡村振兴战略提供了借鉴和"样本"。

（二）选好产业是基础

推进产业扶贫，既要发展"短平快"产业，让贫困户短期内收入得到增加；也要发展长效产业，让贫困群众长期持续稳定增收。既要避免产业过于分散，形成不了规模；又要避免盲目跟风，一哄而上，出现产业同质化和"卖难"现象。广西因地制宜突出发展县级"5+2"、贫困村"3+1"特色产业，引导各地集中要素资源投入，既较好地解决了过去产业散、小、弱的问题，又较好地避免一些县村主要发展一两个产业，出现产业同质化严重的问题。

（三）品牌建设是支撑

壮大扶贫产业，提升发展质量，不能只顾"埋头苦干"，不管"能不能卖"，不管"能不能卖好"。产业发展要遵循品质就是市场、品牌就是销路的市场规律，坚持品质为要、品牌为上的发展理念。广西立足生态、富硒、长寿等资源禀赋优势，积极开发"三品一标"农产品，打造打响"广西好嘢"特色农业品牌，提升影响力，增加附加值，初步建成了"区域品牌＋企业品牌＋产品品牌"的农产品品牌格局，创一个品牌、带一个产业、富一方群众的带贫效果日益显现。

（四）利益联结是保证

搞好产业扶贫，要避免贫困户"单打独斗"，关键是让贫困户与新型农业经营主体形成利益共同体，实现小农户和现代农业发展的有机衔接。广西采取政策引导、财政支持、示范推进等措施，坚持"对外引进"和"本土培育"两条腿走路，培育壮大新型农业经营主体。积极推广新型农业经营主体与贫困户建立稳定紧密的利益联结机制，让贫困户实现土地流转"获租金"、入股"分红金"、生产"得现金"、务工"挣薪金"，更多分享农业产业链和价值链增值收益。

四、下一步工作打算

当前，广西产业扶贫工作取得了巨大成就，但受历史、地理、市场等因素影响，当前脱贫地区产业发展总体水平还不高，还面临产业发展基础薄弱、组织化程度较低、产业链条不长等困难和问题。下一步，广西将深入贯彻落实党中央、国务院的决策部署，着力抓好脱贫攻坚同乡村振兴的有效衔接，不断提升扶贫产业发展质量，为全面推进乡村振兴战略奠定坚实基础。

海　南

围着产业抓扶贫　巩固脱贫显成效

海南省农业农村厅

习近平总书记强调："要脱贫也要致富，产业扶贫至关重要"。党的十八大以来，在以习近平同志为核心的党中央的坚强领导下，海南省坚决贯彻落实"省负总责、市县抓落实"的工作机制，突出产业扶贫，提高组织化程度，筑牢贫困群众增收根基。全省5个国定贫困县均实现脱贫，600个贫困村全部脱贫出列，91%的贫困户获得了产业帮扶，户均享受产业帮扶措施超过4项，产业扶贫成为打赢脱贫攻坚战的重要支撑。

一、产业扶贫取得显著成效

（一）产业扶贫基础更加扎实

实行产业帮扶"五个一"，即对有条件有意愿的贫困家庭，至少有一个经营主体带动、有一个产业发展指导员到户帮扶、有一个扶贫小额信贷助力、有一个保险政策托底、有一个奖励政策。全省产业帮扶贫困户达91%，比2015年提高77.91%。62家省级扶贫龙头企业，带动贫困户4万多户15万余人。

（二）扶贫产业规模不断扩大

大力实施产业发展项目，每年投入产业扶贫的专项资金不少于50%，积极发展瓜菜、热带水果、南药、花卉、茶叶、生猪、肉牛、山羊、家禽、渔业、林业和林下经济（养蜂、养蜘蛛等）12类种养业，每个市县都有特色鲜明的"6+3"产业。全省特色扶贫产业规模种植类达92.21万亩、畜禽养殖类达 2 278 万头（只），相比 2015 年分别提高了 67.7%、150.9%，贫困地区和贫困户可持续增收得到根本保障。

（三）利益联结机制更加紧密

推行"五带动全覆盖"模式，不断探索完善产业帮扶机制，增强产业扶贫益贫性。全省有 93.25% 的产业帮扶贫困户获得带贫主体帮扶，相比 2015 年前散种散养、发苗发物的帮扶模式，利益联结机制更加紧密，帮扶效果更好。文昌市海南传味文昌鸡产业股份有限公司的帮扶模式被国务院扶贫办评为"企业精准扶贫专项 50 佳"，"传味模式"被人民日报点赞宣传。

（四）科技服务机制更加完善

全省组建了"农老师"服务团、贫困村科技特派员、挂职科技副乡镇长等多维度科技服务队伍，深入扶贫产业一线开展农业农村实用技术推广与服务。推介发布农业主推技术 117 项，促进农业增效、农民增收。省科技专项资助省重大和重点科技计划项目（现代农业方向）318 项，其中重大科技计划项目 15 项，重点研发项目 303 项，对于贫困户覆盖面最广的槟榔产业，鉴定出了槟榔黄化病病原物，研发出快速诊断与检测技术体系，明确了槟榔黄化病病原物的分子致病机理，取得了基于土壤微生物改良、植物免疫诱抗的防控技术等多项农业重大病虫害防控技术成果，填补了2015 年前的技术空白，促进贫困地区和贫困户的槟榔产业提质增效、增产增收。

（五）农业保险保障力度进一步加大

不断加大涉贫农业保险开发力度，全省农业保险险种达 18 个，比 2015年增加了 20%，其中体现海南特色险种 10 个，全面覆盖贫困户和带贫经营主体的主营产业。2020 年新增防贫综合保险，为 318 万名农村常住人口提供防贫保障，实现建档立卡贫困户和贫困边缘人群全覆盖；创新开展天然橡胶价格（收入）保险，对贫困胶农的保费全额补贴，惠及4.67万户贫困户。

二、产业扶贫措施精准发力

（一）坚持"一户一策"提高产业帮扶精准度

根据贫困户的自身情况和意愿，制定"一户一策"产业扶贫措施，推行"五带动全覆盖"模式，切实提高贫困户在产业扶贫项目中的参与度。对于有劳动能力的贫困户，鼓励发展自种自养产业，强化科技帮扶、农产品代销、订单农业等帮扶措施，确保贫困户扶贫农产品"种得出、养得活、卖好价"。对于无劳动能力和部分丧失劳动能力的贫困户，通过扶贫资金入股经营主体等方式，促进获得可持续稳定增收。全省聘请贫困户产业发展指导员4 628名，落实8项工作职责，涵盖贫困户发展产业的产前、产中、产后帮扶内容，提高产业发展精准度。建立产业扶贫联络员制度，为带贫主体设置1 121名联络员，强化产业扶贫项目跟踪服务，提高项目实施质量。实施贫困户产业发展奖励政策，对贫困户年度家庭经营性收入超过4 000元的奖励1 000元用于发展生产，鼓励贫困户发展热带特色高效农业。实施农村低保对象"自强行动计划"，支持非建档立卡贫困户的农村低保对象发展产业，防止因收入不达标返贫，帮扶面达100%。

（二）培育壮大带贫主体提高组织化程度

全省有2 251个带贫主体参与产业扶贫，累计带动贫困户超过18.9万户次。对其中带动贫困户10～30户、31～50户、51～100户、101～150户、150户以上，分别给予2万、4万、6万、8万、10万元的一次性生产补贴，增强带贫能力。加大对带贫主体的金融支持，发起成立海南农业政策性金融产业扶贫合作平台已累计发放扶贫贷款173亿元，推动产业扶贫项目53个，辐射带动贫困人口10.9万人脱贫。带贫主体的发展壮大，直接刺激贫困户加入扶贫产业生产的积极性。国定贫困县临高县龙兰村45户贫困户自筹10万元入股合作社发展果蔬产业，稳定获得10%的资产性收入；乐东黎族自治县2 065户贫困户以土地入股、租赁方式参与带贫企业的哈密瓜、毛豆等扶贫产业发展，亩土地收益金达1 500元；澄迈县水产品加工扶贫企业带动1 000多人贫困户务工，带动年工资性收入超过3万元。

（三）强化科技服务保障产业帮扶成效

成立"农老师"服务团221个，重点解决贫困户和带贫合作社发展产业遇到的困难。创建科技扶贫示范"百村千户"，创建示范村104个、示范户1 045个，增强农业科技在基层推广和应用。选派809名科技特派员对全省600个贫困村开展科技服务全覆盖。海南省农业科学院选派科技人员到国定贫困县五指山市担任科技特派员，仅在一个村引导贫困户种植朝天椒达1 000亩，得到央视《新闻联播》的点名肯定。科研院所、大中专院校、农业科技推广机构56人在11个市县乡镇挂职任科技副乡镇长，在80个贫困地区村庄打造秀珍菇、百香果、澳洲龙虾等110个科技扶贫示范基地，带动1 332户建档立卡贫困户直接参与项目实施。据不完全统计，近年来全省组织科技服务人员下乡1.5万人次，组织种养殖技术、电商、村集体经济管理等内容的各类农民培训600多期，发放技术资料5万多册，培训贫困户10万多人次，进一步推广农村实用技术，增强了贫困户脱贫致富的能力。

（四）推进消费扶贫拓宽农产品销售渠道

以"四动四全"（党政强力推动全保障、各方积极联动全覆盖、线上线下互动全服务和贫困群众自觉主动全参与）为抓手，线上开通"海南爱心扶贫网"，线下开展"消费扶贫集市"，省领导带头"以购代捐"，号召社会各界积极参与消费扶贫，确保扶贫产品卖得出且卖出好价钱。全省认定扶贫产品1 225个，消费扶贫销售金额超过7.34亿元，受益贫困户达39万户次。海南省消费扶贫工作荣膺2019年全国脱贫攻坚奖组织创新奖，定安县以"一丰一创两带三争"循环模式荣获2019年全国消费扶贫典型案例奖。

（五）发动民营企业广泛参与产业扶贫

广泛动员民营企业积极参与"百企帮百村"精准扶贫行动，通过因地因村精准施策，充分发挥民营企业优势，推行"村集体＋企业＋贫困户"、扶贫资金股份化等开发模式，建立开发式、造血式的扶贫长效机制，把企业转型升级与贫困地区产业发展结合起来，带动贫困村发展一批特色优势产业，帮助群众就地就近就业，支持贫困群众依靠自己的辛勤劳动早日实现脱贫。全省共有1 024家民营企业参与"百企帮百村"活动，累计投入帮扶资金9.5亿元，帮扶贫困人口29.36万人，受益1 329个行政村。

三、产业扶贫组织政策稳定可持续

（一）建立稳定的组织领导机构

为强化脱贫攻坚的指挥体系，成立省打赢脱贫攻坚战指挥部，下设产业扶贫政策落地组，成员单位由省农业农村厅、省发展改革委、省生态环境厅、省旅文厅、省扶贫办等10个单位组成，齐心协力抓好全省产业扶贫工作。同时，成立9个省委脱贫攻坚战督查组，把产业扶贫实施情况作为重点督查内容，保障全省产业扶贫项目有序规范实施。

（二）建立规划引领的顶层设计制度

2016年出台了《海南省"十三五"产业精准扶贫规划》，2018年印发了《海南省农业产业扶贫三年行动方案》，全省立足热带资源禀赋优势，科学谋划优化脱贫产业发展布局，扶强产业促进一二三产业融合，既注重传统产业提质增效，也积极培育新兴特色产业，坚持以规划为引领，夯实精准扶贫产业基础。国定贫困县保亭黎族苗族自治县十年坚持发展黄秋葵产业，实现从无到有，从有到优的发展，联结带动700多户贫困户直接产业种植，规模超过2 000亩，贫困户王晓敏种植黄秋葵6亩，年赚了6万多元，另外到收购点务工也获得 2 万多元的收入。

（三）建立常态化集中培训工作机制

创办了脱贫致富电视夜校，设立 2 712 个脱贫夜校教学点，探索"电视夜校＋961017 热线"模式，内容涵盖了扶贫政策、种养殖技术、特色产业发展等多方面，提高贫困户专业技能，传授致富本领，贫困户发展产业的积极性和本领得到显著提高。国定贫困县琼中黎族苗族自治县贫困户王成安的脱贫致富夜校的培训教育下，从昔日的"酒鬼"蜕变成"羊倌"，成为十里八乡的"致富能手"。脱贫致富电视夜校荣获 2018 年全国脱贫攻坚奖组织创新奖、全国脱贫攻坚先进集体。

（四）建立可持续发展的村集体增收途径

2019—2022 年，海南省每年给予 500 个村集体经济不足 50 万元的行政村 50 万元的扶持，用于发展产业，脱贫攻坚期内覆盖所有的建档立卡贫困村。全省 600 个贫困村集体经济全部破零，265 个村集体经济收入超过 10 万元，占比 44.17%，13 个村超过 100 万元。同时，出台《关于大力发展农村市场主体壮大农村集体经济的十八条措施》，突出政策供给，畅通资本、人才、服务下乡通道，多措并举提高村集体经济。陵水黎族自治县本号镇通过成立村办企业建立大基地，聘请创业指导团队规范利益联结机制，采取"大企业、大基地＋合作社＋贫困户"的模式，既实现了产业发展可持续，又保障了扶贫资金安全可监督，达到壮大集体经济助力产业扶贫的效果。

习近平总书记指出，脱贫摘帽不是终点，而是新生活、新奋斗的起点。下一步，海南将深入贯彻落实习近平总书记重要讲话精神，特别是在全国脱贫攻坚表彰大会和中央农村工作会议上的重要讲话，推动产业扶贫向产业振兴转变，巩固和拓展脱贫攻坚成果，全面推进乡村振兴战略实施，为海南自由贸易港建设做出应有的努力和贡献。

重　庆

大力实施现代山地特色高效农业精准扶贫
推动脱贫攻坚取得决定性胜利

重庆市农业农村委员会

重庆集大城市、大农村、大山区、大库区于一体，是直辖市的体制、西部省份的市情。2014年年底，全市有扶贫任务的区县33个，其中国家重点贫困区县14个、市级4个，贫困村1 919个，贫困人口165.9万人，贫困发生率7.1%。

党的十八大以来，全市上下深学笃用习近平总书记关于扶贫工作重要论述，按照总书记对重庆脱贫攻坚"这个任务不轻""要真抓实干""成败在于精准"的重要指示要求，坚持把脱贫攻坚作为"三农"工作的重中之重，把产业扶贫作为稳定脱贫的根本之策，大力发展现代山地特色高效农业，全面落实精准方略，推动脱贫攻坚取得决定性胜利。

一、主要工作成效

（一）发展了一批贫困人口参与度高的特色产业

坚持走"小规模、多品种、高品质、好价钱"的现代山地特色高效农业路子，培育壮大了涪陵榨菜、奉节脐橙、巫山脆李、丰都肉牛、潼南柠檬等系列扶贫特色产业。33个有扶贫任务的区县建设各类产业扶贫基地5.6万个，发展柑橘299万亩、榨菜157万亩、中药材257万亩、调味品187万亩、特色水果393万亩、特色经济林181万亩、茶叶85万亩，牛53万头、山羊443万只、蜜蜂120万群，特色产业覆盖建卡贫困户

90%以上。

（二）促进了贫困地区农村产业融合发展

实施贫困地区特色产业提升工程，开展农产品加工、乡村旅游、农村电商扶贫行动。18个贫困区县培育规模以上农产品加工企业389家，2020年实现产值713.9亿元；创建6个全国休闲农业和乡村旅游示范县，培育乡村旅游示范乡镇75个、示范村（点）453个。电商进农村综合示范创建实现国家重点贫困区县全覆盖，14个区县建立了电商公共服务中心、仓储物流配送中心，建成农产品产地集配中心150余个，乡镇村电商服务站点3 300多个。2020年实现农产品网络零售额131.1亿元。巫溪县建成乡村旅游扶贫点108个，直接吸纳贫困人口务工1 780名，间接带动4 000余户贫困户从事乡村旅游配套服务。秀山县依托国家级物流园区，引进324家企业入驻电商产业园，建成11个乡镇电商服务中心、200余个乡村服务站点，带动发展扶贫产业基地241个。

重庆市石柱县中坪土地整理项目实施后建成脆桃产业基地

（三）培育了一批扶贫农产品品牌

着力打造"巴味渝珍"全市区域公用品牌。以"巴味渝珍"为龙头，区县品牌和企业品牌为支撑，建立覆盖全区域、全产业、全品类的"1+1+10+N"品牌体系。实施秀山土鸡、云阳菊花等特色优质农产品国家品牌推广计划，推动10大品牌农产品上京东，推荐贫困区县23个品牌农产品在央视等媒体免费展播。黔江猕猴桃、涪陵青菜头、城口山地鸡、丰都牛肉、忠县柑橘、巫山脆李、酉阳茶油等扶贫产品品牌入选中国农业品牌目录。涪陵榨菜、奉节脐橙、巫山脆李品牌价值分别达147.32亿元、182.8亿元、19.08亿元。授权贫困区县99家农产品生产经营主体183个产品使用全市公用品牌"巴味渝珍"，授权品牌农产品平均溢价10%以上。

（四）带动了贫困户增收脱贫

强化到村到户到人精准帮扶，落实产业到户补助政策，帮助有劳动能力和发展意愿的贫困户直接参与产业发展，鼓励没有劳动能力的贫困户通过土地入股等方式参与产业发展。2014—2020年，14个国家重点贫困区县农村常住居民人均可支配收入由8 044元增加到14 226元，年均增长17.81%；建卡贫困人口人均纯收入由2014年的4 920元增加到2020年的11 581元，年均增长15.34%。石柱县中益乡因地制宜发展中蜂、中药材、果蔬三大产业，引进培育19家经营主体与农户建立利益联结机制，带动538户贫困户年户均增收2 700元以上。

二、主要工作举措

（一）强化"三个统筹"，培育壮大扶贫主导产业

一是统筹区域脱贫与贫困户脱贫。围绕现行标准下农村贫困人口脱贫、解决区域性整体贫困，制定出台《重庆市"十三五"产业精准扶贫规

划纲要》和产业扶贫规划，支持各区县重点培育 2～3 个扶贫主导产业，每个贫困村至少发展 1 个特色产业，贫困户落实 1 个增收项目。**二是统筹贫困区县与非贫困区县扶贫产业发展**。制定出台《关于深化脱贫攻坚扎实推进产业扶贫的实施意见》和《进一步调整优化农业产业结构实施方案》，合理布局柑橘、榨菜、柠檬、生态畜牧、生态渔业、茶叶、中药材、调味品、特色水果、特色粮油等重点产业，构建主城都市区、渝东北三峡库区、渝东南武陵山区协调发展机制和对口协作机制。组建 18 个市级扶贫集团，分别由市领导挂帅，定点包干深度贫困乡镇和贫困区县。**三是统筹短平快项目建设与扶贫长效产业发展**。制定下发《关于大力发展特色产业促进精准脱贫的意见》坚持长短结合、以短养长，既增加贫困户当期收入，又促进贫困户持续增收、稳定脱贫。目前，各区县均培育了 1 个以上扶贫主导产业，初步形成"一县一特"格局，如城口的山地鸡，丰都的肉牛和红心柚，秀山的金银花和土鸡，万州、开州、云阳、奉节的柑橘，石柱的辣椒和中药材等。18 个贫困区县发展特色产业基地 843 万亩，创建市级以上特色农产品优势区 21 个、"一村一品"示范村 433 个。巫山县规模化种植脆李 28 万亩，涉及农户 5 万余户，其中贫困户 9 108 户，今年实现综合产值 15 亿元，带动脆李种植户人均增收 7 200 余元。

（二）构建"四级指导体系"，推动产业精准到村到户

市级层面，组建 18 个产业扶贫工作技术指导组，定点联系指导 33 个有扶贫任务区县和 18 个深度贫困乡镇；实施"科技精准扶贫千村特派员工程"，选派科技特派员 372 名。区县层面，建立区县级专家组 321 个，累计派出专业技术人员 2 871 人。14 个国家重点贫困区县组建 101 个技术专家组，组织专家 459 名包乡指导。乡镇层面，组织 6 600 余名农技人员包村服务。农户层面，选聘 2.87 万名产业发展指导员到户帮扶，帮助贫困户筛选产业、落实项目。开州区组织 14 名农业产业技术首席专家，研究推出 24 种增收模式，汇编成册印发每个扶贫工作队和结对帮扶责任人，分类指导贫困户筛选增收模式和增收项目。黔江区针对每个产业遴选 100个科技示范户、聘请 1 名技术指导专家及 10 名技术指导员，每名专家联系指导 10 个科技示范户，每个科技示范户联系帮扶 10 户贫困户发展扶贫特色产业。

（三）培育"四大主体"，推进产业带贫益贫落地

一是大力培育龙头企业。 组织开展农业龙头企业"精准扶贫库区行""渝东南精准扶贫行"等活动，在 18 个贫困区县培育涉贫农业龙头企业 1 856 家，带动贫困户 11.3 万户。组织 1 811 家民营企业参与"万企帮万村"行动，结对帮扶 1 664 个村，其中贫困村 1 079 个，投入资金24 亿多元。**二是规范发展农民专业合作社。** 18 个贫困区县创建国家级、市级示范合作社 733 个；贫困村发展农民专业合作社 7 734 个，入社贫困户近 10 万户，带动贫困户 9 万户。**三是发展壮大村级集体经济。** 近年来，整合各级财政资金 30 多亿元支持村级集体经济发展，截至 2020 年9 月底，贫困村中无经营收入的"空壳村"下降到 0.5%。**四是培育发展家庭农场和农村致富带头人。** 发展家庭农场 2.3 万个，培育认定农村致富带头人 7 208 名，领办创办合作经济组织、小微企业 6 810 个，带动贫困户 2.2 万户。全市 81% 的贫困户得到龙头企业、农业专业合作社等新型经营主体带动。

（四）实施"五项改革"，开辟贫困户增收新渠道

推进集体经济组织股份合作制改革，量化集体资产 269 亿元。深入开展农村"三变"改革试点，2020 年试点贫困村增加到 195 个，11.9 万贫困人口成为股东，年人均增收 500 元左右。深化农业项目财政补助资金股权化改革，累计实施股权化改革项目 8 763 个、涉及财政资金 55.24亿元，其中 2020 年实施股权化改革项目 2 067 个、涉及财政资金 13.26 亿元；惠及1 997个村集体经济组织、45.5万农户，其中贫困户6.5万户。推进"三社"融合发展，2019年为977家农民专业合作社解决信贷资金5.14亿元。探索财政扶贫资金"五改"（改补为奖、改补为贷、改补为借、改补为股、改补为酬），丰富扶贫资金精准到户方式和利益联结方式。例如，通过财政资金补贴，开发保洁、治安、护路、护林等公益性岗位，安置贫困人口3万人以上。全市近90%的贫困户享受过资产收益扶贫政策。

（五）抓好"四大关键"，提升产业扶贫质量和可持续性

一是抓好科技服务。围绕贫困地区主导产业，建立柑橘、榨菜、草食牲畜、生态渔业、中药材、茶叶、调味品、荞麦、蚕桑9个特色产业技术体系创新团队，针对制约产业发展的关键环节开展科技攻关和服务。每年发布100项农业主推技术和20项绿色发展模式。精准开展实用技术培训，组织农业科技人员开展扶贫产业科技承包和科技示范服务，培育科技示范主体1.7万个。**二是抓好产销对接**。积极组织参加全国性和区域性各类展销洽谈会。每年举办贫困地区农产品展销对接活动，在中国农交会、中国西部（重庆）农交会设立贫困地区特色农产品专区。深入开展"农超对接""农商对接"，大力实施消费扶贫。线上线下并举推动扶贫农产品销售，加快发展农产品电商。认定扶贫产品6 314个、供应商2 415个，覆盖带动贫困人口59.4万人，2020年已销售扶贫产品42.95亿元。**三是抓好风险防范**。加强产业扶贫风险监测，以贫困区县为单位开展带贫主体生产经营、带贫能力等风险评估。健全风险预警机制，制定风险防范预案，落实决策咨询、项目管理、产品销售、技术支撑、保险保障等风险防范措施。**四是抓好基地管护**。建立健全产业扶贫基地管护责任制，落实乡镇村组的属地责任，基层农技部门的属事责任，业主和农户的主体责任，产业发展指导员的指导责任，农技人员的技术支撑责任，抓住冬季"农闲"时机，

开展集中管护行动，定人、定责、定基地、定农户督促指导管护，确保所有扶贫产业基地都得到有效管理。

（六）落实"四大政策"，加大倾斜扶持力度

在财政投入上，市级以上涉农财政资金60%以上用于贫困区县；每年从农业发展资金中切块安排1.6亿元，支持14个国家重点贫困区县产业扶贫。2016—2020年，贫困区县涉农整合资金用于扶贫产业发展160多亿元。在贷款担保上，主推纯信用、零抵押、零保证金、100万元以下的产品，对贫困区县特别是深度贫困乡镇100万元以下的担保项目执行担保费率不超过1.5%。在农业保险上，贫困区县建卡贫困户参加种养业生产灾害险的，在市财政统一保费补贴基础上再补助总保费的5%。在信贷支持上，为建卡贫困户提供5万元以下、3年以内、免担保免抵押、基准利率放贷、扶贫资金贴息的扶贫小额贷款，累计放贷89亿元，惠及贫困户24.82万户次，获贷率52.96%。

三、主要工作启示

（一）强化思想理论武装是根本

党的十八大以来，习近平总书记对产业扶贫作出了一系列重要论述和指示，深刻阐述了产业扶贫的重要性、产业扶贫与其他扶贫措施的关系、如何推进产业扶贫等重大问题，既是从产业扶贫规律出发作出的科学论断，也是针对产业扶贫实践给出的有效方略，是做好产业扶贫工作的思想武装、理论指引、科学指南和根本遵循。重庆各级党委、政府和各有关部门认真学习贯彻总书记的重要论述和指示精神，每年开展大规模的集中学习培训，坚持从总书记的重要论述和指示中找思路、找出路、找方法，以总书记的重要论述和指示精神武装头脑、指导实践、推动工作。这是产业扶贫取得成效的根本保证。

（二）加强组织领导是保障

重庆市委、市政府高度重视产业扶贫工作，市委书记、市长多次作出指示、提出要求、高位推动。组建由市政府分管领导任组长，市农业农村委牵头，市发展改革委、市财政局、市扶贫办等部门为成员的专项小组，统筹协调推进全市产业扶贫工作。强化区县工作责任，将产业扶贫纳入贫困区县扶贫成效考核和党政一把手离任、任期经济责任审计内容。建立项目化事项化清单化推进机制，制定落实问题、任务、责任"三个清单"，定人、定责、定目标、定时间、定任务、定标准强力推进。

（三）落实精准方略是要义

习近平总书记指出，扶贫开发成败系于精准。在产业扶贫工作中，重庆市始终坚持精准方略，着力推动"四个到户"。即推动产业覆盖到户，建立贫困户产业精准扶贫台账，推行"双对接、双选择"机制，帮助贫困户发展1个增收项目。推动指导服务到户，建立完善产业发展指导员制度，指导帮助贫困户科学选择产业，联系项目落地。推动政策落实到户，制定完善产业到户扶持政策，引导贫困户积极参与产业发展。推动项目带动到户，推行基地带动、主体带动、项目带动等多种方式和"公司＋农民合作社＋基地＋贫困户"等有效做法，健全完善利益联结机制，确保贫困户真正从产业发展中受益。

（四）激发贫困户内生动力是关键

贫困户积极性的高低决定着产业扶贫的效果。重庆市强化教育引导，树新风立正气，通过创办"农民夜校"等方式，加强贫困户思想、文化、道德、法律、感恩教育，引导贫困群众树立"脱贫光荣"的思想。强化典型带动，推出一批勤劳致富典型，讲好贫困户身边的故事，引导广大群众"讲榜样""学榜样""做榜样"。强化能力建设，针对脱贫愿望比较强烈、自身条件较差的贫困户，加大培训力度，因户施策帮助解决资金、技术、劳力等具体困难，支持他们以多种方式参与产业发展。强化政策激励，探索生产奖补和以工代赈机制，将享受扶贫政策与贫困群众参与度挂钩，更多采取以奖代补、事后奖补、劳务补助等方式，调动贫困群众参与产业扶贫的积极性。

党的十八大以来，在以习近平同志为核心的党中央坚强领导下，重庆市委、市政府团结带领全市人民，全面贯彻落实中央决策部署和习近平总书记关于扶贫工作重要论述，产业扶贫取得显著成效，为打好打赢脱贫攻坚战做出了重大贡献。但目前仍然存在部分贫困村贫困户产业支撑不足、扶贫产业链条不长、新型经营主体带动力不强、利益联结不够紧密等问题。下一步，重庆市将深入学习贯彻习近平总书记关于扶贫工作重要论述，按照中央部署和要求，聚焦巩固提升脱贫攻坚成果、防止返贫致贫，研究制定"十四五"特色产业发展规划，在做优做强主导产业、培育壮大新型经营主体、推动农业"接二连三"、完善利益联结机制、推进脱贫攻坚与实施乡村振兴战略有机衔接等方面狠下功夫，提升农业规模化、标准化、品牌化发展水平，促进产业扶贫向产业振兴提升，以产业振兴巩固扩大产业扶贫成果。

四 川

"绣花"功夫谋发展　产业扶贫结硕果

四川省农业农村厅

党的十八大以来，四川省深入学习贯彻习近平总书记关于扶贫工作的重要论述，坚决落实党中央、国务院决策部署，坚持把脱贫攻坚作为最大的政治责任、最大的民生工程、最大的发展机遇，聚焦"两不愁三保障"，聚焦彝区藏区深度贫困地区，攻坚克难、尽锐出战，下足"绣花"功夫，圆满完成脱贫攻坚任务。截至2020年11月17日，四川88个贫困县全部退出贫困县序列，实现脱贫。

在打赢脱贫攻坚战过程中，四川坚持把产业扶贫作为贫困地区脱贫奔康、贫困户过上好日子的重要支撑和根本之策，系统谋划推进，将贫困地区资源优势转化为发展优势，增强贫困户持续增收能力，为坚决打赢脱贫攻坚战全面建成小康社会奠定坚实的产业基础。截至2020年年底，贫困地区人均可支配收入从2016年的8 799元增加到2020年15 097元，累计增长71.6%，全省360万贫困人口依靠产业和就地产业务工脱贫，占脱贫总人口的57.6%，撑起了脱贫攻坚"半壁江山"，产业扶贫已成为脱贫攻坚的"助推器"和长效稳定脱贫的"稳压器"。

一、强化组织保障，做好农业产业扶贫顶层设计

高位部署，精心谋划产业扶贫工作。坚持以脱贫攻坚统揽贫困地区经济社会发展，省委以全会形式作出《中共四川省委关于集中力量打赢扶贫开发攻坚战　确保同步全面建成小康社会的决定》，省人大常委会颁布

《四川省农村扶贫开发条例》，省委、省政府印发《四川省农村扶贫开发纲要（2011—2020年）》，省级配套制定产业扶贫等10个扶贫专项方案，每年出台若干实施方案，形成"3+10+N"组合拳。其中，特别把农业产业扶贫作为全省脱贫攻坚的一项重点工作来抓，印发了《关于加强产业扶贫工作促进精准脱贫的意见》《关于进一步推进农业产业扶贫工作的指导意见》，制定了《打好农业产业扶贫三年攻坚战实施方案》，分年度召开全省农业产业扶贫工作会、印发全省农业产业扶贫实施方案和工作要点，系统安排部署全省农业产业扶贫重点工作。

因地制宜，精准布局农业产业发展。充分发挥产业扶贫规划的示范引领带动作用，指导贫困地区发展优势特色产业，制定出台了《四川省"十三五"产业（农业）精准扶贫规划》；针对深度贫困地区，编制了《四川省深度贫困地区农业产业扶贫规划（2018—2020年）》，并将全省产业扶贫规划与"10+3"产业培育深度对接，带动贫困地区特色产业发展。在

四川省南江县现代农业产业园黄羊加工厂基地

大小凉山彝区重点发展特色水果、烟叶、马铃薯等特色产业；在高原藏区重点发展高山蔬菜、牦牛、藏药等特色产业；在乌蒙山区重点发展热带水果、蚕桑、特色养殖等特色产业；在秦巴山区重点发展茶叶、道地药材、特色干果等特色产业。

多元投入，做强产业扶贫要素保障。严格落实省上"三增一免"政策，坚持将50%以上涉农项目资金安排到贫困县。2016—2020年，全省共投入各级财政资金268.98亿元用于农业产业扶贫工作，在88个贫困县全面开展涉农项目整合，发挥资金叠加效应。在全国率先创新设立贫困村产业扶持基金，对全省贫困村实现全覆盖，累计筹集专项资金67.34亿元，支持贫困户发展产业和壮大村集体经济，惠及贫困户131.66万户。创新"扶贫再贷款＋扶贫小额信贷"四川模式，截至2020年年底，扶贫小额信贷风险基金规模33.7亿元，引导75.4万贫困户累计借用扶贫小额信用贷款266.3亿元。

二、立足优势特色，引导贫困地区发展农业产业

分类施策，大力发展增收致富产业。立足于贫困地区资源禀赋和市场需求，精准选择优势特色产业，在"面上"发展大产业，在"线上"打造特色产业带，在"点上"鼓励一家一户发展庭院经济，构建规模集中、特色鲜明、分布合理的立体产业体系。2016—2020年，累计在88个贫困县新建和改造提升农业产业基地678万亩，彝区马铃薯、荞麦等特色杂粮、藏区牦牛、藏系绵羊等优质畜牧，以及长江上游柑橘、龙门山脉猕猴桃、乌蒙山区川南优势早茶等产业集群基本建成。

园区带动，拓宽贫困户增收渠道。把农业产业园区建设作为各地调整农业结构、促进产业融合、增加农牧民收入的主抓手，出台建设考评激励方案，省财政每年安排5亿元，连续5年推进现代农业园区建设。鼓励贫

困群众入园务工，让贫困群众更多分享产业发展红利。充分利用贫困地区生态资源和农耕文化优势，在园区内大力发展休闲农业，把农业园区变景区、产业基地变景点、农牧产品变旅游商品。2016—2020年，88个贫困县新建现代农业园区290个，认定省级星级园区13个。甘孜州理塘县濯桑现代农业园区2019年成功创建为四川省四星级现代农业园区，园区建立"极地果蔬"产业基地1万亩、高原牦牛养殖基地8.2万亩，建立出口蔬菜基地2 367亩。2020年辐射带动1 463户7 304人（其中贫困户611户2 807人）直接受益，人年均增收1 860元。

做强加工，提升农产品附加值。实施农产品产地初加工惠民工程，农产品产地初加工补助政策实现贫困地区全覆盖，支持农业企业、农民合作社、家庭农场等与贫困户共建共享农产品产地初加工设施，推动农产品初加工设施建设进产业基地、进农业园区。鼓励同区域、同产业的家庭农场、农民合作社等经营主体开展农产品产地初加工，不断提高农产品产地保鲜、贮藏、烘干、清洗、分级、包装、预冷等初加工能力。2016—2020年，累计在88个贫困县新建农产品初加工设施2 248座。苍溪县金果霖猕猴桃专业合作社2015年新建组装式冷藏库500吨，当年9月以16.4元／千克收购合作社成员种植的猕猴桃700吨，经过一个多月的贮藏，售价达到23.6元／千克，每吨实现净利润6 000多元，该社当年共收购储藏猕猴桃1 200余吨，实现利润360万元。

三、完善带贫机制，铸就贫困农户长效脱贫动力

创办主体，带动贫困户发展产业增收。持续实施龙头企业"排头兵"工程，加大农业招商引资力度，引进一批有影响力的国家级、省级龙头企业，注重发挥龙头企业在产业发展中的示范引领作用。四川累计认定扶贫龙头企业903个，长期稳定带动贫困户户23.94万户。深入开展新型农业

经营主体助推精准脱贫行动，着力在贫困地区培养一批带动能力强的省级示范社、示范场，优先把符合要求的规模种养殖户培育为家庭农场。凉山州喜德县引进铁骑力士公司，探索了一条以企业为依托、繁育场为核心、代养场为载体、园区建设为纽带、种养结合的生态可持续发展之路。建成年产仔猪30万头的繁育场1个、规模化生猪代养场83个，直接带动3 359户贫困户户均增收1 000 ~ 5 000元。

创新方式，不断完善联农带农机制。引导贫困地区农牧民采取互换、入股、托管、并地等方式，将农村土地向大户、农民合作社、龙头企业等新型农业经营主体集中，加快发展多种形式的适度规模经营。充分发挥新型农业经营主体纽带作用和支撑作用，推进"贫困户＋园区＋业主""贫困户＋基地＋龙头企业""贫困户＋农民合作社"等组织方式，通过就业带动、保底分红＋浮动、股份合作等形式，带动贫困户参与生产、加工、服务等环节，合理分享全产业链增值收益。广安市广安区龙安乡发展龙安柚1.12万余亩，年产龙安柚近1.92万吨，建立了"保底收购、务工补助、统筹分红"利益联结机制，带动4个贫困村、242户贫困户户均增收1 400余元，龙安柚已成为当地农民群众的"致富果"。

在四川省攀枝花市举办的"一村一品"示范村镇带头人培训班

深化改革，持续壮大农村集体经济。省委、省政府印发《关于稳步推进农村集体产权制度改革的实施意见》，农业农村厅、财政厅、原国土资源厅等9个部门联合印发《关于全面开展四川省农村集体资产清产核资的意见》，稳步推进贫困地区农村集体产权制度改革。省委组织部、财政厅、农业农村厅印发《关于坚持和加强农村基层党组织领导扶持壮大村级集体经济的实施意见》，扶持村发展集体经济，培育运行机制健全的村级集体经济组织。凉山州普格县贫困村洛果村、采洛洛博村两个村将财政投入资金建成的蔬菜大棚，按每年1 000元／亩租给业主，2020年集体收入2万元，贫困户分红12.2万元。

四、强化技术帮扶，统筹力量实施精准指导服务

尽锐出战，加强农业技术帮扶。围绕农业产业扶贫配齐配强农技帮扶"三个一"突击队，实施"万名农业科技人员进万村开展技术扶贫行动"，对贫困户实现农技服务全覆盖，激发贫困群众的内生动力。出台专门政策，向贫困户超过20户的非贫困村全覆盖选派农业技术巡回服务小组，对非贫困村的贫困户开展技术指导服务。2016—2020年，累计面向全省11 501个贫困村共派出驻村农技员6.1万余人次，组建农技专家服务团4 360个、技术巡回服务小组1.5万个。

聚焦难点，健全农技推广体系。出台《进一步健全基层农技推广服务体系的意见》，对全省乡镇、贫困县（市、区）、民族地区专业技术人才的招聘配备、培养使用、流动管理、评价激励、服务保障等方面提出了一系列优惠政策措施，着力解决基层人才匮乏难题，为全省贫困农民脱贫奔小康提供坚强有力的科技支撑和服务保障。在阿坝州、甘孜州、凉山州深度贫困县实施农技推广服务特聘计划，通过政府购买服务的方式，招募一批特聘农技员，为当地培养一支"不走"的农技队伍。截至2020年年底，累

计在45个深度贫困县招募特聘农技员462人。

示范引领，提高科技支撑水平。积极深化"农科教""产学研"结合机制，在贫困地区加快推进科技示范基地建设，大力培育农业科技示范户，加大新品种、新技术、新设备推广力度。累计在全省推介农业主推技术376项，建立科技示范基地1 720个，培育科技示范户17.5万余户。盐源县与四川农业大学、四川师范大学、成都理工大学以及凉山州"一院四校四所"建立了"产学研用"战略合作关系，在贫困村培育科技示范户187户、高素质农民260名，使贫困群众养殖技术水平得到较大提升。

五、坚持市场导向，构建贫困地区产销对接体系

培育品牌，增强农产品市场竞争力。落实习近平总书记"擦亮四川农业大省金字招牌"重要指示精神，实施农产品品牌建设孵化、提升、创新、整合、信息五大工程，坚持发展本土品牌与引进品牌相结合，支持中小品牌抱团发展，持续做大做强"天府龙芽""大凉山""平武中蜂"等省市县级区域品牌和"壹颗红心猕猴桃""彝家山寨苦荞食品"等产品品牌，初步建成"区域品牌＋企业品牌＋产品品牌"的扶贫品牌格局。率先出台创新消费扶贫体系促进精准脱贫的意见，首创"四川扶贫"公益性集体商标，获十一届中国国际商标品牌节金奖，现有2 717家加盟企业、5 831个用标产品，带动贫困地区农副产品实现销售收入超过210亿元，惠及115万余贫困人口。

拓宽市场，畅通农产品销售渠道。创新"四川扶贫"产品销售体系，加强市场推介，强化产品销售。利用多种线上线下、直销展销、爱心采购、以购代捐等多种方式和平台，强化"四川扶贫"标识产品的销售。在贫困地区建立完善农产品网络销售的供应链体系、运营服务体系和支撑保障体系，强化"益农信息社""供销e家"等电商平台应用，开展"互联

网+"农产品出村进城试点，多元化培育农产品电商主体，重点扶持一批专业化、本土化的电商平台。2020年11月26日至30日，农业农村部在重庆举办了第十八届中国国际农产品交易会，四川省组织400多家优质农业企业、2 000多个特色农产品参加了公益性展区中的扶贫展区和市场化展区的展示展销活动，会上意向采购金额达3.27亿元。

绿色打底，做好质量安全监管。在贫困地区强化农业投入品管控，规范农资经营行为，严格执行农（兽）药安全间隔期（休药期）规定。严格"三品一标"农产品认证，严格实施"检打联动"，对监测不合格的农产品或农业投入品，严格依法查处。2016—2020年，累计在88个贫困县推出优质农产品品牌121个、区域公共品牌14个，"三品一标"农产品数达到1 817个，通过展会推介推广贫困地区农产品1.49万个（次、件）。

六、围绕产业抓扶贫，巩固脱贫显成效

攻克深度贫困堡垒是打赢脱贫攻坚战的关键所在。四川省始终把45个深贫县作为脱贫攻坚重中之重，集中资源力量坚决攻克深贫堡垒。尤其是把凉山彝区作为影响全省夺取脱贫攻坚全面胜利的控制性因素，在彝区推进"十项扶贫工程"、落实17条特殊支持政策。从2018年起，省委、省政府每年都在凉山召开专题会议，安排部署凉山州脱贫攻坚工作，省委书记、省长等领导靠前指挥，省委明确1名省委常委把主要精力放在凉山彝区脱贫攻坚上，以最大决心、最实举措、最严标准、最有力行动，采取超常举措、精准施策综合帮扶凉山州全面打赢脱贫攻坚战。省委、省政府制定《关于精准施策综合帮扶凉山州全面打赢脱贫攻坚战的意见》，明确了12个方面34条政策举措，3年新增帮扶资金超过200亿元，共派出5 700多名干部长驻彝区乡村开展综合帮扶，还针对性制定16条措施办法，打通政策举措落地"最后一公里"。聚集脱贫重点难点，以"钉钉子"精神推进

各项政策措施落地见效，千方百计发展产业、扩大就业。2020年11月17日，四川批准凉山7个贫困县摘帽，至此，四川贫困县全部清零。

下一步，四川省将认真贯彻落实党中央、国务院以及省委、省政府相关决策部署，充分结合"十四五"规划和乡村振兴战略工作部署，始终把发展产业摆在突出位置，大力提升产业质量和可持续发展能力，不断促进一二三产业融合发展，积极培育新产业新业态，促进乡村特色产业高质量发展，推进全面脱贫与乡村振兴有效衔接，为实现中华民族伟大复兴做出更大贡献。

贵　州

推进农村产业革命　助力群众脱贫增收

贵州省农业农村厅

贵州是全国脱贫攻坚主战场之一，全省88个县（区）中贫困县有66个，2012年年底贫困人口923万人，是全国贫困人口最多、减贫任务最重的省份。近年来，贵州省深入学习习近平新时代中国特色社会主义思想，贯彻落实习近平总书记关于精准扶贫的重要论述，特别是习近平总书记2015年6月在贵州考察时指出"着力发展现代山地特色高效农业"等重要指示精神，坚定落实党中央、国务院脱贫攻坚战略部署，坚持以脱贫攻坚统揽经济社会发展全局，把发展产业作为摆脱贫困的根本之策和长远之计，纵深推进农村产业革命，奋力实现贫困群众通过产业发展实现脱贫增收。

一、产业扶贫工作成效明显

党的十八大以来，贵州已累计减少贫困人口892万人，截至2020年年底，实现建档立卡贫困户全部脱贫，消除了绝对贫困和区域性整体贫困，由全国贫困人口最多的省份转变为减贫人数最多的省份，全省建档立卡农户人均可支配收入由2015年的2 803元增加到2020年的9 975元，年均增幅28.9%。2015—2020年，贵州省主要通过发展产业实现106.8万户425.6万贫困人口脱贫，占2015年建档立卡贫困人口的86.4%。贵州把深入推进农村产业革命作为产业扶贫的重要抓手，工作取得显著成效。

一是产业结构持续优化，特色优势产业裂变发展。立足资源禀赋、气候条件、产业基础、市场需求和农民增收，在粮食产能总体稳定的基础上，推动特色优势产业优先发展。截至2020年年底，全省茶叶面积700万亩、产量19.8万吨，比2015年（下同）分别增长15.9%、67.6%，种植面积居全国第一；蔬菜及食用菌种植面积2 267万亩，增长44.2%，蔬菜及食用菌产量2 991万吨，增长61.8%，食用菌种植规模进入全国食用菌生产第一梯队；辣椒种植面积512万亩，产量680万吨，产值228.8亿元，产加销全国第一；中药材种植面积330万亩、产量68.3万吨，分别增长44.8%、92.7%，其中石斛面积13.3万亩，占全国仿野生种植的85%，太子参产量占全国需求量的40%以上；果园面积达到1 169.2万亩、产量478.6万吨，分别增长153.3%、120.6%，其中蓝莓、李子种植面积全国第一，猕猴桃、火龙果、刺梨等位居全国前列，百香果产业规模全国前三；生态畜牧业和生态渔业发展加快，2020年全省牧渔业总产值1 080亿元，增长49.6%，通过安排专项资金、实施"双千项目""三个100万头"等大型生猪养殖项目等措施，加快实现生猪产能恢复。

贵州省清镇市茶农在红枫山韵茶场采茶

二是扶贫基地规模发展，产业带贫能力明显提升。贫困地区多样化资源优势逐渐转化为产业优势、经济优势和后发优势。建立各类扶贫基地，到2020年年底，贫困县建立种植业扶贫基地11 776个，养殖业扶贫基地6 368个，农产品加工业扶贫基地3 163个，休闲农业与乡村旅游扶贫基地1 067个，其他扶贫基地844个，均较2015年增长2倍以上；建立林草业扶贫基地2 638个，特色手工业扶贫基地1 727个。通过各类扶贫基地聚合发力，促进贫困群众就业增收，产业扶贫能力显著增强。经综合测算，2020年全省12个特色优势产业临时用工总数10.3亿个，折算累计200天以上用工岗位515.7万个，较2017年增加149.8万个，有力助推了农民就业增收。

三是带贫主体发展壮大，三次产业深度融合发展。各类经营主体发展壮大，带贫能力明显增强，通过"龙头企业＋合作社＋农户"等方式，推进"村社合一"，把党支部建在合作社上、建在产业链上，将千家万户的小农生产引入现代农业发展轨道。到2020年年底，各级龙头企业3 566个，带动贫困人口118.2万人，分别增长70.8%、156%；农民合作社4.9万家，带动贫困人口439.8万人，分别增长126.7%、336%；家庭农场9 341家，带动贫困人口9.8万人，分别增长132.5%、178%。各类经营主体提供稳定就业岗位48.9万个，较2017年增加16.4万个、增长50.5%。支持贫困人口较为集中的民族地区加快构建现代农业经营体系，3个自治州共培育农业龙头企业1 661个、农民合作社2.12万家、农村集体经济组织3 897家。农村第二、第三产业持续发展，产业链条不断拉长，优质绿色食品的供给能力显著提升。毕节市充分用农业农村部联系帮扶机遇，大力发展绿色农业、特色农业，创建"乌蒙山宝，毕节珍好"农业区域公共品牌，获"两品一标"农产品认证80余个，在广州等地设立农特产品集散中心、批发销售档口、超市专销区等1 246个，建成粤港澳大湾区"菜篮子"基地17个。

四是品牌数量较快增加，基础设施建设不断完善。贵州绿色优质农产品越来越受到省外消费者的青睐，知名品牌数量较快增加，全省注册商标（品牌）7 994个，获"两品一标"农产品认证980余个。农产品电商服务加快发展，建立农村电商服务站8 696个，增长359%。"贵州绿茶"成为全国唯一省级茶叶区域农产品地理标志，"虾子辣椒""兴仁薏仁米"等荣获中国百强农产品区域公共品牌。补齐基础设施建设短板，坚持将坝区作为深入推进农村产业革命的主战场，重点围绕产值奖补、基础设施建设奖补、农业保险等，促进坝区良种良法覆盖率、有效灌溉率、道路通达度、农作物参保率等大幅提升，实现坝区设施有效改善、产业优化升级、产值明显提升、效益充分显现，2020年全省创建样板坝区105个面积共37.9万亩，平均亩产值13 705元；创建达标坝区505个，面积共135.17万亩，平均亩产值8 550元。全省"9+3"重点贫困县（区）共有坝区142个、面积27.5万亩，平均土地流转率68%，高于全省水平25.3个百分点，平均亩产值9 270元，成为贵州发展蔬菜、辣椒、食用菌等短平快产业的重要基地。

贵州省遵义市湄潭县官堰坝区的香葱基地

五是产业革命深入人心，传统农业实现"六个转变"。 开展农村产业革命以来，贵州农村正在发生历史性深刻变化。坚持"扶贫同扶志扶智相结合"，在推进农村产业革命实践中，各级各部门按照产业革命"八要素"和"五步工作法"等要求，结合产业发展举办农村产业革命专题培训，切实增强干部群众"我要干"的思想自觉，强化"我能干"的担当意识，砥砺"我敢干"的进取胆识，在思想观念、发展方式、工作作风方面发生深刻转变，各级党员干部干事创业的激情、领导发展的能力、做好群众工作的本领明显增强，各地贫困群众市场经济的意识、改变命运的斗志、加快发展的能力明显提升。推动传统农业从自给自足向参与现代市场经济转变、从主要种植低效玉米向种植高效经济作物转变、从粗放量小向集约规模转变、从"提篮小卖"向现代商贸物流转变、从村民"户自为战"向形成紧密相连的产业发展共同体转变、从单一种植养殖向一二三产业融合发展转变。2020年，全省第一产业增加值达2 539.88亿元，"十三五"时期年均增长6.2%，全国排名由2015年的第17位上升至第14位，第一产业从业人员年人均产值3.6万元，比2015年增长52.5%。

二、推进产业扶贫的主要做法

习近平总书记非常关心贵州脱贫攻坚工作，多次作出重要指示，要求"尽锐出战、务求精准，确保按时打赢脱贫攻坚战"。贵州各族人民牢记嘱托、感恩奋进，坚持以脱贫攻坚统揽经济社会发展全局，深入推进农村产业革命，推动产业扶贫工作连战连胜、再战再捷。

一是抓顶层设计，坚持高位推动发展。坚持把产业扶贫作为脱贫攻坚的"四场硬仗"之一，连续多年作出安排部署。中共贵州省委十二届委员会在历次全会中强调产业脱贫工作，特别是省委十二届三次、五次、七次全会，聚焦"按时打赢"和"确保高质量、打好收官战"等目标，坚持目标不变、靶心不散、频道不换，确保尽锐出战、务求精准，坚定纵深推进农村产业革命的信心，围绕12个特色优势产业，对照"八要素"全产业链补短板强弱项，拓展省内、东部、黔货出山进军营三大市场，提高标准化、规模化、品牌化三化水平，壮大流通型龙头企业、农村经纪人队伍、农村电商三大销售主力，促进三次产业融合发展，强化资金支持、科技服务、农业设施三个保障，加快实现传统农业向现代农业的"六个转变"。安排部署抓好产销对接，提高规模化标准化水平，培育壮大农业产业经营主体，推广"公司＋合作社＋农户"模式等产业扶贫重点工作，启动实施脱贫攻坚三年行动计划，出台《关于深入推进农村产业革命坚决夺取脱贫攻坚战全面胜利的意见》等1+3配套文件，构建形成推动产业扶贫的政策体系。建立省领导领衔推进农村产业革命工作制度，由省领导领衔推进产业发展和坝区建设，发挥产业集群发展规模效应，分别成立领导小组和工作专班，推动特色产业优先发展实现率先突破，形成高位推动产业扶贫的工作机制。

二是抓特色产业，促进农民脱贫增收。习近平总书记强调"产业增收是脱贫攻坚的主要途径和长久之策"，指导贵州要"着力发展现代山地特色高效农业"。贵州坚决贯彻落实总书记的指示精神，立足自身资源禀赋和市场需求，把握特色鲜明、潜力较大、带动力强、惠及面广的原则，聚焦贫困地区和贫困群众，重点发展茶叶、蔬菜、辣椒、食用菌、水果、中药材、生猪、牛羊、生态家禽、生态渔业、刺梨、特色林业12个特色优势产业，明确时间表、线路图、责任人，实行挂图作战，有力推进扶贫产业发展。将产业扶贫与坝区农业提质增效和坡耕地结构调整有机结合，注重产业长短结合，着力推进重点产业规模化布局、标准化生产、组织化带动、市场化营销，提升扶贫产业质量效益和市场竞争力，确保种得上、种得好、卖得出、能增收。

三是抓关键环节，夯实要素保障支撑。围绕农村产业发展的重要环节，提出"产业选择、培训农民、技术服务、资金筹措、组织方式、产销对接、利益联结、基层党建"的产业发展"八要素"，聚焦关键环节，加强要素保障，形成推动产业发展的强大合力。如在资金筹措上，2019年、2020年省级财政分别支持16个深度贫困县每县每年1亿元专项扶贫补助资金，2019年、2020年支持未脱贫的1 721个深度贫困村28.3亿元；累计整合涉农资金1 094.2亿元；省级财政对12个重点产业每年各安排1亿元专项资金，落实坝区基础设施建设和产值奖补资金；攻坚期内每年安排预算内资金2.4亿元，支持16个深度贫困县"一县一业"产业发展；全省扶贫小额信贷累计贷款金额500.6亿元，累计贷款户数75.9万户，累计发放财政贴息35.7亿元；设立绿色产业扶贫投资基金，涉及12个重点产业支持项目596个、投资435.7亿元，通过扶持经营主体发展产业，带动贫困群众脱贫增收。在技术服务上，实行"一个产业一套推进方案、一条技术路线、一个专班队伍"，在全国聘请7位院士作为产业发展顾问，组织成立12个产业专家团队和专家库，开展"万名农业专家服务三农行动"，启动农民全员培训计划，实现专家技术团队服务到村到户到人和农民专业合作社全覆盖。

贵州省水城县猕猴桃果园田间管理培训现场

四是抓改革创新，完善利益联结机制。着力推进农村改革，强化联贫带贫机制，创新农村土地制度、集体产权制度、农业经营制度等改革，深化农村"三变"改革，激发农村资源要素活力和农民脱贫增收内生动力，探索贫困农户与现代农业发展有机衔接的路径和模式。到2020年，全省农村"三变"改革试点村13 799个，占行政村总数的87.5%，实现贫困村全覆盖，入股贫困农户人均增收532元、户均增收2 051元。大力推广"龙头企业＋合作社＋农户"组织方式和利益联结机制，充分发挥龙头企业对接市场、合作社组织生产、农户劳力资源等各自优势，让贫困人口紧密融入产业链、价值链，分享利益链。探索农银企产业共同体等模式，通过财政资金撬动金融资本、社会资本参与，推进农业生产组织化和资源要素聚合，推动构建现代农业经营体系。在推动机制、工作方式上不断创新，既统筹谋划总体部署，又步步推进重点工作，形成环环紧扣的工作节奏和紧锣密鼓的攻坚氛围。每年印发行动令或实施方案，明确阶段任务、重点工作和保障措施，开展脱贫攻坚春风行动、夏季大比武、秋后喜算丰收账、冬季充电等行动，硬仗一场接着一场打，成效一季接着一季算。通过一系

贵州省六盘水市华岐镇汪团村"三变"改革土地入股分红发放仪式

列举措，打出了产业扶贫的干劲和合力，攻克了大部分贫困堡垒，算出了脱贫攻坚的收获和信心。

五是抓风险防范，提升产业扶贫质量。系统评估产业发展面临的风险，不断补短板、强弱项，强化基层干部、新型经营主体、贫困群众的风险意识，提升防范产业扶贫风险的能力和水平。在产销对接上，坚持举办贵阳农交会、遵义茶博会和辣博会等重大活动，持续推进农产品进机关、学校、社区、医院、企事业单位、超市、军营"七进"活动，在重点批发市场设立"产业扶贫销售专区"，着力拓宽对口帮扶城市、粤港澳大湾区、长三角等地市场，大力发展农产品电商，有力推进"黔货出山"。强化金融支持产业发展力度，出台《关于金融服务乡村振兴的实施意见》等政策措施，持续加大金融支持农业产业扶贫、助推脱贫攻坚工作力度。积极探索扩大农业保险种类和覆盖面，加大力度推广优势特色产业保险，提高保险保障水平。积极推进政策性农业保险，将茶叶、蔬菜纳入中央财政保费补贴，开展家禽养殖和蔬菜种植保险，累计为536.3万户次农户及农业生产组织提供风险保障134.9亿元。

三、存在问题及下步工作打算

通过深入推进农村产业革命，大力发展特色优势产业，认真抓好产业扶贫各项工作，为决战决胜脱贫攻坚、推动乡村全面振兴提供了有力支撑，但仍存在一些需要补齐的短板弱项，主要表现在支撑保障还有不足、品牌建设仍然滞后、成果巩固任务艰巨等方面。下一步，贵州将持续深入推进农村产业革命，大力发展现代山地特色高效农业，巩固脱贫成果，努力实现乡村振兴良好开局。

一是纵深推进农村产业革命。继续深化农业产业结构调整，培育壮大12大特色优势产业，健全现代农业产业体系，紧扣"八要素"，落实"五个三",进一步调整优化产业布局,把产业结构调优、种植规模做大、利益联结做实,提升组织化程度,推进产业绿色发展,推动农村经济更大范围更深层次实现"六个转变"。

二是加大力度夯实产业基础。组织贫困县编制"十四五"优势特色产业发展规划,推动扶贫主导产业接续发展,以15°以下相对集中连片耕地结构调整为重点,以高标准农田建设为抓手,补齐农业基础设施薄弱的短板。合理布置基础设施建设,提升标准化生产、储藏保鲜、加工营销等设施装备水平,不断提升农产品生鲜价值。支持发展绿色高效特色种养业,推进贫困地区优势特色产业提质增效。

三是继续培育壮大新型经营主体。大力推行"龙头企业＋合作社＋农户"组织方式,进一步完善和落实农业产业发展扶持政策,努力营造良好的营商环境,围绕12大特色优势产业抓好招商引资,组织更多农产品加工、物流营销、电商等大中型龙头企业到贫困地区投资兴业。建立带贫主体政策扶持与带贫效果挂钩机制,推动农民合作社规范化发展,促进贫困户与带贫主体构建稳定利益联结机制。

四是推进三次产业深度融合。推动传统农业向现代农业迈进,促进一二三产深度融合。大力发展有机肥、饲料、分拣包装、冷链运输、仓储物流等相关产业,大力发展山地旅游、度假康养、农耕文化体验等新业态,支持有条件的地区创建美丽休闲乡村,促进乡村旅游加快发展,拓宽农民增收渠道。

五是推动与乡村振兴有机衔接。按照习近平总书记推进全面脱贫与乡村振兴衔接的要求,总结脱贫县推进衔接的成功经验做法,推动产业扶贫帮扶资源和政策举措有序转到乡村产业振兴。继续引导脱贫县加大产业发展资金项目投入,注重产业扶贫风险防范,为巩固拓展产业扶贫成果、接续推进乡村产业振兴打下坚实基础。

云　南

高位推动　合力攻坚　产业扶贫成果香飘云岭大地

云南省农业农村厅

　　云南作为全国脱贫攻坚的主战场之一，共有88个贫困县、8 502个贫困村，是全国贫困面最大、贫困程度最深、贫困人口数量最多的省份之一。党的十八大以来，全省各级各部门深入贯彻落实习近平总书记关于扶贫工作的重要论述和考察云南重要讲话精神，聚焦贫困地区产业发展短板，完善政策机制，加强统筹协调，强化督促指导，坚持问题导向，坚持精准施策，狠抓责任落实、政策落实、工作落实，产业扶贫工作取得明显成效。通过全省各级各部门的共同努力，2020年，全省贫困地区农村居民人均可支配收入由2015年7 070元增加至11 740元，年均增幅10.7%，分别比全国、全省农村地区平均增幅高2.3和1.4个百分点，其中来自产业的经营性收入占比达到46%，比全国平均占比高出10个百分点，为如期打赢全省脱贫攻坚战、实现高质量脱贫提供了有力产业支撑。

一、强化部署落实，攻坚克难取得实效

　　加强组织领导。成立由分管副省长任组长、25家省级单位为成员的省产业扶贫领导小组，下设省产业扶贫领导小组办公室。省委书记、省长以身作则、以上率下，多次亲自部署、作出系列指示批示要求，省委副书记、分管副省长亲自挂帅、靠前指挥，多次召开全省产业扶贫工作部署会、现场推进会、专题会议，全面部署产业扶贫工作，构建了党委政府统一领导、农业农村部门牵头抓总、多部门协调联动的工作体系。

强化统筹协调。建立产业扶贫工作信息联络、季报、督查等制度，加强统筹协调、部门联动、地方联系和责任落实。实行省农业农村厅厅级干部挂联27个深度贫困县产业扶贫分片包干责任制，组成33个专项督查组对2018年33个贫困摘帽县（市、区）产业扶贫工作开展了全覆盖专项督查，组织开展百日总攻、百日提升、百日巩固、挂牌督战和"账账相符、账实相符"等专项行动，全省上下持续掀起了大抓产业、抓好产业的浓厚氛围。

凝聚工作合力。切实将产业扶贫纳入成员单位工作目标责任管理的重要内容，协调推动农业、林业、工业信息化产业、文化旅游产业、电商产业、光伏产业、健康产业、食用菌产业八大扶贫产业联动发展，不断强化土地、人才、科技、金融、保险等多要素支撑，形成统筹合力推进产业扶贫新格局。

二、强化产业培育，扶贫产业稳步提升

加强规划指导。先后制定印发《云南省"十三五"特色产业精准扶贫规划》《云南省特色产业扶贫三年行动计划》，指导各地尊重产业发展和市场经济规律，坚持因地制宜原则，立足资源禀赋，突出比较优势，既注重传统产业提质增效，也积极培育新兴特色产业。截至2020年年底，全省已培育茶叶、蔬菜、水果、生猪等26个扶贫主导产业体系，形成"县县有主导产业、村村有产业基地、户户有增收项目"的产业发展新格局，实现有产业发展条件的168.53万贫困户产业到户"全覆盖"。元阳县立足千年梯田，大力推广"稻鱼鸭"综合种养模式，实现了哈尼梯田"一水三用、一田多收"，覆盖贫困户1.1万户，梯田亩均产值由2 000元提高到8 000元。鲁甸县龙头山镇光明村发展花椒，种植面积从3 700亩增加到了1.3万亩，贫困户均收入达4.7万元。蒙自市西北勒乡按照"长短结合、以短养长"的思路，克服石漠化片区土薄石多、贫困发生率高达94%的困难，发展

2.6万亩苹果、1.1万亩烤烟、0.4万亩万寿菊三大支柱产业，带动整乡脱贫，谱写了"石头缝里刨穷根"的精彩华章。

云南省元阳哈尼梯田利用稻鱼鸭综合种养技术模式进行渔业产业扶贫

创建"一县一业"。将打造世界一流"绿色食品牌"与产业扶贫结合起来，重点打造茶叶、花卉、蔬菜、水果、坚果、咖啡、中药材、肉牛八大重点产业，出台了绿色生产、加工提升、市场拓展等政策性文件20余个，将28个有发展基础、有优势潜力的贫困县优先纳入全省"一县一业"创建，占全省创建总数的70%，引领带动全省贫困地区扶贫特色产业加快转型升级，多个扶贫特色产业位居全国前列，鲜切花、咖啡、中药材、澳洲坚果的面积和产量均居全国第一位，茶叶面积和产量均居全国第二位，肉牛存栏量居全国第三位、出栏量居全国第七位。双江县充分运用"互联网＋茶叶"模式，着力打造"中国最美茶乡"，带动贫困户4 228户，户均增收2 500元。怒江州坚持"绿水青山就是金山银山"的生态文明发展理念，大力发展草果产业，种植规模达111万亩，成为全国草果的核心主产区和云南省最大的草果种植区，带动了全州泸水市、福贡县、贡山县3个县市4.31万户16.5万人，覆盖贫困人口8.24万人，占全州贫困人口的

30.77%，成为带动力最强、辐射面最广、贡献率最大的支柱产业。其中，福贡县作为"一县一业"特色县，草果面积达56万亩，覆盖了全县70%的贫困户，受益贫困群众达1.2万户4.2万人，实现年户均增收8 000元。一个"升级版"草果产业在怒江大峡谷遍地开花结果，真正成为带动贫困群众增收的致富产业。

注入产业动能。增强乡村产业吸纳就业能力，拓宽本地就业渠道，出台《关于加快乡村产业发展促进农民就业的实施意见》、产业就业扶贫工作10条措施等政策文件，重点发展种养、加工、林业、农村劳务产业、乡村休闲旅游业、民族特色手工业、农村电商产业、乡村新型服务业8类重点产业，全面落实促进农业生产、强化产销对接等措施，全力对冲新冠肺炎疫情对产业扶贫的影响，推动乡村产业加快发展，拓宽农民就业渠道，促进贫困群众稳定脱贫、持续增收。昭阳区引进陕西海升果业发展股份有限公司，发展苹果种植面积50万亩，通过就近务工、订单生产等方式带动贫困种植户1.1万户，年户均增收3万元，成为全省水果产业大县中的"后起之秀"。富宁县引进食用菌企业，大力发展以黑木耳为主的食用菌产业5 000多亩，辐射带动2 000户贫困户获收益465.5万元，实现集体经济收入93万元，带动就业3 000余人，实现了龙头企业有利润、集体经济有发展、贫困群众有增收。

三、强化利益联结，主体带贫成效日益凸显

发展壮大龙头企业。坚持把发展壮大龙头企业摆在优先位置，2018年8月出台《关于促进农产品加工业跨越发展的实施意见》，鼓励农业企业全产业链发展；省财政、工信、农业、林业、商务、招商6部门联合出台《培育绿色食品产业龙头企业鼓励投资办法》，对投资八大重点产业的企业投资额达10亿、5亿元以上的，分别给予10%、5%的一次性奖励。2020年6月，为

确保绿色食品产业龙头企业鼓励投资办法尽快落地，出台政策，对企业新增种植、养殖、加工、冷链等资产性投资1亿元以上的，按10%给予一次性奖励；采取先建后补方式，对2020年新建、改扩建农产品冷链物流设施项目给予奖补。蒙牛、泰国正大集团、广东温氏集团、陕西海升集团、中粮集团等一批大企业、大集团相继落地云南并参与到产业扶贫中。截至2020年年底，全省4 906个企业参与产业扶贫，带动贫困户79.39万户发展产业增收。

规范提升农民专业合作社。先后印发《关于开展云南省农民专业合作社"空壳社"专项清理行动方案》《云南省贯彻落实〈关于开展农民合作社规范提升行动的若干意见〉的任务清单》《扎实开展全省农民专业合作社"空壳社"专项清理行动"回头看"工作方案》，加强合作社规范管理、提升发展质量、助推脱贫攻坚。截至2020年年底，全省累计引导注销"空壳社"5 720个，指导规范办社8 327个，全省1.72万个合作社参与产业扶贫，带动贫困户121.41万户发展产业增收。

不断优化利益联结机制。出台《关于进一步加强产业扶贫工作规范"双绑"机制的指导意见》，大力推广"双绑"模式，以订单生产、生产托管、土地流转、股份合作、资产租赁、就业务工等多种利益联结方式为纽带，推动企业绑定合作社、合作社绑定贫困户，进一步提高产业扶贫组织化，打通产业到户的精准扶贫路径。截至2020年年底，全省参与产业扶贫各类新型农业经营主体达2.85万个，带动贫困户168.03万户，实现了有产业发展条件和主体带动意愿的贫困户至少有1个以上新型经营主体带动，构建了更加带得稳、带得准的利益联结机制。

四、强化指导服务，贫困群众内生动力不断激发

落实产业发展指导员制度。从全省贫困村第一书记、驻村工作队员、结对帮扶干部、村组干部、县乡农技人员、乡土专家、种养能手、致富带

头人、新型经营主体带头人中遴选聘用产业发展指导员2.86万人，到户开展指导服务117.03万人次。昭通市创新专家指导服务全覆盖、良种良法技术配套无盲区的马铃薯产业"突破"战术，集中打造5万亩马铃薯"洋芋帝国"，实现"土豆豆"到"金果果"的华丽蝶变。

强化农业科技对口帮扶。依托全省各级农业科技队伍，组建436个专家组，与88个贫困县建立了农业科技对口帮扶机制。聚焦怒江州和迪庆州，组建专家服务团，由马铃薯、牧草、花卉3个产业16名专家对口指导迪庆州，茶叶、蔬菜、草果、中药材、中蜂5个产业25名专家对口指导怒江州，在7个县建立了科技推广示范点11个。坚持走"人无我有、人有我优、人优我特"的特色品种推广路子，大力推广"云岭牛""云上黑山羊"等具有云南自主知识产权的畜禽新品种。由云南省畜牧兽医科学院自主培育出的我国第一只肉用黑山羊新品种"云上黑山羊"，覆盖63个贫困县，存

云南省澜沧县产业技术顾问组专家、国家茶产业技术体系专家到澜沧县开展现场茶树嫁接技术培训

栏量达200万只，带动1.5万户贫困户增收脱贫；由云南省草地动物科学研究院历经31年培育出来的肉牛新品种"云岭牛"，市场价格高出普通牛肉近1倍，覆盖31个贫困县，存栏量达25万头，带动近2万户贫困户增收脱贫，真正从"高科技牛"变为"扶贫牛"，成为云南高原特色农业的新亮点。

加大贫困地区培训力度。围绕贫困地区农业主导产业，采用从田间到课堂，从基地到农户的"就近就地""农学结合"培训方式，共组织88个贫困县开展创业致富带头人和扶贫技能培训19.1万人。依托玉溪大营街社区国家级农村实用人才培训基地，举办农村实用人才带头人和大学生村官示范培训41期，累计培训贫困村干部、新型农业经营主体负责人及农村创业带头人等4 951人次。开展"抗疫情保春耕促生产"农技推广远程技术指导服务，录制上线农业技术培训系列短视频49个，48名专家远程上线开展技术指导。澜沧县和中国工程院创造性采取"抗大"模式"1+N"的办法，举办林下有机三七、冬季马铃薯种植等技能培训班68期，300余人次院士、专家手把手培训农民学员1.5万人次，让贫困群众在实现物质脱贫的同时实现了精神脱贫。中国工程院定点帮扶澜沧县在全国开创了"科技扶贫模式"，涌现出了"时代楷模"朱有勇，为产业扶贫成效增色添彩。

五、强化产销对接，扶贫产品市场逐步拓宽

加强产销推介。2018—2020年，组织云南省"十大名品"评选表彰活动，24个贫困县35家企业49个产品入选，占全省认定企业总数的39%，奖励金额2 740万元。昭通苹果、怒江草果、西盟中蜂、勐海茶叶、砚山蔬菜、鲁甸花椒等一批扶贫产业品牌知名度和市场影响力快速提升。积极组织贫困地区农业企业参加各类产品推介、产销对接活动，做好产销对接指导服务。2015—2020年，省级共组织参加30多场全国性产销对接活动，现场达成意向合作金额478.6亿元。

主动与国内重点市场对接。以北京新发地农产品批发市场、广州江南农产品批发市场、深圳海吉星农产品批发市场、上海西郊国际农产品交易中心为重点，推动全省贫困地区与国内大型农产品营销企业、批发市场、大型超市建立长期稳定供销关系，加强采购信息监测，主动做好产销服务。

积极拓展电商平台销售渠道。引进了阿里巴巴、苏宁、京东、拼多多等国内电子商务巨头，建立了政企战略合作协商协调机制。借助"一部手机云品荟"、京东、淘宝、拼多多等电商平台，多渠道拓宽贫困地区特色农产品营销渠道。省农业农村厅与拼多多签订了合作框架协议，共同推进在20个县分期分批建设"多多农园"，为贫困县特色农产品走出去搭建了新平台。绥江县成立青年电商党支部，探索"党建＋电商扶贫"模式，线上线下多渠道发力，将全县的"半边红"李子实行统一品牌、统一包装销售，走标准化、精品化销售路子，售价达到传统收购价的3倍，带动2 000余户8 000多人贫困群众搭上了"脱贫快车道"。

六、强化支撑示范，为产业扶贫提供有力保障

加大产业扶贫项目资金投入。出台《云南省产业扶贫工作考核办法》等文件，明确并落实贫困县每年投入产业扶贫项目资金不低于县级财政整合涉农资金30%的要求。2020年，全省88个贫困县投入产业扶贫项目资金144.71亿元，占整合财政涉农资金总额344.94亿元的41.95%。落实扶贫小额信贷，2015年以来累计发放贷款580.85亿元、137.37万户（次）获贷，已还款374.95亿元，贷款余额205.95亿元、贷款户数47.26万户，贷款余额和贷款户数位居全国第二，覆盖全省16个州（市）123个县（市、区）1 246个乡（镇）9 389个村，受益贫困户户均年增收2 400元以上，为加快贫困地区产业发展、促进贫困人口增收脱贫发挥了积极作用。

深化贫困地区农村改革。在完成农村土地确权登记颁证工作基础上，

2019年5月,省委、省政府出台《关于保持土地承包关系稳定并长久不变的实施意见》,完善了贫困地区群众土地承包权益保障政策。扎实推进贫困地区农村集体产权制度改革,全省清查核实农村集体资产2 420亿元,其中清查核实88个贫困县农村集体资产966.5亿元,为贫困地区发展壮大集体经济奠定了坚实基础。

做好典型示范推广带动。将典型案例总结推广、示范引路作为一项工作措施加以推进,每年遴选优秀典型案例,共收集产业扶贫典型案例1 083个,累计编印4套案例汇编印发全省各地互学互鉴。9个产业扶贫典型案例入选农业农村部全国产业扶贫"双百"典型,88个贫困县主导扶贫产业入选《产业扶贫一县一业》一书,并于2020年出版在全国推广。怒江草果、昭通苹果等特色产业扶贫案例分别入选农业农村部、国务院扶贫办典型范例在全国推广。云南省产业扶贫工作得到了农业农村部充分肯定,先后在2020年全国产业扶贫论坛、全国产业扶贫新闻发布会上进行了经验交流,为全国提供了云南产业扶贫实践经验,营造了良好的发展氛围。

下一步,云南将持续深入贯彻落实习近平总书记关于三农工作、扶贫工作的重要论述,坚持把产业扶贫作为稳定脱贫的根本之策,巩固提升当前来之不易的产业扶贫成果,坚决做到不停顿、不大意、不放松,推动脱贫攻坚与乡村振兴有效衔接,为全面建成社会主义现代化强国而不懈奋斗。

西 藏

筑牢产业基石　决胜全面脱贫

西藏自治区农业农村厅

西藏自治区是全国14个连片特困地区中面积最大的片区，也是唯一以整体划入贫困区的省区，贫困程度深、致贫原因复杂。脱贫攻坚战打响以来，在党中央、国务院的特殊关怀下，在兄弟省份无私援助下，西藏自治区党委、政府带领全区各族人民，紧紧围绕到2020年全区农牧区贫困人口如期脱贫和与全国一道实现全面建成小康社会的宏伟目标，深入贯彻习近平总书记关于扶贫工作重要论述，深入贯彻"治国必治边、治边先稳藏"的重要战略思想和"加强民族团结、建设美丽西藏"的重要指示，牢固树立和贯彻落实创新、协调、绿色、开放、共享的发展理念，把脱贫攻坚作为重大政治任务和重大民生工程，采取超常规思路，实行超常规举措，举全区全之力，扎实推进脱贫攻坚。到2019年年底，西藏74个贫困县全部摘帽，62.8万建档立卡贫困农牧民全部脱贫，种、养、加、销全产业扶贫链条初具规模，新型经营主体不断壮大，产业扶贫呈现出"政府高位推动、部门协同发力、市县齐抓共建、社会持续助力、政策趋于完善、群众积极参与、成效逐步凸显"的特点。

一、产业扶贫基本情况

（一）组织机制持续强化

自治区党委、政府高位推动脱贫攻坚，在自治区扶贫开发领导小组的统一领导下，专门设立脱贫攻坚指挥部举全区之力大力推动脱贫攻坚，建立了"区负总责、地市直管、县抓落实、乡镇专干"的"四级分工"管理体制，"资金到地、任务到地、权力到地、责任到地"的"四到地"和"工作到村、扶贫到户"的工作机制，各级领导对口联系贫困地（市）、县（区）、乡（镇）和贫困村的"四联一包"领导责任制，坚持"五级书记"抓扶贫和党政"一把手"脱贫责任制，全面落实脱贫攻坚目标责任制。在产业扶贫工作上，自治区党委、政府始终把产业扶贫工作作为脱贫攻坚的重要工作和贫困群众如期脱贫、持续增收、巩固脱贫成效的根本举措高度重视，专门组建农业农村、发改、财政、科技产业扶贫工作，形成了农业农部门牵头，成员单位协同配合的工作体系，地市、县（区）产业扶贫工作专班力量持续加强，建立了横向沟通、纵向联系的工作格局。同时，建立产业脱贫工作联席会议制度，组织成员单位定期不定期召开专题会议，加大产业扶贫工作专项督导、检查、指导和服务力度，着力研究解决产业扶贫重大事项、重大问题。

（二）政策体系持续优化完善

一是推进建章立制工作。出台了《西藏自治区产业精准扶贫工作指导意见（暂行)》《西藏自治区产业扶贫项目管理办法》《西藏自治区脱贫攻坚产业发展资金管理暂行办法》《西藏自治区脱贫攻坚统筹整合财政涉农资金暂行管理办法》《关于切实加强产业扶贫开发贷款资金管理的意见》《西藏自治区支持深度贫困地区建设项目先行使用林地草地管理办法（暂行)》《关于印发西藏自治区关于全面贯彻落实农业部等九部门关于<贫困地区发展特色产业促进精准脱贫指导意见>的实施意见的通知》等政策。**二是坚持规划引领。**先后编制印发了《西藏自治区"十三五"时期产业精准扶贫规划》《西藏自治区"十三五"时期产业精准扶贫中期调整规划》，进一步提高了规划的精准性、科学性、操作性和落地性，印发了《关于西藏河谷经济建设中青稞牦牛和旅游文化扶贫产业发展的实施意见》，编制了《西藏自治区河谷经济区青稞牦牛扶贫产业发展规划》《西藏自治区河谷经济区旅游扶贫大环线规划》和拉萨市、日喀则市、山南市、林芝市四市《河谷流域经济建设规划》。**三是培育壮大和规范发展扶贫产业市场经营主体**。印发了《西藏自治区关于加快市场主体培育　推动扶贫产业提质增效的意见》，积极推动扶贫产业市场主体有序健康发展。**四是谋划产业扶贫与乡村振兴政策衔接**。印发了《西藏自治区关于深入推进产业扶贫　全面巩固提升脱贫攻坚成果的意见》，研究起草了《西藏自治区产业扶贫项目资产管理暂行办法》《关于推进全面脱贫与乡村振兴有效衔接的意见》，全面指导地（市）、县（区）扎实推进产业扶贫各项工作，为2020年决战决胜脱贫攻坚战奠定了扎实基础。

西藏自治区昌都市芒康县弄农机购置补贴机具发放现场

（三）多措并举持续助力

一是推进示范引领。2016年以来西藏自治区进一步理清产业发展思路，多措并举、创新方法方式，进一步推动扶贫产业发展，2016—2018年连续三年召开产业扶贫推进现场会，实地交流经验和典型做法。2019年举办了西藏自治区首届产业扶贫成果展，全面展示了全区产业扶贫所取得的阶段性成果，推广了一批产业扶贫成功典型模式和经验。积极开展西藏十大优秀产业、西藏十大扶贫感动人物评选、西藏脱贫攻坚经验交流展、10·17扶贫宣传日等工作，推出了一批产业扶贫领域涌现的先进典型，进一步扩大了全区产业扶贫的影响。2020年10月，举办全区产业扶贫成果展，400多家扶贫产业经营主体参加，展示并销售扶贫产品数量达到1 500多种。全面展示全区自2016年以来脱贫攻坚尤其是产业扶贫取得的丰硕成果。**二是拓宽扶贫产业及其产品销售渠道。**积极组织区、市、县扶贫企业和农牧民专业经济合作组织参加藏博会、农交会、全国贫困地区和"三区三州"贫困地区农产品产销对接活动，与北京新发地农产品批发市场建立了结对关系，进一步加快了全区优质农产品走出去步伐，提升了全区优质农产品品牌影响力，各地市多措并举，强化积极主动对接对口援藏省市、央企，利用区外产品销售平台和市场，加大扶贫产业和产销对接，积极拓宽产品销售渠道，成效明显。**三是加强宣传推介。**主动对接央视、新华社、人民日报、农民日报、央广、西藏日报、西藏电视台等区内外主流媒体参与西藏产业扶贫宣传报道；与中国农业广播电视学校合作拍摄了西藏产业扶贫专题片；在中央电视总台的大力支持下，摄制西藏青稞、西藏牦牛、西藏羊、西藏茶叶、西藏旅游、西藏好水等精准扶贫公益宣传片，在央视全频道成功播出；在农业农村部等国家部委的大力支持下，系统梳理西藏"一县一业"特色扶贫产业，编印成册，同时，全区74个县（区）产业扶贫工作纳入全国"脱贫攻坚每日一县"宣传活动中，在农民日报、今日头条、抖音等平台同步进行宣传推介，邀请全区部分全国人大、政协代表委员在淘宝等平台代言推介本区扶贫产业及产品，进一步提高了自治区特色产业的影响力，促进了扶贫产业产销对接。

（四）扶贫援藏力度持续加大

2020年6月西藏自治区召开了2020年深度贫困地区脱贫攻坚现场推

进会暨深化对口援藏扶贫工作会议，与援藏省市、企业签订了2020年扶贫产业、就业和消费扶贫合作协议，涉及31个帮扶项目，项目资金约159亿元。中央企业积极发挥各自产业优势，深度融入自治区和受援市县发展规划，签订实施了一系列重大合作项目，一大批有规模、有实力、有竞争力的企业在西藏落地生根，一大批重点合作项目相继开花结果，为西藏经济快速发展和转型升级注入了强大动力。中国华能、国家电网、国家能源集团等企业长期致力于西藏水电等清洁能源开发，建成投产了藏木、老虎嘴、多布等一批水电站，有力推动了西藏资源优势转化。中国电建、中国三峡集团等企业积极开展雅鲁藏布江中下游等流域水电发展规划，提前布局水电开发工作，为西藏水电资源中长期开发打下了坚实基础。中国黄金在甲玛矿区勘探出世界级大矿，在海拔5 300米的雪域高原建成第一座日处理6 000吨的现代化矿山，在充分发挥矿产资源经济效益的同时，垫资组织近4 000名农牧民共同成立甲玛工贸公司，累计创收3.77亿元，走出一条"富边固民"和谐发展的新路子。中国石化、中航集团与西藏当地企业携手开发矿泉水，将"神山圣水"带入千家万户、走上飞机高铁、走向国际市场，2017年销售额达7.3亿元，助力西藏打造优势产业，形成新的经济增长点。中粮集团大力支持西藏乳业发展，打造"净土"品牌，预计产值将达5.5亿元，有力带动西藏乳业品牌化、规模化。中国建材在西藏引入代表国际先进水平的水泥生产线，带动西藏地方企业加大水泥、石膏矿等资源开发，取得了良好成效。中国诚通吸引自治区国有资产经营公司参与其下属公司增资扩股，有效促进了央企与地方国企的资本融合，在地区经济社会发展中实现了携手共进、合作共赢。

（五）新型经营主体持续壮大

一是培育和引进龙头企业。出台了《西藏自治区招商引资优惠政策若干规定》《西藏自治区引进区外企业参与产业精准扶贫管理办法》《西藏自治区关于加快市场主体培育　推动扶贫产业提质增效的意见》等一系列推进规范和发展市场主体的政策。推进自治区级龙头企业和示范合作社评选认定工作，公布了第五批自治区级农牧业产业化龙头企业5家、第一批自治区级农牧民专业示范合作社118家。自治区级以上农牧业产业化经营龙头企业达到146家。**二是培育壮大专合组织**。组织开展农牧民专业合作社"空壳社"专项清理，现已完成农牧民专业合作社"空壳社"调查摸底工作。农牧民专业合作社达到13 475家；发展全国"一村一品"示范村镇35个，中国美丽休闲乡村13个，全国休闲农业与乡村旅游示范县7个、示范点9个，中国最有魅力休闲乡村1个，创建全国农村一二三产业融合发展先导区2个，白朗县、城关区着力建设以青稞、蔬菜、奶牛为主导产业的国家现代农业产业园，当雄县创建以牦牛为主导产业的自治区级现代农业产业园。**三是加快推进农牧区改革**。基本完成农村承包地确权登记颁证工作，颁证率达99.62%，让农牧民吃上了"定心丸"。农村集体产权制度改

西藏隆子县玉麦村一角

革工作已在全区范围内推开，清产核资工作已全面完成。曲水县被农业农村部确定为第二批全国农村集体产权制度改革经验交流典型单位。"1+6"农村改革试验区工作顺利推进。农垦国有农场改革工作已基本完成。曲水县、乃东区农村宅基地制度改革试点工作已正式启动。各项改革工作的全面推进，进一步激发了农牧区发展新活力、增添了新动力。

二、产业扶贫成效与经验

（一）创新发展模式，夯实大扶贫产业基础

一是体制机制创新。精准聚焦脱贫攻坚，创建了项目月调度与通报、合力攻坚、产业项目分片包干、利益联结、风险防范、项目长效运营机制等六项机制，机制体制的持续完善为顺利开展产业扶贫工作奠定良好基础。**二是扶贫产业创新。**按照"宜农则农、宜牧则牧、宜林则林、宜工则工、宜商则商、宜游则游"的发展思路，形成了种植业、养殖业、加工业、商贸流通业、文化旅游业和资源开发利用六大产业，大扶贫产业格局已经形成，产业基础和链条进一步拓展。截至2021年3月，实施扶贫产业项目3 055个，累计投入资金464亿元，为下一步乡村振兴中产业兴旺夯实了产业基石。**三是创新带贫减贫模式。**各地市因地制宜，探索创新扶贫发展模式，形成"公司＋合作社＋贫困户""公司＋产业基地＋贫困户""企业＋基地＋合作社＋贫困户"等带贫益贫模式，不断提升产业质效，巩固利益联结机制。

（二）引进与培育并举，壮大新型经营主体

针对新型经营主体，坚持培育和引进并重，实现两条腿走路。形成《西藏自治区招商引资优惠政策若干规定》《西藏自治区引进区外企业参与产业精准扶贫管理办法》《西藏自治区关于加快市场主体培育 推动扶贫产业提质增效的意见》等一系列推进规范和发展市场主体的政策，优化营

商环境，培育扶贫产业产品品牌400多个，产业扶贫电商平台50个，培育产业化龙头企业146家、专合组织1万余家，建成扶贫车间418个，创建全国特色优势产区5个、农业产业强镇6个、全国"一村一品"示范村镇41个、中国美丽休闲乡村24个、全国休闲农业和乡村旅游示范县示范点16个。龙头企业、农牧民专业合作社分别达到162家、13 475家，比2015年增长65%、1.9倍，纳入全国家庭农场名录信息系统的家庭农牧场9 240家，龙头企业和农畜产品加工业总产值均较2015年实现翻番，农畜产品加工综合转化率达到15%。有效激发了贫困地区发展活力。

（三）提升科技支撑，提高扶贫产品附加值

建立"三区三州"科技人才、科技特派员与贫困村结对帮扶关系，实现科技服务和创业带动全覆盖。依托中国科学院、自治区各级农科院所及农牧科技推广部门，提升扶贫产业科技水平，加大先进实用技术的引进转化示范，充分发挥农业科技园区、

西藏自治区特聘农技员索朗贡布向农牧民提供棘球蚴病及重大动物疫情技术指导

可持续发展试验区、农业园区和科技示范基地的辐射带动作用，推广科技扶贫模式。强化科技对产业扶贫支撑，提高科技贡献率，以科技提高扶贫产业附加值。

（四）聚焦贫困人口，实现产业扶贫成果共享

聚焦贫困人口脱贫大力扶贫产业。到2019年年底，实现23.8万贫困

人口如期脱贫，6.96万人稳定就业。2020年粮食产量103万吨，其中青稞产量达到79.50万吨，粮食产量连续6年稳定在100万吨以上。蔬菜产量达到84.34万吨，蔬菜夏季主要城镇自给率达到85%以上，全年猪牛羊肉产量达27.79万吨，生牛奶产量44.89万吨，肉奶人均占有量位居全国前列，超额完成2020年全区恢复生猪生产任务。2020年，农牧民人均收入达到14 598元，同比增长12.7%，连续18年保持两位数增长，连续6年保持全国增速第一；与2010年的4 139元相比，增长1.52倍，达到全国农村居民人均可支配收入17 131元的85.2%，顺利完成中央第六次西藏工作座谈会提出的"到2020年，西藏农村居民人均可支配收入比2010年翻一番、接近全国平均水平"目标。扶贫产业发展成果惠及广大农牧民，80万农牧民通过扶贫产业增收，贫困发生率由2013年的28.8%下降到2019年的0%，实现了良好的社会效益和经济效益。

（五）转变群众观念，树立正确的价值导向

激励农牧民特别是贫困农牧民通过直接参与扶贫产业建设、运营和管理，增强内生动力，把精力放到依托党的好政策、依靠双手发展生产，农牧民自我发展意识和能力不断提高。**一是引导贫困户树立主动意识。**通过多种形式宣传，树立脱贫致富典型，增强贫困户脱贫和致富的信心，提高贫困户的参与积极性，实现"要我脱贫"到"我要脱贫"的动能转变。**二是提升贫困户劳动技能。**授之以鱼不如授之以渔，积极开展农业生产技能培训和劳动力转移就业培训，进一步激发贫困户内生动力，变"输血"为"造血"，实现高质量脱贫。

三、下一步计划

下一步，西藏将在中央亲切关怀下，在对口援藏省市、央企的无私援助下，坚持创新、协调、绿色、开放、共享的发展理念，坚持以人民为中

心的发展思想，巩固和拓展产业扶贫成果，打造全产业链条，让更多的农牧民参与产业扶贫、享受产业扶贫带来的成果，不断增强人民群众的获得感和幸福感，让产业扶贫成果惠及更广大的农牧民群众。

（一）提高站位狠抓落实

西藏脱贫攻坚取得连续四年"综合评价好"，这是习近平总书记关于扶贫工作重要论述的成功实践。全区将持续深入学习贯彻习近平总书记关于扶贫工作重要论述，深入贯彻落实中央第七次西藏工作座谈会精神、中央扶贫开发工作会议精神和东西部扶贫协作座谈会精神，深入贯彻习近平总书记系列重要讲话精神和治国理政新理念、新思想、新战略，特别是"治国必治边、治边先稳藏"的重要战略思想、"加强民族团结、建设美丽西藏"的重要指示，突出重点、补齐短板，举全区之力，扎实推进乡村振兴相关工作。

（二）提升青稞、牦牛等特色产业链供应链现代化水平

保持产业扶贫政策持续稳定，落实"四不摘"政策，进一步健全产业扶贫工作运行机制，强化产业扶贫项目和资金监管，完善产业扶贫利益联结机制，健全产业扶贫巩固提升后续扶持政策措施，规范培育和发展壮大产业扶贫市场主体，强化产业扶贫风险防范，切实提升产业发展质量和水平，持续巩固产业脱贫成果，确保产业扶贫提质增效。梯次创建县区、地市、自治区和国家现代农业产业园，逐步构建四级现代农业产业园体系。制定特殊化和差异化的边境地区产业发展扶持政策，走出一条兴边富民的产业发展之路。

（三）探索建立与乡村振兴衔接政策

强化产业扶贫项目和资金监管，完善产业扶贫利益联结机制，建立产业扶贫巩固提升后续扶持政策措施，强化产业扶贫风险防范，持续巩固产业脱贫成果，确保不出现规模性返贫；加快出台扶贫产业项目资产

管理工作的指导意见并抓好实施；进一步规范培育和发展壮大产业扶贫市场主体，加快推进产业扶贫项目建设运营。有序推进扶贫产业清产核资工作，加强扶贫产业后续经营管理，促使扶贫产业提档升级，提高自治区扶贫产业资金项目管理水平。同时要巩固拓展好脱贫攻坚同乡村振兴的有效衔接。深入贯彻落实习近平总书记关于巩固拓展脱贫攻坚成果同乡村振兴有效衔接的重要论述，研究谋划产业衔接的思路、举措等，把脱贫攻坚中形成的组织动员、要素保障、政策支持、协作帮扶、考核监督等机制体制平稳过渡到乡村振兴上来，巩固产业扶贫成果，夯实乡村产业振兴的基础。

陕 西

狠抓主体强带动　革命老区焕新颜

陕西省农业农村厅

2015年2月，习近平总书记到陕西视察，在延安主持召开了首次脱贫攻坚座谈会，专题研究陕甘宁革命老区脱贫致富有关工作，对陕西提出了"扎实推进特色现代农业建设"的发展要求。2020年4月，习近平总书记再次到陕西考察脱贫攻坚，肯定扶贫产业"小木耳、大产业""因茶致富、因茶兴业"，并指出"发展扶贫产业，重在群众受益，难在持续稳定"，为陕西做好脱贫攻坚收官之年和今后一个时期的产业扶贫工作指明了方向。

党的十八大以来，陕西省坚持以习近平新时代中国特色社会主义思想为指引，认真贯彻落实习近平总书记关于扶贫工作的重要论述，将发展优势特色产业，推动产业扶贫精准脱贫作为提高脱贫质量、巩固脱贫成果最有力的抓手，坚持"产业是基础，精准是核心，关键在带动，根本在机制"的总体思路，突出特色布产业、打造品牌促营销、狠抓主体强带动、推广模式建机制、深化改革激活力，扶贫产业蓬勃发展，农业农村面貌改善。全省56个贫困县（11个为深度贫困县）全部摘帽，6 462个建档立卡贫困村全部出列，465万建档立卡贫困人口全部脱贫，区域性整体贫困基本解决，脱贫攻坚取得决定性进展。

一、坚持政策引领，统筹多方投入，强化产业扶贫要素保障

陕西省强化省级部门横向联动、推动市县镇村协同攻坚，聚集14个省级部门和单位，形成多部门协同推动、多渠道资金投入、多层次参与帮扶

和多层面风险防范的工作运行机制，推动资金、项目、政策向贫困地区和贫困群体聚集，向产业扶贫集中。

加大政策指导。先后出台产业扶贫"三年行动"计划，产业带贫益贫长效机制指导意见，制定产业帮扶对象和贫困户长线产业界定标准，统领全省产业扶贫工作深入推进。对产业发展、主体带贫、农产品营销、合作社规范、集体经济壮大、资金使用等重点环节分类出台指导意见。同时加大高标准农田、有机肥替代等产业发展项目和资金向贫困地区倾斜力度，优先投放扶贫产业基金，提高小额信贷风险补偿金倍数，降低政策性农业保险在整体费率。形成了举措完备、针对性强、实用实效的政策指导体系。

强化资金引导。自 2016 年以来，累计投入省级财政专项扶贫资金144.6 亿元，年均增幅 38%，在 2020 年财政极端困难的情况下，省级财政专项扶贫资金较 2019 年增长 20%。同时坚持涉农资金应整尽整，累计整合807.76 亿元，其中超过一半投向了产业扶贫领域。特别是 2020 年积极应对新冠肺炎疫情，出台"八条措施"，优化财政扶贫资金使用，引导 2 794 家县级以上扶贫龙头企业复工率 99.89%、1 653 家扶贫车间开工率 99.33%。

突出金融先导。降低信贷门槛，创新信贷产品，对深度贫困地区小额信贷风险补偿金由 10 倍放大到最高 15 倍。自 2016 年以来，推出金融扶贫信贷产品上百种，累计投放扶贫小额信贷 245.9 亿元，惠及 64.2 万贫困户，2020 年 1—11 月新增贷款 39.6 亿元。同时推进政策性农业保险降费扩面增效，加大农业保险保费补贴资金投入，不断探索扩大茶叶、菌菇等特色农险品种，将奶山羊保险纳入中央对地方特色产业奖补试点范畴，有效提高贫困地区扶贫主体和贫困户的抗风险能力。

二、突出区域特色，一二三产融合，贫困户长短产业全覆盖

陕西省围绕"3+X"工程，即大力发展以苹果为代表的果业、以奶山

羊为代表的畜牧业、以棚室栽培为代表的设施农业3个千亿级产业，因地制宜做优做强魔芋、中药材、核桃、红枣和有机、富硒、林特系列产品等一批百亿级区域特色产业，制定印发贫困地区精准发展优势特色产业助推脱贫攻坚指导意见，为56个贫困县提出产业发展菜单，指导各地依产业定项目，依项目强带动，初步形成了"大产业、大聚集""小产业、广覆盖"发展格局。促进贫困地区农村居民人均可支配收入由2015年的7 692元提高到2020年的12 491元，占全省农村居民人均可支配收入的比重由88.5%提高到93.8%

特色产业有力覆盖。围绕"3+X"特色产业，省级抓板块，市县抓提升，长短结合、精准覆盖，重点在六盘山片区发展矮化苹果、吕梁山片区发展山地苹果，秦岭北麓和汉丹江流域发展猕猴桃，关中地区发展奶山羊，秦巴山片区发展设施食用菌、茶叶，推进肉羊、设施瓜果、核桃、魔芋等，30多种特色产业集中在贫困地区布局。2018年以来，全省年均入库项目1.5万个以上，新增苹果51.02万亩、猕猴桃16.45万亩、设施蔬菜18万亩、茶园42万亩、奶山羊扩群78万只、智能选果线70多条，有劳动能力、有发展意愿的贫困户实现了特色产业100%全覆盖。

陕西洛川苹果成为老百姓脱贫致富的"幸福果"

链条开发稳步推进。按照"农工贸旅一体化、产加销服一条龙"的思路，实施"百库工程""初加工惠民工程"等重大项目，2015年以来56个贫困县累计建成1 294个农产品加工扶贫基地，新建农产品初加工设施800多座，新增贮藏能力超过10万多吨，加工服务能力大幅提升，群众产业增收空间有效拓宽。

增收渠道不断拓宽。以"3+X"特色产业为重点，同步发展旅游、光伏、电商等新产业、新业态，累计安排过亿元支持乡村旅游，100万千瓦光伏扶贫计划扎实开展，电子商务进村综合示范县建设稳步推进，贫困人口电商知识培训和贫困村服务站点建设进度均超80%。富平、周至、平利进入阿里巴巴"2017—2018年贫困县农产品电商前50强"，周至猕猴桃、富平柿饼、洛川苹果入选"2017—2018年地标农产品电商品牌榜"。

三、强化品牌培育，实施"三年百市"，多渠道促进农产品营销

自2018年开展农产品"三年百市"品牌营销行动，在全国一二线城市和国家中心城市进行品牌培育和宣传销售，形成了较完善的陕西农产品品牌体系，推动以销定产、以销促产、产销结合，促进农业增效、农民增收，提升产业扶贫实效。

培育了一批强势品牌。结合"3+X"特色产业布局，加快推进洛川苹果、商洛核桃、韩城大红袍花椒等国家级特优区建设。举办陕西农业品牌设计大赛，与阿里巴巴、京东、拼多多三大电商平台签署战略合作框架协议，在平台搭建、产地仓存储、线上线下销售、物流覆盖、5G+VR展示、技术培训、农业品牌、市场营销等方面为品牌建设推广提供支持。仅2019年就有12个优势特色产业区域公用品牌进入中国农业品牌目录，20个特色农产品品牌进入全国名特优新农产品目录。汉中仙毫

获中国优秀茶叶区域公用品牌，洛川苹果、眉县猕猴桃、大荔冬枣入选百强农产品区域公用品牌，齐峰奇异果、秦宝牛肉等11个产品荣获中国国际农产品交易会金奖。

开展了一批营销推介。"三年百市"营销行动通过百场活动、千家形象店、万家搭载网点，开拓市场、创优品牌、以销促产，全方位多渠道推进贫困地区农产品销售。2018—2019年，在全国80多个大中城市共举办或参加展销活动超过700场次，参展企业累计超过1.2万家，展销水果、茶叶、畜产品、食用菌等特色农产品200多种，达成合同、意向签约3 600余份，总金额达1 684亿元，在全国各地建立农产品品牌店、体验店、展示专柜2 592个，搭载陕西特色农产品进入中石化全国易捷销售网点和中石油共4.7万家站点销售渠道，高质量的陕西特色农产品市场流通体系正在形成。

打造了一批营销名片。通过"三年百市"品牌营销行动，促进了农业品牌建设，形成了一批品质好、质量优的优势特色农产品。同时，充分挖掘节庆市场潜力，着力打造"中国农民丰收节""陕西年货节"两张名片这"两节"已经成为农产品品牌营销、品牌强农的重要举措，成为有影响力的农产品营销平台，成为消费者购物的嘉年华和狂欢购物节。

四、加强主体培育，完善利益机制，带动贫困户精准受益

把主体精准带贫作为产业扶贫关键举措，推动贫困群众精准嵌入产业链。特别是习近平总书记点赞过的木耳产业，通过"企业＋合作社＋贫困户"和"借袋还菇""借袋还耳""借棚还耳"等形式，带动2.64万户、6.55万人，户均增收5 000元以上。习近平总书记寄予厚望的茶产业，共有1 411家市场经营主体，通过"龙头企业（专业合作社）＋产业基地＋贫困户"的方式，采取茶园托管、返租倒包、吸纳务工等模式，带动了6.38

万户、19.98万贫困人口增收。

主体带贫能力显著提升。出台主体带贫增收的指导意见，按照"一业一龙头、一村一主体"思路，通过以奖代补、先建后补等方式，支持经营主体发展农产品加工，创建优势品牌，延长产业链条，增强扶贫带贫能力。2015—2020年56个贫困县新增龙头企业739家，累计建成农民专业合作社3.3万家、家庭农场2.7万家，从事产供销一体化经营的主体比重达60%以上，累计带动贫困群众110万人次。

利益联结机制有效增强。出台主体带贫指导意见，加大对新型经营主体带贫激励的政策支持，将带动贫困户作为主体承担项目、申报认定、示范评比的前置条件，对带动贫困户数量多、效果好的新型经营主体，财政资金、政策性金融优先支持。探索形成"先借后还""托管经营""订单生产"等利益联结机制，持续开展推模式学范例活动，总结推广22种典型模式和35个成熟范例，引导各类经营主体与贫困户建立紧密的利益联结机制，将更多贫困户嵌入产业链、融入利益链。

带贫履约履责不断规范。连续开展主体带贫履约履责"大排查"、产业扶贫"大查补"等系列活动，建立产业扶贫主体带贫益贫监测系统，跟踪监测主体带贫动态，推动全省1.4万个经营主体按期履约，规范带贫。

五、坚持重心向下，搭建帮扶平台，满足贫困群众技术需求

重心朝下开展技术帮扶，创新技术服务110，推广普及性培训，实施技术干部包联全覆盖，累计开展技术帮扶636万户次，实现了传统技术培训向现场精准技术帮扶的根本性转变，群众满意率达98%以上。

创建技术帮扶110平台。吸纳近2万多名有实招、接地气、受欢迎的土洋专家、田秀才进入帮扶队伍，采取110接警服务和主动上门相结合，深入田间地头，开展点对点、面对面、手把手技术帮扶，24小时全天候解

决贫困户技术难题。

2018年农村实用人才带头人和大学生村官示范培训班在陕西省东韩村培训基地进行乡村治理专题课教学

启动百名干部包联驻村。在全省"两联一包"的基础上，发挥农业农村部门作用，连续4年开展百名干部包市联县帮扶，抽调100多名干部深入56个贫困县、53个贫困村抓点示范，解剖麻雀、打造典型、树立样板，各级干部攻坚能力持续提升，干群关系更加融洽，党在农村的执政基础更加稳固。

组建"四支队伍"结对帮扶。组织4 000名农业专家、1.5万名技术干部、1.4万个新型经营主体和8 000多名职业农民的"四支队伍"，同步选聘1.6万名产业指导员，搞调研、抓培训、作指导，在农资服务、技术培训、就地创业多个方面主动带领贫困户发展优势特色产业。

六、推进"三变"改革，壮大集体经济，构建稳定增收长效机制

以农村集体产权制度改革整省试点为基础，整合中央和省级专项资金

8亿多元，调动市县扶持资金，持续推进"百村示范、千村试点、万村推进"工程，启动集体经济发展示范村创建活动，探索创新控股直营、委托经营、入股参股、承包租赁、联合合作5种经营方式。选派百人宣讲团，总结提炼推广20多个典型案例，开展培训4 500余次、58万人次，指导开展村集体经济审计，推进村集体经济规范化运行。目前，陕西省共成立1.8万个集体经济组织，6 462个贫困村实现全覆盖，全省78.2%的村集体经济有了发展，32.2%的村集体实现了分红，惠及348万群众。

七、树立典型榜样，强化宣传引导，形成产业扶贫良好氛围

挖掘各地产业扶贫好做法、好典型，充分利用陕西日报、西部网、陕西电视台等主流媒体，多方式多渠道树典型、立标杆。拍摄《决战》《责任》《奏响产业扶贫最强音》等产业扶贫专题片，展现新精神，弘扬正能量。深入挖掘扶贫干部、经营主体、高素质农民等扶贫带贫先进事迹，举办2场产业扶贫先进事迹报告会。编印《产业脱贫简报》99期，宣传政策措施和树立先进典型，形成各地优先推进、全社会关注支持产业扶贫的良好氛围。2017年，陕西省成功承办全国农业产业扶贫精准脱贫经验交流会，时任中央政治局委员、国务院副总理汪洋在会上高度评价全省"兴一方产业、富一方百姓"的产业扶贫经验做法。

陕西贫困面大、贫困人口多、贫困程度深，虽实现脱贫没有问题，但产业方面仍有一些困难和挑战。扶贫产业难壮大，深度贫困地区基础设施落后、耕地资源稀缺、市场信息闭塞、生态环境脆弱，贫困群众思想保守、技能储备较弱、发展动力不足，青壮年劳动力更倾向于"走出去"务工就业，导致深度贫困地区存在"有项目难实施、有产业难壮大"的困境。集体经济较薄弱，大多处在发展的初级阶段，缺乏能人带动、缺乏产业项目、缺乏管理经验的问题将会较长时期存在，整体生产经营

效益不高是一个现实问题，生产效益低、群众分红少、带动作用弱等问题，需要持之以恒、循序渐进解决。发展风险规避难，特别是当前经济下行压力加大，国际贸易受阻，非洲猪瘟、草地贪夜蛾、小麦条锈病等动植物疫情多发，干旱、冻害等极端天气叠加交替发生，扶贫产业发展风险概率加大。

下一步，陕西将以习近平总书记关于扶贫工作的重要论述为根本遵循，坚持目标导向、问题导向、结果导向，落实精准扶贫方略，持续推进"3+X"工程，深入推进问题整改，严格落实"四不摘"要求，继续加大产业发展项目和资金向贫困地区倾斜力度，全力克服疫情和灾害影响，完善主体带贫激励机制，壮大贫困地区集体经济，推进脱贫攻坚与乡村振兴有效衔接，持续巩固产业扶贫精准脱贫成果。

甘 肃

构建扶贫产业体系　助力打赢脱贫攻坚战

甘肃省农业农村厅

甘肃是全国脱贫攻坚任务最重的省份之一，贫困面积大、贫困人口多、贫困程度深。全省86个县中有58个国家集中连片特困县和17个省定插花型贫困县，2013年共识别建档立卡贫困人口552万人，贫困发生率26.5%，贫困村7 262个。到2017年年底，全省还有贫困人口188.67万人、贫困发生率高达9.56%，脱贫攻坚任务十分繁重。2017年以来，新一届省委、省政府深入学习贯彻习近平总书记关于扶贫工作重要论述和对甘肃重要讲话指示精神，全面贯彻落实党中央国务院脱贫攻坚决策部署，始终把产业扶贫作为打赢脱贫攻坚战的根本之策，聚焦贫困群众稳定增收，确定"牛羊菜果薯药"六大特色产业为主攻方向，出政策、建机构、创机制、抓示范，拉开架势构建生产组织、投入保障、产销对接、风险防范"四大体系"，产业扶贫取得决定性进展。2020年全省贫困地区农村居民人均可支配收入9 385元，贫困县全部摘帽，贫困村全部退出，贫困人口全部脱贫，2018—2020年通过发展产业和"产业＋劳务"实现138.83万人脱贫，占同期脱贫人口的73.6%，为打赢脱贫攻坚战提供了关键支撑。

一、贯彻精准方略，落实产业扶贫政策

省委、省政府始终牢记习近平总书记嘱托，把脱贫攻坚作为全省的头等大事和第一民生工程。特别是针对贫困群众缺产业发展资金、贫困地区产业体系明显不健全等突出问题，省委、省政府按照习近平总书记"发展

产业是实现脱贫的根本之策，把培育产业作为脱贫攻坚的根本之路""农民专业合作社是带动农户增加收入、发展现代农业的有效组织形式，要总结推广先进经验，把合作社进一步办好"等重要指示精神，以及党中央、国务院《关于打赢脱贫攻坚战的决定》《关于打赢脱贫攻坚战三年行动的指导意见》要求，在认真调研分析和通盘考虑的基础上，制定了六大产业实施意见和三年行动计划，出台了一系列配套政策，形成了比较完备的产业扶贫政策体系。通过到户产业培育使贫困户的收入达到并超过"两不愁"的标准，能够托住底；通过构建完备的生产、加工、销售产业体系，让贫困户的脱贫产业与市场实现有机衔接，不断培育壮大，推动贫困户实现持续稳定增收。一方面，千方百计筹措和整合各类资金，精准落实产业到户扶持政策，原则上一半用于补助到户发展产业，支持和引导贫困户真种真养、多种多养，使贫困户的收入有最基本的保障，能够托住底；一半用于入股与贫困户产业发展密切相关的合作社或龙头企业，既推动新型经营主体快速发展壮大，又建起贫困户与合作社龙头企业利益联结机制，搭建起了贫困户与市场有效对接的桥梁和纽带。另一方面，用财政奖补、贷款贴息等扶持政策，支持贫困村组建培育农民合作社，在贫困县培育引进龙头企业，建专业市场和果蔬保鲜库，支持贫困户参加农业保险，为贫困地区大抓到户到村产业培育和构建扶贫产业体系提供了坚实的政策保障。

二、聚焦稳定增收，产业扶贫成效明显

近年来的实践证明，甘肃省的产业扶贫配套政策践行了习近平总书记精准扶贫精准脱贫方略，落实了党中央国务院脱贫攻坚决策部署，完全符合本省贫困地区和贫困群众产业发展实际，全省贫困地区的产业发展逐步从"星星之火"变成"燎原之势"。

一是种养产业规模和效益明显提升。立足各地资源禀赋和比较优势，

着力培育"独一份""特别特""好中优""错峰头"的地方优势产品，逐步形成以"牛羊菜果薯药"六大主导产业为主，小庭院、小家禽、小手工、小买卖、小作坊"五小"特色产业为补充的产业格局。在到户产业扶持资金的强力推动下，产业增长的势头十分明显。据行业统计，2020年全省牛存栏量达482万头、出栏量228.6万头，羊存栏量2 191.8万只、出栏量1 737.1万只；蔬菜面积达930万亩、产量2 810万吨，苹果面积达662万亩、产量650万吨，马铃薯面积1 030万亩、产量1 550万吨，中药材面积达470万亩、产量132万吨。2020年全省农村居民人均可支配收入首次突破万元大关，第一产业增加值达到1 198.1亿元，三年平均增速达到5.4%；畜牧业发展势头强劲，畜牧业、种植业增加值比例达到23.44∶68.07，种养业结构进一步优化；"牛羊菜果薯药"六大特色产业增加值达到753亿元，占2020年全省农林牧副渔业增加值的60%，特色产业规模和效益明显提升。

甘肃省临夏州广河县阿里麻土乡古城村的"牛包子""羊包子"（全株玉米青贮裹包）

　　二是贫困地区特色产业带逐步形成。 全省农业产业串点成线、以线带面，形成了优势突出、特色明显的"产加销"一体化区域产业体系。建成存栏30万头肉牛大县4个，存栏10万头肉牛大县7个，形成了以张掖为核心的河西肉牛产业带，以平凉为核心的红牛产业带，以临夏、甘南为核心的农牧交错繁育一体肉牛产业带；建成百万只肉羊大县9个，形成了以临夏为核心的农牧交错肉羊产业带，以环县、靖远、会宁为核心的陇中陇东肉羊产业带，以凉州、民勤、金塔为核心的河西肉羊产业带；培育了5个播种面积超过30万亩的蔬菜产业大县，形成了河西走廊、陇东南、中部沿黄灌区三大优势产区；培育了百万亩苹果大县1个，30万亩苹果大县8个，形成了平凉、庆阳富士苹果产业带和天水花牛苹果产业带；培育了2个百万亩马铃薯产业大县，带动周边种植30万亩以上的产业大县8个，打造了一批集中连片、技术集成的万亩以上绿色标准化产业带；建成30万亩以上中药材产业大县4个，形成了以陇西、岷县、宕昌、渭源为核心的中药材产业带。

　　三是扶贫产业组织化程度明显提高。 构建了"市场牵龙头、龙头带合作社、合作社联农户建基地"的生产组织体系。农民合作社带动能力和村集体经济明显增强。全省贫困村3.31万个合作社，建设规模种养基地2.35万个（处），带动建档立卡贫困户近59万户。涌现出了政府主导组建、国有农发公司带动的合作社发展"庄浪模式"；合作社联合控股，民营、国有企业参股组建富民公司，带动村办合作社联合发展的"宕昌模式"；党建引领合作社发展的"舟曲模式"等运行和带贫效果好的合作社发展模式。全省贫困村集体经济"空壳村"全部消除，2020年村均收入达到7.62万元。龙头企业迅速发展壮大。全省贫困县2 946家龙头企业，带动1.4万个合作社从生产到加工再到销售，全过程、全链条深度参与，带动标准化生产、规模化种养、产业化经营，总产值超过千亿元，农产品加工转化率达到54.5%，极大改变了过去农户单打独斗的"小农经济"。创出了带动马铃薯产业发展的"蓝天模式"，带动农户小群体大规模发展肉羊产业的"中盛、中天模式"，用现代技术现代装备大规模发展苹果、蛋鸡产业的"海升模式"和"德青源模式"等带贫模式。

四是"甘味"品牌建设取得较大突破。实施"甘味"农产品品牌营销战略，建起了"省级'甘味'公用品牌＋市县区域公用品牌＋企业商标品牌"的品牌营销体系。2020年6月，举办了"甘味"农产品品牌发布会暨消费扶贫宣传推介活动，向社会各界发布了《"甘味"农产品品牌目录》，包含了"牛羊菜果薯药"六大特色产业、地方优势特色产品的50个区域公用品牌和150个企业商标品牌。在"甘味"品牌战略带动下，"陇南油橄榄""平凉红牛""静宁苹果""庆阳苹果""东乡手抓羊肉""定西马铃薯""兰州高原夏菜""岷县当归""陇西黄芪"等一批特色农产品区域公用品牌已经享誉全国。携手新华社"民族品牌工程"共同打造"甘味"品牌，"甘味"亮相美国纽约时代广场和国内大城市繁华地段大屏幕、机场、高铁站等，"甘味"品牌网络日点击量超过100万。

三、坚持问题导向，构建扶贫产业体系

甘肃省委、省政府着眼产业扶贫与乡村产业振兴的长远考虑，紧扣贫困地区产业发展现状和特色优势，围绕区域产业整体构建和到户产业培育有机衔接，贫困户与新型经营主体利益联结，建起了以"四大体系"为主要内容的产业扶贫"四梁八柱"。

一是围绕解决"谁来干"的问题，做强生产组织体系。针对"千家万户"小农户无法与"千变万化"大市场有效对接的产业扶贫短板和难点，下大决心、花大力气，培育合作社、龙头企业等新型经营主体进行有效组织带动。**大力培育引进龙头企业**。采取轻资产引进、多元化自建等方式，

加快龙头企业培育进程，培育引进了中盛农牧、蓝天集团、中天羊业、康美牛业、前进牧业等本地"正规军"和德青源、海升集团、福建圣农、希望集团及泰国正大、新加坡益海嘉里等省外境外"王牌军"，通过订单收购、入股分红、生产托管、土地入股等方式，带动合作社发展、贫困户增收。2018—2020年全省贫困县共引进培育龙头企业794家，累计达到2 946家，基本实现了贫困县每个脱贫产业都有龙头企业带动的目标。**大力发展农民合作社**。坚持边组建、边规范、边提升原则，2018年立足解决合作社"有没有"的问题，省级财政筹措2亿元，扶持新建合作社2 173个，实现了贫困村合作社全覆盖；2019年着眼解决"好不好"的问题，实施合作社能力提升工程，组建起6 500人的市县乡三级辅导员队伍，开展合作社领办人"万人培训"计划。按照"运营规范、运营较规范、运营一般、未运营、注销吊销"五种类型，对合作社进行分类规范。同时，按照有产业基地、有农业机械、有良种供给、有销售订单、有加工和贮藏场所等"五要素"标准办实合作社。2020年，全省贫困村运营规范和较规范的合作社达到75%以上，带动贫困群众就业增收效果逐步显现。

甘肃天祝藏族自治县巴桑养殖家庭农场养殖岔口驿马32匹，养殖及训练效益收入35万元以上，纯利润达10多万元

二是围绕解决"缺钱干"的问题，强化投入保障体系。一方面，针对建档立卡贫困户，按照人均0.5万元、每户最多不超过3万元的标准，共落实到户到人种养产业扶持资金155.6亿元，其中81亿元直接到户用于发展产业，74.6亿元入股合作社或龙头企业带动发展产业。为确保到户产业扶持资金切实用在刀刃上，及时跟进提出了"五个挂钩"的原则。与"一户一策"挂钩，为每户贫困户量身定制"一户一策"精准到户脱贫计划，将到户产业扶持资金通过"六大扶贫产业"及小庭院、小家禽、小手工、小买卖、小作坊"五小产业"与"一户一策"精准对接，合理确定贫困户种什么、养什么、种多少、养多少以及投放多少产业扶持资金。与"农民意愿"挂钩，根据家庭人口、劳动力状况和经营主体情况，由贫困户自行确定发展产业和入股资金比例。对入股的资金，明确权属归贫困户所有，并督促合作社和龙头企业与贫困户签订入股协议、发放股权证。与"真种真养"挂钩，针对个别贫困户认为到户扶持项目是政府"发钱发福利"的问题，对不真种、不真养的贫困户，不投放到户产业扶持资金。与"见物见钱"挂钩，对贫困户扶贫产业，要求养的时候要见物，卖了以后要见钱。对贫困户入股资金，采取"保底分红"的办法，保障资金安全和基本收益。与"奖勤罚懒"挂钩，针对一些贫困户内生动力不足的问题，重点采取达标奖补、以奖代补等形式，激发贫困群众发展种养产业积极性。同时，鼓励享受入股资金分红的贫困户尽可能参与承接主体生产经营、主动参与村级公益事业。另一方面，针对经营主体，出台1 000亿元特色产业工程贷款和500亿元农产品收购贷款扶持政策，累计发放特色产业贷款1 207亿元、农产品收购贷款458亿元，打通了一批企业"缺担保""缺抵押"的中梗阻，一批龙头企业和农民合作社获得资金支持，有力助推了特色产业发展。

三是围绕解决"闷头干"的问题，完善产销对接体系。组建了省级农业扶贫产业产销协会及马铃薯等9个特色产业产销协会，扶持建设安定区马铃薯、定远高原夏菜2个国家级专业批发市场和一批特色农产品产地专业市场，初步构建起了连接产地与终端大市场的销售网络体系，通过有效组织各级产销协会的营销家队伍抱团出省抢占粤港澳、长三角等终端大市场，马铃薯、中药材、高原夏菜、苹果、牛羊肉等特色农产品市场占有率和议价能力明显提高，马铃薯等特色农产品集散中心、信息中心、价格形成中心功能初步显现。省政府联合农业农村部连续三年举办甘肃特色农产品贸易洽谈会和"三区三州"贫困地区农产品产销对接会，成功签约278.48亿元。同时，2018—2020年安排果蔬保鲜库建设扶持资金6.3亿元，新建果蔬保鲜库2 020座、移动保鲜库222辆，新增储藏能力近100万吨，贫困村农产品冷链物流设施条件得到有效改善，使广大农户可以根据市场行情灵活选择上市时间，实现错峰销售，有效缓解了收获季节农产品滞销压价现象。

四是围绕解决"不白干"的问题，构建风险防范体系。 为保障贫困群众"不白干"，2018年设计开发了贫困户种养产业综合保险，开展农业保险"增品扩面、提标降费"工作，基本实现了有投保意愿贫困户主要增收种养产业农业保险全覆盖。在"增品扩面"上，将保险补贴品种从2018年的69个、2019年的80个扩大到了2020年的96个，越来

《甘肃省2018—2020农业保险助推脱贫攻坚实施方案》

越多的农产品有了保本保收的托底保障。在"提标降费"上，按照普惠和特惠相结合的办法，将18个中央和省级补贴险种提高保额、降低费率均达到30%以上，对贫困户参保给予缴纳总保费的10%的特殊优惠，确保了每一户贫困户都能"保得起"。做细做优理赔服务，全省15 788个行政村全部组建农金室，与农业保险承保机构共同服务农户承保理赔工作，打通了服务"最后一公里"。探索"保险+期货"的模式，开发出了规避市场价格波动的新型保险。2018—2020年全省累计实现签单保费45.29亿元，累计赔付33.03亿元，从中直接受益农户356.07万户次，其中贫困户199.02万户次，为群众放心养、放心种提供了保障。

四、存在问题及下一步打算

尽管在产业扶贫方面进行了积极探索，取得了明显成效，但仍然有不少短板弱项需要加快补强，产业基础上，有些地方生产性基础设施还比较薄弱；产业培育上，农产品区域品牌培育滞后，产业链延伸不够，弱、小、散问题仍然存在；经营管理上组织化、规模化程度不高等问题依然突出。

下一步，甘肃省将按照习近平总书记"解决相对贫困问题""促进逐步实现共同富裕"的重要指示，将巩固拓展脱贫攻坚成果作为乡村振兴的底线性任务，把产业振兴作为重中之重，全面实施现代丝路寒旱农业优势特色产业三年倍增行动计划，尽快打造一批产业大县、加工强县、特色强镇和现代农业产业园区，形成"连乡成片""跨县成带""集群成链"发展新格局。**一是大力建设绿色化标准化产业基地**。通过大力开展抓点示范行动，省上重点抓一批万亩万头（只）核心示范片带，市县两级抓10万亩或10万（头、只）以上的种养基地，示范带动全省按照农机农艺有机结合、良种良法集成配套的办法，整乡整县全域建设集中连片产业带。2021年，全省特色种植业面积达到3 640万亩，特色养殖业畜禽存栏达到9 950万头（只）以上。**二是持续培育壮大新型经营主体**。持续加大"外引内培"力度，2021年全省新培育引进龙头企业100家以上、总数达到3 196家，总产值达到1 200亿元，全省农产品加工转化率达到56%。按照有良种供给、有种养基地、有农业机械、有订单销售、有加工储藏场地的"五有标准"扶持壮大一批合作社，不断提升有效组织农户集约化生产和对接市场能力；鼓励扶持家庭农场、种养大户改善生产条件，提升经营能力，新培育家庭农场6 000家，创建省级示范性家庭农场200家以上。**三是实施"甘味"品牌营销战略**。坚持政府市场两手并用，有效组织各级农产品产销协会营销家队伍抱团开拓国内外大型终端市场，高质量举办甘肃特色农产品贸易洽谈会等产销对接活动。扶持20家物流企业、1 000个合作社和家庭农场建设冷链设施，新增库容60万吨以上，提升错峰销售、持续批量供货能力。全面实施"甘味"品牌营销战略，采取公益与商业相结合的方式，利用体验馆、连锁店等载体，大力开展宣传推介，持续提升"甘味"市场竞争力，确保卖个好价钱。**四是实施产业园和产业集群创建行动**。"十四五"期间，力争创建100个省级现代农业产业园，实现所有县（区）园区全覆盖，打造陇西中药材、安定马铃薯等10个百亿级产业园，加快培育一批500亿元级以上的产业，带动形成中药材、蔬菜2个千亿级产业集群，构建以国家级为龙头、省级为骨干、市县级为基础的产业园建设体系，更好地发挥大平台作用。

青 海

立足禀赋促发展 补齐短板奔小康

青海省农业农村厅

青海省集西部地区、民族地区、高原地区和经济欠发达地区为一体，典型的集中连片特殊困难地区之一，全省42个贫困县（市、区）、1 622个贫困村、53.9万贫困人口，贫困人口占全省农牧民比重13.56%。党的十八大以来，全省认真贯彻习近平总书记关于扶贫工作重要论述和中央脱贫攻坚决策部署，进一步突出产业扶贫在脱贫攻坚中的基础性和根本性作用，将牦牛、青稞、藏羊等十大特色产业作为农业产业重点发展方向，通过创新措施，全面推进产业扶贫工作。到2019年年底，全省实现脱贫，农村居民人均可支配收入达到11 499元，提前一年实现贫困人口清零目标，产业扶贫成效显著。

一、立足资源禀赋，发展特色产业，着力提升扶贫增收能力

（一）重点推进特色优势产业发展

全面实施《牦牛和青稞产业发展三年行动计划（2018—2020年）》，安排3亿元资金支持牦牛青稞产业发展，高起点、全方位推进牦牛、青稞产业发展，先后建设了集牦牛屠宰加工、分割、精深加工、产品研发、冷链物流、牦牛文化为一体的牦牛产业示范园5个，建设牦牛牧游基地1个、扶持和发展了牦牛良种扩繁基地1个，建设牦牛文化主题公园2个，建设千头规模牦牛养殖专业合作社20个，在110个生态畜牧业合作社大力发展牦牛产业。建设青稞良种繁殖和原种繁种基地6万亩，打造标准化、规模

化绿色有机青稞生产基地30万亩以上；扶持5家企业新（扩）建设年加工能力2万吨以上生产线共8条。牦牛、青稞产业基本覆盖青南地区，产业辐射带贫效果明显，成为贫困群众脱贫的支柱产业。制定出台了《关于加快藏羊产业转型发展的实施意见》，全面支持藏羊产业发展。

（二）加快推进草地生态畜牧业建设

2008年省委、省政府确立了生态立省的发展战略，2014年青海省被农业农村部确定为首个"全国草地生态畜牧业试验区"。10年来省委、省政府高度重视试验区建设，先后制定了《关于利用重点项目支持生态畜牧业建设试点工作的意见》《关于深入推进生态畜牧业建设的实施意见》。2016年设立了每年1亿元的试验区建设专项资金。通过落实"试点探索、示范推广、全面提升"三步走战略，集中形成了以股份制合作社建设为核心的建设模式和制度，提出了六大体制机制任务、三大模式、8项制度、100个试点社的"6381"试验区建设方案，从体制机制上闯出了一条符合青海实际的草地生态畜牧业发展新路子。全省组建生态畜牧业合作社数量达到961个，实现了牧业村全覆盖；先后推出"拉格日模式""甘德经验"等典型样板，天峻县梅陇、泽库县拉格日等6个合作社被认定为"全国草地生态畜牧业试验区建设创新示范基地"。2017年青海省全国草地生态畜牧业试验区建设入选"中国三农创新榜"。2019年"全国草地生态畜牧业"荣获"青海省改革创新奖"。

（三）统筹推进其他扶贫产业发展

在实现深度贫困地区20.8万有劳动能力建档立卡贫困户产业全覆盖、23个县扶贫产业园全覆盖、559个村互助资金全覆盖基础上，因地制宜扎实推进村级光伏、乡村旅游、民族手工艺等特色扶贫产业。充分利用高原地区光能资源丰富的优势，大力发展光伏扶贫产业，全省1 622贫困村光伏扶贫电站全部并网发电。310个"扶贫车间"解决就业岗位2.18万个。

紧紧围绕《青海省"十三五"产业精准扶贫规划》，积极发展其他农牧扶贫产业。沿黄流域培育冷水鱼网箱养殖合作社27家，网箱面积达到489亩，带动周边农户4 000余人从事渔业生产。建立绿色油菜标准化生产基地10万亩，青杂系列制种基地2 100亩，扶持食用油生产线2条。在2市4州25个县（场）实施粮改饲，种植饲草达到66万亩，年收贮优质青贮饲草121万吨，建立了种养结合、草畜联动循环发展机制，有效缓解天然草场放牧压力。

青海省泽库县的扶贫创业孵化现代农业产业园

二、创新帮扶机制，推进产业融合，有效拓宽增收渠道

（一）以新型经营主体培育为抓手，建立联贫带贫机制

组建了"青海优质农产品联盟""青海牦牛产业联盟"等产业联盟4个，全省农牧业产业化龙头企业553家，其中省级以上龙头企业154家，涉及牦牛、藏羊产业的合作组织千余家，联结农牧户50.6万户。认定农牧业产业化联合体达40家，涉及牦牛、藏羊、油菜、有机肥、饲草料等产业，参加联合体的各类新型现代农业经营主体达470个。创建了国家级现

代农业产业园2个，认定了省级现代农牧业产业园25个，扶持农业创业创新园区2个、创业主体54个，建立了"产业园＋龙头企业＋合作社＋贫困户"的帮扶机制。全省认定扶持省级农牧民专业合作社示范社583家、省级示范性家庭农牧场443个，扶持资金2.55亿元。

（二）推进村集体经济"破零"，提高组织化程度

制定了《关于推动村集体经济高质量发展的若干措施》，全面推进村集体经济产权制度改革，完成了全省8个市州43个县（市、区）4 172个集体经济组织清产核资工作；3 996个村制定了集体经济组织成员认定办法，4 085个村完成了成员身份确认，占行政村的98%，全省3 889个村进行了股权设置，确认集体经济组织成员身份391.54万人，全省集体经济组织累计按股分红6 314.19万元，201万农牧民分享改革红利。4 111个行政村实现村集体经济"破零"。

（三）加快培育农业新业态，拓展增收渠道

下发了《关于加快休闲农业与乡村旅游发展的意见》，积极开展休闲农牧业示范县和示范点创建、美丽乡村和美丽田园推介活动。认定国家休闲农业示范县8个，中国美丽休闲乡村24个，全国休闲农牧业与乡村旅游示范点15个，中国美丽田园3个，省级休闲农牧业示范点135家，向农业农村部推介休闲农业和乡村旅游精品景点线路12条。各类休闲农牧业经营主体达2 333家，年接待游客1 628.24万人次，实现营业收入16.4亿元，从业人员年人均工资2.21万元。休闲农业和乡村旅游的蓬勃发展，不仅拓展了农牧业文化传承，而且开辟了农牧民增收新途径。

（四）结合实施乡村振兴战略，推进产业先行

紧紧围绕乡村振兴战略"二十字"总要求，大力发展乡村产业。2018—2020年共确定省级乡村振兴战略试点示范村（场）77个，安排财政支持资金4.3亿元，按照"两年见成效，三年出成果，四年立标杆"的要

求，推进示范村建设。各试点村（场）立足资源禀赋和发展基础，着力在特色产业发展方面积极探索、大胆实践，先后出现了"乡趣卡阳""美丽德吉村"等发展特色产业、推进三产融合的先进典型，为全省实施乡村振兴战略树标立杆，探索可复制的经验办法。农业强、农村美、农民富的高原乡村美丽画卷初步呈现。

三、强化科技帮扶，注重示范引领，努力提升产业发展能力

（一）加大高素质农牧民培育力度，提高致富带头人水平

利用农民科技培训基地，每年举办基层农口干部、乡镇干部、产业带头人培训8期以上，培训实用人才带头人共计450名，培训高素质农牧民共计15 108人。围绕农牧民培训意愿，转变培训方式，切实提高培训质量，完成各类农牧民培训1.5万人次，让农牧民学到急需的农牧业生产技术。

（二）加大科技帮扶力度，提高服务水平

围绕青稞、油菜、马铃薯等10个特色种植业产业和牦牛、藏羊、生猪等7个特色养殖业产业，确定397名技术专家，明确工作职责，落实工作责任，每个专家每年入村服务2次以上。遴选技术指导员3 100余名，科技示范主体1万余户，推广各产业主导品种99个、主推技术86项。建设县级绿色农业科技试验示范基地85个。依托三级产业技术平台对贫困户广泛开展技术指导和服务，全省10个农牧业科技创新平台对先后研发了藏羊高效养殖技术，旱作农区蚕豆覆膜栽培技术，粮草双高青稞新品种昆仑14号、15号，培育了青杂15号春油菜、"阿什旦""雪多"牦牛新品种，选择《牦牛、藏羊高效养殖》《青薯9号》《蚕豆混播技术》等10项绿色高效技术进行示范和推广。2018—2020年连续三年累计选聘1 200人次的大学生到农牧区合作经济组织开展服务，财政投入3 360万元。

四、加大服务力度，助推产销对接，全面推进消费扶贫工作

（一）不断提升特色农产品品牌效应

强化顶层设计，全力打造"生态青海、绿色农牧"品牌，发布了玉树牦牛、祁连藏羊等16个区域公用品牌，大通牦牛、兴海青稞等7个品牌入选2019中国农业区域公用品牌目录。认定了湟源、刚察2个国家绿色农业发展先行区，玉树牦牛、柴达木枸杞、祁连藏羊、龙羊峡冷水鱼和乌兰茶卡羊5个国家级特色产品优势区。7个县通过国家有机畜牧业认证，有机监测认证草原面积7 327余万亩，认证有机牦牛藏羊445万头只。在人民大会堂举办"青海牦牛"公用品牌发布会。制定牦牛、青稞等地方标准43项，"世界牦牛之都、中国藏羊之府"品牌影响力不断扩大，"青"字号农牧品牌带动效应不断释放。

（二）开展农牧信息指导和服务

启动信息进村入户整省推进工作试点工作，在互助县和湟源县开展县级信息进村入户推进试点，加大农产品产销信息服务力度。完成了333个益农信息社建设，培训村级信息员600余人次。充分发挥市场信息优势，在青海农牧业信息网和12316农牧服务平台发布主要农产品供求、价格变动情况和市场预测等市场信息。2020年发布市场价格信息200余条、供求信息150余条、农牧业政策250条，引导农牧民调整种养结构、发展特色产业，拓宽销售渠道。

（三）加大产销对接，推动消费扶贫

先后组织参加了历年举办的中国国际农产品交易会和"三区三州"深度贫困地区特色农畜产品展销对接活动、中国畜牧业博览会等系列展销会，仅2020年带动销售额近1.2亿元。与贵州、江苏、西藏等省区农业农村部门签订了农业农村合作交流协议，为农畜产品走出去打下了基础。

2020年扶持建设省外营销"窗口"8个,累计"窗口"达到24个,成为青海特色农产品走出去的"桥头堡"。以西宁市国家电子商务示范基地为依托,建设"全国消费扶贫青海众创基地",打造全省优势特色农畜产品"青品汇"。有效利用中国社会扶贫网、"扶贫832平台"销售平台,聚焦青稞、牦牛、藏羊、冷水鱼等八大高原特色扶贫产品,指导线上销售。

五、建立保障机制,确保产业发展,为脱贫攻坚保驾护航

(一)切块下达支农资金,增强产业发展支撑能力

以脱贫规划为引领,以重点扶贫项目为平台,按"大专项+任务清单"的方式,全面推进财政支农资金整合工作。2016年在全省30个县开展财政涉农资金统筹整合试点,支持试点县以摘帽销号为目标,统筹整合使用财政涉农资金。从2017年起,在全省全面推开财政涉农资金统筹整合工作,年整合资金达到60多亿元。支农资金整合切块下达到县,解决资金少散乱的问题,实现了集中力量聚焦脱贫攻坚的目的。

(二)扩大涉农保险范围,保障特色产业稳步发展

结合全省牧区实际,逐步扩大藏羊、牦牛保险保费补贴试点范围,将果洛州玛沁、班玛、久治等11个县市牦牛、藏羊纳入保险保费补贴范围,实现全省纯牧业县牦牛藏羊保险全覆盖,有效增强了畜牧业生产抵御疫病和自然灾害风险能力。引入多家农险承办机构,建立了农牧业保险市场化竞争机制,持续提升保险服务农牧业水平。首次开展小麦制繁种基地保险试点,14万亩小麦制繁种基地纳入政策性保险。2019年和2020年全省农牧业保险保障额度共计约244亿元。

(三)加大金融支持力度,助力产业扶贫

全面落实金融支持精准扶贫青海行动方案,引导金融机构优先支持带贫新型经营主体和建档立卡贫困户。与省农信联社、建设银行、农业银行

等签订战略合作协议，按照积极支持农业农村现代化，提升支农信贷供给能力，强化合作完善共建共兴共赢机制的要求，稳步扩大支农信贷投放、推进网上扶贫商城建设，补齐信贷短板。省农牧业信贷担保有限责任公司联合支持新型经营主体发展，受理担保涉农项目6 340个，金额28.75亿余元。

六、下一步工作打算

产业发展不能收官，下一步，青海省将以更加饱满的精神，更加昂扬的斗志，持之以恒抓产业，抓好产业促巩固，补齐短板奔小康，重点要下好五个功夫。**一是在培育主导产业上下功夫**。按照《青海省农业产业脱贫攻坚行动方案》，结合国家优势特色产业集群、"农产品特优区"、现代农业产业园等创建，在持续推进牦牛、青稞产业发展的基础上，进一步加大藏羊、油菜、马铃薯等特色产业培育。**二是在延长产业链条上下功夫**。继续开展龙头企业、产业化联合体培育工作，补齐农产品加工短板；加大"青字号"品牌建设和扶持力度，充分发挥品牌效益；全面推进产销对接，补齐销售短板。**三是在完善利益联结机制上下功夫**。大力培育、发展村集体经济、合作社等带贫主体，通过入股、托管等多种联结方式，完善联结机制。**四是在深化问题整改上下功夫**。全面完成中央脱贫攻坚专项巡视"回头看"和国家成效考核反馈意见整改工作，推进建章立制，构建长效机制。**五是在推进脱贫攻坚与乡村振兴衔接上下功夫**。加强对试点工作的指导服务，先行先试，力争取得可复制可推广的经验。

宁 夏

扛起政治责任　聚力产业扶贫
高质量打赢打好脱贫攻坚战

宁夏回族自治区农业农村厅

宁夏是西部地区、民族地区、革命老区、欠发达地区。宁夏的西海固地区历史上有"苦瘠甲天下"之称，是国家14个集中连片特困地区之一，自然条件差，贫困程度深，脱贫难度大，是脱贫攻坚的主战场。脱贫攻坚以来，自治区党委、政府坚持精准扶贫精准脱贫基本方略，坚决贯彻落实习近平总书记关于脱贫攻坚系列重要讲话精神和中央脱贫攻坚决策部署，集中力量、集聚资源、集成政策，采取超常举措，大力发展贫困地区特色优势产业，为高质量打赢打好脱贫攻坚战提供有力支撑。自治区9个贫困县全部实现脱贫，1 100个贫困村全部脱贫出列，62.4万农村贫困人口全部脱贫，其中通过发展特色产业实现脱贫增收的贫困人口47.06万人，占全区建档立卡贫困人口的70%以上，走出了一条扎实有效的农业产业扶贫路子。

一、全区产业扶贫工作主要成效

产业兴旺是乡村振兴的重要基础，是解决农村一切问题的前提，近年来，产业扶贫在助力打赢脱贫攻坚战发挥了重要支撑作用。2016年7月18日至20日，习近平总书记在宁夏考察时指出："看到固原发生了翻天覆地的变化，可谓脱胎换骨，出乎意料，很受震撼，增强我们打赢脱贫攻坚的信心"。2020年6月8日至10日，习近平总书记再次来到宁夏视察时指出：

"经过艰苦努力，宁夏脱贫攻坚取得决定性成果，闽宁镇已从当年的'干沙滩'变成了今日的'金沙滩'"。总书记对宁夏脱贫攻坚工作的肯定，更加坚定了自治区决战决胜脱贫攻坚的信心和决心。全区在产业扶贫方面主要取得了以下成效。

一是贫困地区特色优势产业发展壮大。自治区党委、政府始终把发展产业作为实现稳定脱贫的根本之策，把培育产业作为推动脱贫攻坚的根本出路，重点培育发展贫困地区特色优势产业。形成了盐池滩羊、海原肉牛、西吉马铃薯等"一县一业"支柱产业和枸杞、酿酒葡萄、中药材、黄花菜、冷凉蔬菜、中蜂等"一村一品"富民产业。滩羊产业作为贫困地区扶贫主导产业，滩羊饲养量由2012年的549.7万只增长到2020年的756.8万只，增长37.68%。盐池滩羊肉"四上国宴"（杭州G20峰会、厦门金砖五国峰会、青岛上合峰会和2019夏季达沃斯论坛指定供应食材），并荣获"2019中国农产品区域公用品牌最佳市场表现品牌"，"盐池滩羊"品牌价值达到71亿元。盐池县74个贫困村的1.1万建档立卡贫困户、3.2万贫困人口中，大部分依靠滩羊产业实现脱贫致富。

宁夏回族自治区集中打造西部优质冷凉蔬菜主产区，助推农民脱贫致富增收

二是贫困地区扶贫产业形态不断丰富。立足本地资源禀赋，积极培育新产业新业态，发掘新功能新价值，扶贫主导产业快速发展，形成了一批贫困人口参与度高、特色鲜明的特色种养、农产品加工以及乡村旅游、休闲农业等新产业新业态，创响特色品牌约600余个，认定"一村一品"示范村镇25个。农产品加工深入推进，引导加工产能向肉牛滩羊等养殖主产区布局，促进就地加工转化。2020年规模以上农产品加工企业195家、营业收入38.72亿元。休闲农业和乡村旅游蓬勃发展，实施休闲农业和乡村旅游精品工程，建成了一批以西吉龙王坝、隆德盘龙山庄为代表的休闲观光、乡村民宿等乡村休闲产业，2020年接待游客21.1万人次、营业收入超过5 500万元。闽宁镇探索建立了政府引资、企业主导、社会参与的产业发展新机制，形成了"特色种植、特色养殖、旅游产业、劳务产业"多产融合发展格局，当年的"干沙滩"变成了今日的"金沙滩"，已成为福建、宁夏对口帮扶、东西扶贫协作的成功典范。

三是贫困地区农民群众收入大幅提升。脱贫攻坚以来，坚持把培育产业作为带动群众收入持续增加、生活持续改善的最管用、最有效、最持久的办法，因户、因人施策，多措并举巩固产业扶贫成果，确保每个贫困村都有稳定增收的产业。同时，在一系列产业政策精准带动下，贫困群众收入水平大幅度提升，自主脱贫能力稳步提高。贫困地区农村居民可支配收入由2012年的4 856元增长到2020年的11 624元，年均增长11%，高于全区农民收入增幅2个百分点，其中贫困县（区）特色产业收入占农村居民人均可支配收入的40%以上，特色产业已成为带动贫困群众增收的支柱产业。隆德、泾源、原州、海原等县区，贫困群众通过养殖肉牛实现了脱贫；盐池的滩羊养殖，占全县农民家庭收入的80%；同心、红寺堡等县区通过种植枸杞、酿酒葡萄，增加了群众务工收入。闽宁镇通过发展特色产业，2020年人均可支配收入14 960元，较2012年增长了3多倍。

四是产业扶贫稳定脱贫机制持续创新。创新产业扶贫思路，因地制宜，科学谋划，分类施策，精准到户。盐池县以滩羊为主导产业，积极发展黄花菜、小杂粮、中药材等特色产业，形成一主多元的产业扶贫格局。西吉县实施"50·300"牛羊肉产业倍增计划，形成了草畜、蔬菜、马铃薯、杂粮四大特色产业格局，实现了"村村有脱贫产业、户户有增收项目"。泾源县创建了中蜂养殖合作社、养殖大户帮带养殖示范户的"大手拉小手"扶贫模式，即1个示范户带动10户养蜂贫困户。隆德县建立"三带四联"新型经营主体与农户利益联结机制，即龙头企业、合作社等经营主体对社会兜底贫困户带动增收，联业、联股、联产、联营四种利益联结机制，将贫困户捆绑在产业链上培育发展产业，实现贫困户增收由"输血"型向"造血"型转变，有效解决了扶贫产业散、小、弱等问题。

二、主要工作措施及做法

（一）注重高位推动，确保贫困群众实现稳定脱贫

自治区党委、政府坚持把发展产业摆在更加突出的位置，多次召开自治区党委常委会、政府常务会、扶贫开发领导小组会认真传达学习习近平总书记关于产业扶贫的一系列重要指示，特别是习近平总书记视察宁夏重要讲话精神，紧密结合全区产业发展实际，研究贯彻落实意见。每年定期由自治区分管领导主持召开全区产业扶贫工作推进会，聚焦重点难点，坚持问题导向，挂图作战，倒排工期，压实责任。自治区农业农村厅建立了"厅党组牵头抓总，班子成员分工负责，责任单位狠抓落实"的产业扶贫工作机制，大力实施产业扶贫"四个一"示范带动工程（建设100个产业扶贫示范村、培育100家扶贫龙头企业、规范培育1 000家扶贫产业合作社、提升发展10 000名致富带头人），健全完善"五个一"工作责任制（一名领导包抓一个产业，一名领导包抓一个贫困县，一名领导包抓一个

产业技术帮扶团队，一名领导包抓一批示范点，一名领导分产业召开一次现场推进会），深入推进产业扶贫"六大行动"（特色产业提质增效行动、新型经营主体示范带动行动、农产品产销对接提升行动、产业融合转化增值行动、农业科技支撑行动、农村改革促农增收行动），将产业扶贫纳入全年绩效目标管理考核中，动员全区上下凝心聚力、尽锐出战，不断提高扶贫产业的质量和效益。各县（区）也都成立了由政府主要领导任组长的产业扶贫工作领导小组，强化责任，明确任务，细化分工，推动工作，增强脱贫内生动力，带动贫困群众精准稳定可持续脱贫。

（二）注重多元投入，聚焦支持扶贫产业关键环节

认真贯彻落实自治区党委、政府《关于推进脱贫富民战略的实施意见》、自治区政府《关于加快推进产业扶贫的指导意见》，制定了加快推进农业特色优势产业发展若干政策意见、加快产业转型升级促进现代农业发展意见、关于创新财政支农方式加快发展农业特色优势产业的意见、全区特色产业脱贫攻坚三年行动方案、全区特色产业精准扶贫工作要点等政策文件，指导贫困地区立足发展实际和资源优势，宜农则农、宜牧则牧、宜林则林，大力发展特色优势产业。聚焦贫困户和产业发展关键环节，指导贫困县（区）精准创设产业扶贫政策，构建了产业项目到户、技术培训到户、小额信贷到户、帮扶措施到户、农业保险到户的"一户一策"扶持体系。加大财政资金支持力度，2012年以来累计向贫困县（区）安排财政扶贫资金271.1亿元，统筹整合财政涉农资金251.7亿元。强化金融扶贫扶持，2016年以来累计向60.5万户（次）建档立卡贫困户发放扶贫小额信贷327.2亿元。扎实推进扶贫保险提质扩面，2016年以来"扶贫保"政策承保种植业218.6万亩（次），养殖业308.9头（次），惠及建档立卡贫困户44.3万户（次）。

（三）注重精准施策，推动特色优势产业提质增效

坚持把农业结构优化调整作为脱贫增收最便捷、最直接、最有效的途径，立足贫困县（区）资源禀赋和发展基础，针对产业发展实际需求，因地制宜调整贫困地区产业结构，大幅调减籽粒玉米等低效、高耗水农作物种植，增加青贮玉米、苜蓿等优质牧草种植面积，大力发展肉牛、滩羊、冷凉蔬菜、枸杞、酿酒葡萄等高效种养业和马铃薯、小杂粮、中药材、黄花菜等特色优势产业。确保每个贫困村重点发展 1~2 个脱贫产业。2020 年，贫困县（区）种植马铃薯 142.5 万亩、枸杞 16.28 万亩、酿酒葡萄 13.7 万亩、青贮玉米 210.3 万亩，肉牛饲养量 112.7 万头、肉羊饲养量 794.5 万只，小杂粮 153 万亩、冷凉蔬菜 102.2 万亩、中药材 49.7 万亩、黄花菜 18.3 万亩、中蜂 6 万箱。

（四）注重示范带动，构建完善企农利益联结机制

大力实施特色产业精准扶贫"四个一"示范带动工程，创新推广整村推进、订单生产、先赊后还、托管代养、资产收益分配、扶贫车间带动、新业态助推等产业扶贫模式，发挥新型经营主体引领带动作用，通过"龙头企业＋贫困户""龙头企业＋合作社＋贫困户"等方式，与贫困户建立持续稳定脱贫长效机制。全区累计培育 150 家产业扶贫示范村、166 家扶贫龙头企业、1 066 家扶贫产业合作社、10 434 名致富带头人，带动建档立卡贫困户 10.6 万户 36.78 万人。推进贫困地区"五优"（品种优、技术优、管理优、品质优、价格优）蔬菜基地、养殖示范村及"50·300"家庭牧场等种养基地建设，打造了华润集团、伊泰牧业、四丰绿源、融侨丰霖、盐池滩羊集团等一批带动能力强的龙头企业，取得了较好的示范带动效应。

（五）注重融合发展，积极拓宽贫困群众增收渠道

坚持"点"上强龙头、"线"上抓延伸、"面"上求突破，按照全产业链开发、全价值链提升的思路，突出集群成链、融合发展。围绕提高特色农产品附加值，大力发展绿色食品业，打造了红寺堡弘德、原州圆德、西吉吉德等一批农产品加工园区，贫困县（区）农产品加工转化率达到 60%。积极培

育特色农产品品牌，贫困地区做强13个农产品区域公用品牌、做大30个知名农业企业品牌、做优40个特色优质农产品品牌。"盐池滩羊""西吉马铃薯""盐池黄花菜"3个贫困县（区）特色农产品列为中国特色农产品优势区。深入开展贫困地区特色农产品产销对接，组织贫困地区新型经营主体和特色农产品参加农交会、"三区三州"贫困地区农产品产销对接活动等产销对接系列活动，现场展示和推介特色农产品，并签署合作协议。探索"互联网+"农产品销售新模式，宁夏农村综合服务平台、"乡味宁夏"携手阿里淘宝直播、一点资讯等电商直播平台，上线农产品516个，产品已销往23个省市区。积极开展消费扶贫，共认定供应商481个、扶贫产品1892个，扶贫产品销售额29.9亿元，累计带动8.2万贫困人口增加收入。

（六）注重技术服务，提升贫困地区群众发展能力

依托产业指导组、技术服务组、产业协会"两组一会"，在贫困县（区）成立由1名厅领导挂帅的产业扶贫专家技术帮扶团队，积极开展产业扶贫政策宣传、技术指导等服务，构建了"县有团队、村有组、户有服务"的产业扶贫技术服务体系，实现贫困村技术服务组全覆盖。组织实施"三百三千"农业科技推广行动，向贫困地区推介发布农业特色优势产业主导品种和主推技术，确保每个贫困家庭掌握1～2项实用技术。大力实施高素质农民培育工程，贫困地区累计举办培训班6000余场次，现场入户指导培训人数

宁夏吴忠市盐池县邀请农业技术推广研究员吕志涛实地为建档立卡户讲解设施农业技术

100多万人次。建立贫困户产业发展指导员制度，打通产业扶贫"最后一公里"，选聘2015名指导员开展产业扶贫政策宣传、技术指导等服务，为贫困户提供便利化、全方位、广覆盖的技术服务。

三、下一步工作打算

针对脱贫地区扶贫产业基础还不牢固，发育还不成熟，产业散而不强、品牌有而不亮等问题，宁夏将深入学习贯彻习近平总书记视察时的重要讲话精神，坚决落实中央和自治区的决策部署，对标对表巩固拓展脱贫攻坚成果同乡村振兴有效衔接目标任务，坚持问题导向和目标导向，对衔接乡村振兴各项工作的贯彻落实情况再推进、精神再提振、责任再压实。全面推进自治区脱贫地区特色产业可持续发展，带动脱贫群众实现持续稳定增收，为全面推进乡村振兴提供强有力支撑。**一是发挥比较优势，推进脱贫地区特色产业区域化布局**。通过分区分类布局，解决摆什么的问题；优化内部结构，解决摆得下的问题；整合优势资源，解决摆得好的问题，让脱贫地区各类资源要素优化配置，比较优势充分发挥，产业效益最大释放，提高脱贫地区产业集中度和竞争力。**二是注重提高质量，推进脱贫地区特色产业标准化生产**。通过用标准、建标准、提标准，以标准的全面提升推动产业的全面升级、质量的全面提高，形成强有力的竞争优势，促进产品增值、产业增效、农民增收。**三是坚持市场导向，推进脱贫地区特色产业品牌化经营**。通过强化品牌意识、注重品牌培育、加大品牌宣传，做大做强宁夏特色农产品品牌，以品牌闯市场、增效益、促增收。**四是提升整体效益，推进脱贫地区特色产业融合化发展**。通过产业融合、产网融合、产城融合，促进脱贫地区特色主导产业内部纵向贯通、外部横向联系，促进产业链、供应链、服务链、创新链深度融合，提高产品附加值，提升产业发展整体优势。

新　疆

三产融合稳增收　维护社会长治久安

新疆维吾尔自治区农业农村厅

党的十八大以来，新疆维吾尔自治区党委、政府坚持以习近平新时代中国特色社会主义思想为指导，贯彻落实党的十八大、十九大和十九届二中、三中、四中、五中全会精神，贯彻落实第三次中央新疆工作座谈会精神特别是习近平总书记重要讲话精神，贯彻落实习近平总书记关于扶贫工作的重要论述和党中央脱贫攻坚决策部署，贯彻落实新时代党的治疆方略特别是社会稳定和长治久安总目标，贯彻精准扶贫精准脱贫基本方略，把产业扶贫作为脱贫攻坚的重头戏、主战场，聚焦深度贫困地区和贫困群众，紧扣"两不愁三保障"，落实"六个精准"，因地制宜推进"发展产业扶持一批"，完善产业扶持政策和产业带贫机制，着力夯实贫困地区产业基础，助力脱贫攻坚战。经过八年的不懈努力，特别是近五年的脱贫攻坚战，全区308.9万现行标准下贫困人口全部脱贫，3 666个贫困村全部退出，32个贫困县全部摘帽，绝对贫困问题得到历史性解决。截至2020年年底，全区32个脱贫县（市）农林牧渔业总产值912.91亿元，比2015年增长19.92%，年均增长率3.70%；农村居民人均可支配收入10 912元，比2015年增长51.12%，年均增长率8.61%；96%以上贫困群众参与产业扶贫脱贫增收。

一、取得的主要成效

党的十八大以来，特别是"十三五"以来自治区始终坚持把产业扶贫

262

作为精准脱贫的重要抓手，立足贫困地区资源优势，推进稳粮、优棉、促畜、强果、兴特色，因地制宜发展带动贫困户持续稳定增收的特色扶贫产业，夯实产业发展基础，助力贫困群众脱贫致富。优化第一产业结构，重点抓好特色种植、林果业提质增效和畜禽规模养殖；强化第二产业带贫，重点推进纺织服装、电子产品组装、鞋帽、玩具、假发等劳动密集型产业、农副产品加工业和光伏扶贫；促进第三产业发展，重点推进乡村旅游和电商扶贫；完善金融保险支持政策，发挥金融保险精准扶贫的作用。全区32个国定贫困县（市）培育发展粮食、棉花、蔬菜、特色种植、特色林果、家畜、家禽、渔业和其他九大类80余个特色主导产业，基本形成"一县一业""一村一品"产业发展格局。

新疆维吾尔自治区喀什市泽普县街景

（一）特色种养产业不断发展壮大

特色种植业迅猛发展。贫困地区特色种植产业从小到大、从弱到强，快速发展。截至2020年年底，32个国定贫困县（市）粮食种植面积1 286

万亩，实现了贫困地区"不愁吃"；棉花生产区域布局持续优化，推动棉花高质量发展，实现了贫困地区"不愁穿"；32个贫困县特色作物种植面积332.19万亩，累计建成日光温室4.2万座，拱棚48.05万座，发展贫困户庭院经济58万户；据统计，日光温室亩均效益在8 000 ~ 16 000元，拱棚亩均效益在3 000 ~ 7 000元；庭院经济经营户年均自给蔬菜节本增收500元以上，商品售卖增收1 500元以上。**特色林果业提质增效**。以南疆林果业提质增效为重点，全面推进自治区特色林果业健康持续发展。截至2020年年底，32个国定贫困县面积1 015.5万亩，产量343.73万吨，产值229.13亿元。实现面积、产量、产值"三增长"，果品品质明显提升，购销网络体系逐渐完善。**特色养殖业较快发展**。贫困地区稳步发展牛羊产业，大力发展家禽等特色产业，逐步形成了一批以牛、羊、鸡、鸽、兔为主的特色养殖产业。截至2020年年底，南疆四地州牛存栏194余万头，羊存栏1 822余万只，新增3 267余万羽家禽出栏能力；兔产业从无到有，已占全国20%的产量；鸽、驴产业进一步发展壮大，存栏分别达到1 600万羽以上和23万头以上，增幅30%以上；畜牧业产值占农业总产值的比重达到25%以上，比全区高出2个百分点，畜牧业收入占贫困户农业收入的20%以上。南疆四地州建设畜禽标准化养殖场（小区）1 000余个，畜禽规模养殖比例由2012年的不到5%提高至2020年的25%以上，辐射带动20余万贫困户增收；参与庭院养殖的贫困户达20万户以上，实现年户均养殖增收500元以上。喀什地区围绕推进"一乡一业、一村一品"，形成春提早、夏排开、秋延后为主的生产模式，以伽师瓜、麦盖提刀郎瓜、小茴香、万寿菊、甜菜等为主的特色作物和核桃、红枣、巴旦木、杏子、新梅、樱桃等为主的特色林果业成为贫困户富农产业。和田地区打造"十百千万亿级"农业特色优势产业，做大做强十万头驴、三十万头牛、百万只多胎肉羊、千万只兔鸽鸭鹅和亿只鸡、亿袋

（棒）食用菌等农业支柱产业；加快推进传统农业产业提质增效，打造40万亩特色种植＋40万亩庭院经济＋40万亩特色林果＋40万亩露地蔬菜＋10万亩设施农业特色产业格局。阿克苏地区连续四年实施贫困户订单蔬菜，采取"粮油购销公司＋合作社＋贫困户"模式，鼓励贫困户发展订单蔬菜，实现了发展产业的贫困户户均一亩菜，健全完善"生产贫困户—蔬菜合作社—粮油配送企业—财政供养食堂"定向销售产业链条，贫困户通过发展订单蔬菜年户均增收2 500元以上。

（二）劳动密集型产业等带贫能力明显提升

形成较完整的纺织服装产业体系。 自2014年第二次中央新疆工作座谈会做出大力支持新疆发展纺织服装产业带动就业的重大战略决策以来，新疆纺织服装产业快速发展，带动就业成效显著，全行业累计新增就业68.6万人次。2020年，南疆四地州电子产品组装、鞋帽、玩具、假发、箱包等劳动密集型企业实现新增就业1.87万人，为打赢深度贫困地区脱贫攻坚战做出了积极贡献。2018年以来，南疆四地州利用扶贫资金和援疆资金建设卫星工厂（扶贫车间）1 500多个，引进1 000余家纺织服装、电子产品组装、农副产品加工等企业入住，带动4.6万当地农村富余劳动力就业，其中建档立卡贫困人口1.7万人。**产业集聚成效凸显。** 产业扶贫园区推动产业发展和精准扶贫深度融合，南疆四地州22个产业扶贫园区累计入驻企业2 215家，带动就业13.32万人，较上年减少带动就业0.37万人，其中建档立卡贫困人口3.3万人。**农产品加工业平稳发展。** 初步形成了以粮食、瓜果、畜牧以及特色经济作物加工等为主的农产品加工业体系，截至2020年年底，32个国定贫困县农产品加工企业预计达3 500个左右，农产品加工业产值从2012年的152亿元增加至210亿元。**光伏产业初见成效。** 累计建成并网光伏扶贫电站92个，涉及6个地州、16个贫困县的349个贫困村，总装机规模151 673千瓦。2020年，光伏扶贫电站实际收益13 212.94万元

（含国家光伏财政补贴收入），开发公益岗位7 825个，实际带动贫困人口就业人数为8 844人，发放公益岗位工资6 814.14万元。

（三）乡村新兴服务业高质量发展

乡村旅游业蓬勃发展。截至2020年年底，全区乡村旅游从业人数14.51万人，不断拓展旅游产业就业链；依托乡村旅游重点村、星级农家乐及民宿、乡村旅游扶贫示范点和旅游合作社等重要载体，带动1.89万贫困人口就业增收。**电商服务业日益成熟。**农村电子商务基础设施和支撑服务体系不断完善，全区共培育4个国家级电商示范基地和5个国家级电商示范企业；网络交易规模逐步扩大，2016—2019年，全区网络零售总额1 371亿元，其中2020年网络零售额416.81亿元，较2016年增长7倍多；累计服务建档立卡贫困户26.49万人次，帮助建档立卡贫困户销售1.6亿元，吸纳贫困户就业1万余人。**消费扶贫成效显著。**截至2020年年底，通过统筹援疆扶贫、定点扶贫、区内协作扶贫、结对帮扶、社会组织等帮扶力量，直接购买和帮助销售农产品达149.83亿元；已认定扶贫产品总计6 031个、带贫益贫企业904家，涉及13个地（州、市），商品价值总量476余亿元，打破贫困地区农产品"产、供、销"壁垒。

二、主要经验做法

（一）加强组织领导，完善工作体制机制

强化组织推动。坚持五级书记一起抓，成立由自治区党委、人民政府主要负责同志任"双组长"的深度贫困地区脱贫攻坚工作领导小组，下设包括产业发展专项组在内的16个专项组，由自治区党委常委、自治区副主席牵头负责、由自治区人民政府副秘书长任产业发展专项组组长，定期研究和部署安排产业扶贫工作，及时解决存在的问题。强化深度贫困地区各级党委和政府的主体责任、各部门各单位的配合责任、各驻村

工作队及村"两委"班子的落实责任，形成脱贫攻坚合力。**强化规划引领**。先后研究制定自治区"十三五"脱贫攻坚规划、贯彻落实中央关于打赢脱贫攻坚战三年行动指导意见的实施意见、南疆四地州深度贫困地区脱贫攻坚实施方案（2018—2020年）等，组织南疆四地州和22个深度贫困县编制产业扶贫规划，科学做好顶层设计，开展贫困县产业扶贫规划评议，引领产业扶贫高质量推进。**强化指导服务**。以贫困地区产业发展需求为重点，以脱贫攻坚"冬季攻势"为统领，抓大排查、全员培训、项目建设、问题整改，全覆盖实地指导，确保脱贫攻坚质量和成色。坚持自治区总负责、地县抓落实，组织开展挂牌督战和包联督导指导，强化帮扶支持，解决实际问题。积极应对新冠肺炎疫情影响，确保疫情防控和产业扶贫"两不误"。

（二）强化政策保障，加大财政金融支持

强化政策引导。先后出台《自治区关于加快推进产业扶贫的指导意见》《关于进一步加强扶贫小额信贷管理的意见》等产业扶贫相关政策，完善新型农业经营主体培育、农产品加工业、农业产业化发展、贫困地区特色农产品营销、纺织服装产业、扶贫小额信贷、产业扶贫利益联结机制等政策支持体系，有力强化产业扶贫政策供给，优化产业发展政策环境。**加大资金投入**。落实好中央、自治区财政专项扶贫资金和涉农整合资金，加大对南疆四地州项目资金倾斜支持力度。2018年以来，累计落实《南疆四地州深度贫困地区脱贫攻坚实施方案（2018—2020年）》产业项目资金505亿元，完成三年计划的128.92%，实施项目3 486个。坚持资金跟着项目走、项目跟着规划走、规划跟着需求走，帮助贫困县建立完善县级脱贫攻坚项目库，确保产业扶贫项目精准落地。**加强信贷支持**。用足用好扶贫小额信贷政策，对符合条件且有贷款意愿的建档立卡贫困户能贷尽贷，充分发挥金融精准扶贫作用。截至2020年年底，全区累计发放扶贫小额信

贷213.16亿元，受益贫困户44.52万户，贷款余额91.88亿元，实现贫困县全覆盖；其中，南疆四地州累计发放178.95亿元，受益贫困户37.53万户，贷款余额76.97亿元。**加强保险支持**。截至2020年年底，全疆农业保险为农业生产提供风险保障1 265.93亿元，农业保险赔款金额68.24亿元，其中南疆四地州农业生产提供风险保障454.69亿元，农业保险赔款金额20.03亿元。南疆四地州核桃、枣、杏、巴旦木、苹果和葡萄6个林果主栽品种纳入中央财政优势特色农产品保险奖补试点范围，小麦、玉米、水稻三大粮食作物制种保险列为中央财政补贴型业务险种，为新疆粮食安全提供保障。南疆四地州部分地区启动小宗林果、特色小畜禽、羊和驴等种养保险工作，同时开展棉花和枣等优势特色农产品"保险＋期货"试点，探索出了农业支持保护政策的"保险路径"。

（三）强化工作措施，推动重点任务落实

培育壮大新型经营主体。截至2020年年底，32个国定贫困县农业产业化经营组织数量预计达到3 500个，带动农户58万户；培育自治区级以上农业产业化龙头企业99家，带动农户34万户；南疆四地州培育农民合作社15 713家，带动农户29.42万户；探索推广"企业＋基地＋合作社＋贫困户""企业＋合作社＋金融＋贫困户＋保险"等多种扶贫模式，不断完善联结机制。**打造绿色农产品基地**。截至2020年年底，32个国定贫困县创建绿色食品原料标准化生产基地27个，面积372.16万亩，有效期内绿色食品53个、有机农产品11个、登记保护农产品地理标志23个，"哈密瓜""英吉沙杏""叶城核桃""莎车巴旦木""木纳格葡萄""昆仑尼雅""南达""拜城油鸡"等品牌享誉疆内外。**拓展农产品销售渠道**。2012年以来，组织32个国定贫困县农产品产销企业、合作社参加各类农产品展会，达成现场签约及意向金额300余亿元；先后组织举办和参加9场贫困地区农产品产销对接活动，签订购销协议近70亿元；2018年以来，支持新

疆果业集团启动特色农产品疆内收购和疆外销售"两张网"建设，分别在喀什、和田、阿克苏等林果主产区投资建成11个仓储加工交易集配中心，疆内收购网经营服务设施面积达171.3万平方米，大幅提高林

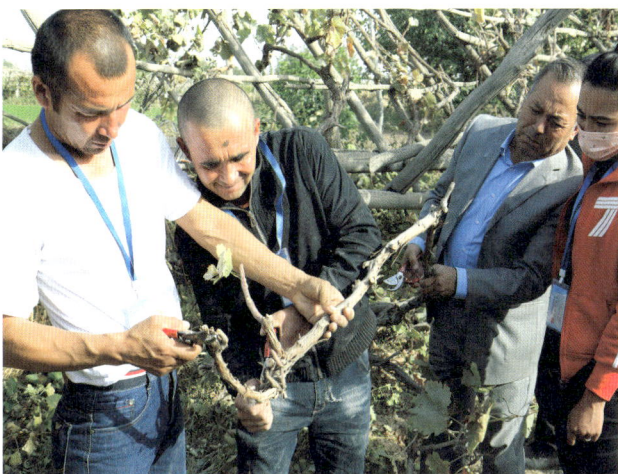

新疆农业大学教师依不拉音手把手教学员剪核桃枝

果产品收购仓储加工能力。**强化科技帮扶指导**。2015年以来，在32个国定贫困县累计培育高素质农民4.23万人，建立标准化村级农技服务站250个，招募特聘农技员400人；在13个地州79个县（市）共选聘产业发展指导员11 260名，其中南疆四地州占80%，实现贫困村全覆盖。**推进产业园区建设**。依托南疆四地州22个深度贫困县现有园区，每县建设1个产业扶贫园区，大力推广"园区总部＋乡村卫星工厂（扶贫车间）"的产业发展模式，引导园区企业向乡村卫星工厂（扶贫车间）延伸产业链。**推动乡村旅游业**。依托乡村特色资源，开发建成乡村休闲农庄、田园综合体、采摘园等各类乡村旅游点1 421个，打造乡村旅游重点村103个，举办各类文化旅游活动1 000余项，加大对南疆旅游宣传推介，着力培育活跃旅游市场；培训各类旅游人才29.15万人次，其中南疆四地州近10.05万人次。**加快电商服务业**。围绕"建站点、育品牌、畅物流、促对接、育人才、求精准"，积极加快农村电子商务产业发展。累计获批国家级电子商务进农村综合示范项目57个，覆盖全区51个县（市、区）；搭建县乡村三级电商公共服务体系，已建成县级电商公共服务中心和物流配送中心47个，乡村级

站点 3 000 个以上，实现 32 个国定贫困县（市）全覆盖；全区已培育 40 余个电商区域公共品牌，网络销售单品超过 8 000 款。**促进消费扶贫**。推进消费扶贫专柜、专馆、专区和中国社会扶贫网新疆馆"三专一平台"建设，搭建农产品供销"绿色"、预算单位贫困地区农产品采购、农产品销售电商、农产品对外营销、"旅游＋消费"等五大平台，构建扶贫产品销售体系，拓宽扶贫产品销售渠道；全区培育扶贫龙头企业 402 家，强化扶贫产品认定机制，让贫困地区更多更好的扶贫产品进入全国消费扶贫绿色通道。

三、下一步工作计划

下一步，新疆继续深入贯彻落实习近平总书记关于扶贫工作的重要论述和重要批示指示精神，坚持"四个不摘"目标要求，接续推进巩固拓展脱贫攻坚成果同乡村振兴的组织、规划、政策、产业和人才衔接，建立稳定脱贫长效机制，巩固提升脱贫成果。**一是抓好组织衔接**。做好脱贫攻坚与乡村振兴的组织领导体制机制工作的有机结合，建立完善实施乡村振兴战略领导责任制，强化各级党委和政府在实施乡村振兴战略中的主体责任，确保短期注重坚持脱贫攻坚与乡村振兴一起抓，长期注重解决相对贫困问题与乡村振兴齐推进。**二是抓好规划衔接**。系统梳理国家和自治区《国民经济和社会发展"十四五"规划》《乡村振兴战略规划（2018—2022年)》等纲领性规划提出的推动"十四五"脱贫攻坚与乡村振兴相衔接的重大工程、重大项目、政策措施等，并纳入各地、各部门"十四五"行业规划，优化优势农产品区域布局，科学谋划全面脱贫与乡村振兴的整体蓝图。**三是抓好政策衔接**。强化产业扶贫政策保障，继续加大扶贫资金对产业扶贫的投入，向带贫主体和产业扶贫基地建设倾斜，对于既涉及脱贫攻坚又涉及乡村振兴的政策优惠，尽量保持政策的稳定性和连续性，着力促进特惠政策向普惠政策的转变，支持扶贫产业稳步发展。**四是抓好产业衔接**。坚持因地制宜，强化精准施策，聚焦贫困县特色主导产业，持续发展壮大特色种养业，大力推进纺织服装和电子产品组装等劳动密集型产业、农副产品加工业、乡村旅游、电商扶贫等，进一步完善和加大金融保险支持政策，促进一二三产业融合发展。**五是抓好人才衔接**。注重把在脱贫攻坚工作中有想法、有经验、有办法的优秀人才充分利用起来，鼓励和吸引新乡贤、返乡大学生、退伍军人等投身乡村振兴，促使他们进一步成长为推进乡村振兴的骨干力量，夯实乡村振兴的内在力量。

第三部分 CHAPTER 3

案 例 篇

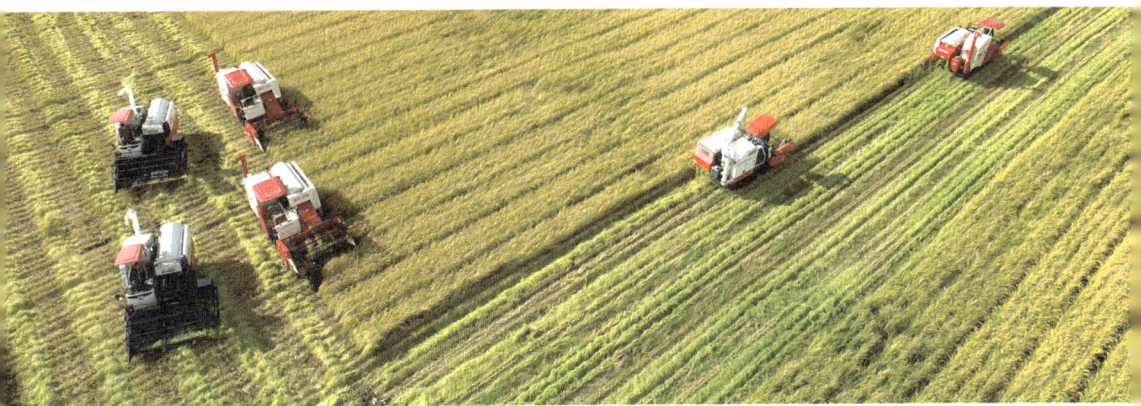

2016年，农业部总结了洛川苹果、赣南脐橙、定西马铃薯3个产业扶贫范例，得到习近平总书记充分肯定，并要求总结更多好例子加以推广。贯彻落实总书记重要批示要求，农业农村部又遴选推介2批32个全国产业扶贫典型范例，举办12场产业扶贫现场观摩会，为贫困地区推进产业扶贫工作提供了重要参考，发挥了示范引领作用。

为巩固拓展产业扶贫成果，发挥产业扶贫范例典型引路作用，推进脱贫地区特色产业可持续发展，2020年，农业农村部按照产业特色鲜明、质量效益较好、可持续发展能力强、带贫效果突出的原则，从2批32个典型中精选了产业扶贫十大范例。这十大范例重点介绍了产业选择、规划引领、政策扶持、产品销售、科技服务、主体培育等方面的创新做法。涉及的产业类型多，既有水果、茶叶等特色产业，又有粮食、畜禽等大宗产品；具有较强的代表性，既有传统农区产业转型升级的成功经验，也有"三区三州"小特产业发展的探索创新。

下一步，农业农村部将深入贯彻落实党的十九届五中全会决策部署，持续推进脱贫地区特色产业发展，加强产业发展总结宣传和范例推广，指导脱贫地区注重产业长期培育，完善全产业链支持措施，持续发展壮大脱贫产业，为全面推进乡村振兴、加快农业农村现代化提供有力支撑。

河北阜平

小蘑菇撑起致富伞

阜平县在短短5年时间内，通过产业扶贫资金项目，构建1个千亩核心区、4个沿河沿路产业带、100个产业园区的"一核四带、百园覆盖"食用菌产业发展格局，食用菌产业从"零基础"起步，迅速发展成为"一号"扶贫产业，年产值近10亿元。

阜平县位于河北省保定市西部，是太行深山区、河北省10个深度贫困县之一，是十八大之后习近平总书记考察脱贫工作的第一站。脱贫攻坚战打响以来，全县上下牢记总书记嘱托，把发展产业作为脱贫增收的根本之策，聚集多方要素资源，将食用菌产业作为六大富民产业之首，高规划引领、高站位推动、高标准施策、高技术支撑，短短5年时间，以香菇和黑木耳为主的食用菌产业从"零基础"起步，迅速发展成为"一号"扶贫产业，年产值近10亿元，覆盖140个行政村，直接参与产业的群众1.5万户，其中贫困户6 620户，带动群众增收2.5亿元，已成为推动贫困群众增收致富、带动当地县域经济发展的支柱产业。

一、立足比较优势，选定食用菌作为主导产业

按照扶贫产业"以短养长、长短结合"的原则，在中国农科院农产品产地环境质量调查的基础上，综合气候、环境、资源等因素，选择食用菌产业作为主导产业。**一是冷凉的气候条件适合菌类生长**。阜平是全山区县，独特的山地气候适合食用菌四季栽培。**二是优良的生态环境适合产出**

优质的菌产品。阜平山清水秀、空气优良，土壤没有工业污染和农业面源污染，适合生产绿色有机产品。**三是丰富的木料资源保证部分原料需求。**全县将近40万亩林果，每年修剪更新产生大量林木废弃资源，可用来制作菌棒原料。**四是劳动密集型产业有利于带动贫困户脱贫。**食用菌产业可广泛吸纳贫困群众参与包棚、制棒、采菇、分拣、运输等各环节就业，实现贫困群众稳定可持续增收。

二、创新模式机制，推动产业快速发展

在产业发展中加强顶层设计，创新发展模式，引导资源要素聚集，形成发展合力。**一是创新产业发展模式。**规划了"一核四带、百园覆盖"的发展格局，即1个千亩现代食用菌产业核心区、4个沿河沿路食用菌产业带、100个以上占地超过200亩的产业园区，构建了"政府＋企业＋科研＋金融＋园区＋农户"的六位一体发展模式，实现了"企业干两端，群众干中间，科技打头阵，保险担风险，金融做支撑，政府当靠山"，农民群众包棚到户种植食用菌，收入与管理水平直接挂钩，激发了包棚群众积极性。**二是强化政策倾斜支持。**加大财政资金支持，对企业、合作社入驻基地（园区），给予水、电、路等基础设施配套扶持。对设计年生产能力在1 500万棒以上的菌棒加工厂、新建标准化冷库、自动化程度较高的设施暖棚、林下小拱棚给予资金补贴。强化金融保险支持，投入3亿元成立惠农担保公司，与7家银行合作，共发放金融扶贫贷款5.8亿元；在全国首创成本损失险，每个菌棒政府补贴保费60%，累计保险理赔5 000多万元，兜住生产经营风险。强化科技服务支撑，成立太行山食用菌研究院和太行山农业创新驿站，优选10名知名专家组成县级专家组，30名企业技术员、150名基层技术员构建三级服务体系，打通技术服务"最后一公里"。**三是党委政府强力推动。**成立了高规格产业发展领导小

组，选配了"蘑菇县长"，坚持党政主要领导亲自抓、定期召开食用菌产业调度例会、食用菌产业重大项目重大决策一事一议等机制，发动党员干部带头流转土地、带头承包大棚、带头学习技术，带动贫困群众从"揣着手等"到"甩开手干"。

河北省阜平县北果园香菇种植基地工人在整理采摘的香菇

三、强化带贫益贫，多渠道增加贫困群众收入

坚持"三个优先"，保障贫困群众增收致富。**一是强化企业带动，让企业优先保障贫困群众的收益。**培育壮大了一批以嘉鑫公司为首的高新龙头企业，推动公司生产与当前食用菌产业高端技术融合，企业的生产工艺、制棒标准、接种成品率、出菇转化率、优质菇产出率在当前全国同行业中均处于领先地位。企业主动承担社会责任，在菌棒销售、鲜菇收购等方面让利给群众，保障包棚群众棒均3元、棚均3万～5万元纯收入。**二是产业经营就业优先向有劳动能力贫困户倾斜。**食用菌大棚优先让建档立卡贫困户承包，企业招工优先录用建档立卡贫困户。参与包棚和务工的建档立卡贫困户共8 620户，户均年增收1.6万元。**三是资金整合优先支持食用菌产业，提取资产收益金全部用于扶贫岗位补贴。**2018年以来，整合资金3亿元支持食用菌产业发展，提取资产收益金4 000万元，对有劳动能力的贫困户发放岗位补贴，对无劳动能力的贫困户给予直补，户均增收2 000多元。

四、强化品牌建设，推进全产业链发展

按照"统一建棚、统一品种、统一制棒、统一技术、统一品牌、统一销售，分户栽培管理"的模式来组织生产管理，实现了从设施、技术到产品销售和品牌使用的规范统一。按照绿色、有机、GAP认证管理和出口基地备案要求，制定食用菌质量标准技术体系，注册打造"老乡菇"商标为阜平县食用菌统一品牌。2017年"阜平香菇""阜平木耳"通过绿色食品认证，2018年"阜平香菇"通过地理标志认证，阜平县食用菌产业的竞争力逐步增强。依托食用菌产业，大力发展采摘、休闲、观光、旅游、餐饮等，做到一业兴百业旺，全面提升产业链条的深度和广度，增加产品附加值，努力把更多的产业增值收益和就业岗位留给农民群众。

山西大同云州

小黄花成为脱贫"大产业"

　　大同市云州区把黄花确定为"一区一业"产业扶贫的主导产业，党员干部带头种黄花，创设种植补贴、用工补贴、"黄花贷"等支持举措，强化水利、加工、销售、科技等支撑保障，黄花面积从2万亩发展到17万亩，涌现出黄花专业村109个，实现了29 722名贫困人口每人1亩黄花。

　　大同市云州区是国家燕山—太行山集中连片特困地区，有贫困村80个，建档立卡贫困人口3.29万人。2012年以来，云州区把黄花产业作为脱贫攻坚、农民增收的主导产业，常抓不懈，面积从2万亩发展到了17万亩，涌现出黄花专业村109个，实现了12 194户29 722名贫困人口每人1亩黄花的目标。2020年，进入采摘期的黄花达9万亩，产值达11.18亿元，带动全区农民人均增收4 100元，所有贫困户全部脱贫，黄花成为云州群众的脱贫宝、致富花。云州黄花产业发展得到了习近平总书记的充分肯定。

一、明确发展方向，确立主导产业

　　云州区种植黄花有多年历史，素有"中国黄花之乡"的美誉。历史上受采摘劳力不足、晾晒场地不够、前三年没收益、冰雹病虫害等影响，一直是小规模种植，没有形成大产业。区委区政府在科学分析研判的基础上，把黄花确定为"一区一业"产业扶贫的主导产业，制订黄花产业

279

发展规划、特色产业精准扶贫规划，打破乡、村界线集中连片种植，发展了1个2万亩、8个万亩黄花片区，种植规模化、标准化程度不断提高。制定出台促进黄花产业发展的意见，成立领导小组和黄花办，加强政策扶持，全力跟进服务。每年年初召开推进会，总结现状，查找问题，研究解决办法；年中召开现场观摩会，组织乡村干部和群众到先进乡镇、农村观摩，与身边人对比算账，增强种植黄花的信心；年底开展"冬季行动"，组织发动群众，筹措资金，流转土地，联系秧苗，为来年开春种植做好准备。

二、多措并举支持，解决发展难题

一是坚持党建引领，解决"不敢种"问题。发挥党员带头作用，对于群众不敢种的，党员干部示范带头；对于有困难的，党员干部积极服务。把服务黄花产业发展作为考核基层党建工作的重要内容，作为考核、考察、考验干部的重要指标。全区610多名党员带头种植黄花，83名党员领办黄花合作社，各级干部深入田间地头、加工车间、销售市场解决实际问题。在党员干部带动下，全区300亩以上的种植户达到30家、10亩以上的1 080家。**二是落实种植补贴，解决"不愿种"问题**。财政累计投资4.1亿元支持黄花产业发展。2012—2016年对新植黄花给予每亩500元补贴，2017年起按照贫困人口人头1亩黄花要求，每亩补贴1 000元，对扶贫合作社统一流转土地种植的黄花，给予一定田间管理费补贴，解决了前三年没收成、不愿种的问题。**三是加强用工对接，解决采摘劳力不足问题**。每到采摘旺季，通过网络、微信、上门招工等形式，帮助种植户联系季节性采摘工人，对集中用工20人以上的，给予日食宿30元／人的补贴。灵活调整用工形式和补贴办法，动员社区居民、机关干部、中学生、贫困户参与采摘，既解决了用工难题，又促进了贫困户增收，采摘季贫困户采摘务工收入平均增加3 000多元。**四是强化金融支持，解决资金和风险问题。**创新实施"黄花贷"，发放2.87亿元小额贴息贷款，鼓励支持家庭种植户、合作社扩大面积和更新设施，凡种植黄花的均可享受到专项贷款，缓解资金不足问题。开办自然灾害保险和目标价格保险，种植户以每亩50元、100元投保，最高可获4 500元、5 400元的保险赔付。2020年，区内4家保险公司承保面积达到11.3万亩次，其中3.5万亩黄花遭受雹灾进入理赔程序，增强了农民抵御自然灾害、市场波动风险的能力。

黄花菜已成为大同市脱贫增收的"主打菜"

三、强化跟进服务，助推产业发展

一是水利服务，跟着黄花走。投资2.6亿元，实施万亩农田综合开发、土地整理、雁门关外生态畜牧交错带建设等12个项目，新增恢复灌溉面积22.68万亩。对连片种植200亩以上的，由水务部门免费打井取水，推广节水灌溉6.21万亩，基本满足了黄花高水肥的需要。**二是加工服务，盯着企业抓。**加大对新建和引进加工企业的扶持力度，区政府与市经建设投资公司联合投资2.13亿元新办黄花产业发展公司，建成4条黄花加工流水线，流转土地1.14万亩建设黄花种植基地。投资1.5亿元，对晾晒场、晾晒大棚和冷库建设进行补贴，满足加工需要。全区以黄花为原料的加工企业达到17家，开发了黄花酒、黄花酱、黄花面膜、黄花饮料等9个系列120多项产品。**三是销售服务，瞄准市场推**。创建大同黄花网、微信公众号，拍摄电影《黄花女人》，推广黄花菜宴，组织黄花龙头企业参加国内外大型农产品展销会，多渠道宣传推介黄花产品。实施电子商务进农村示范项目，建成119个区乡村三级电子商务服务点，帮助销售黄花等土特产品。大力推进消费扶贫，全市参与黄花销售扶贫的199个单位，销售总额达19 555万元，旅游销售1 800万元，餐饮销售300万元。**四是科技服务，围绕绿色帮**。发挥农科技术团队、专家指导团队的科技支撑作用，组织农业技术人员上门传授种植管理技术，监测虫害灾情，提供技术保障。完善绿色防控制度体系和追溯体系，推广绿色有机标准化种植，加强农业投入品监管，加大农产品质量安全宣教，统防统治、绿色防控、绿色有机标准化种植面积逐年增加，2020年绿色认证面积达到8.1万亩，获批首批全国绿色食品原料标准化生产基地。

内蒙古扎赉特

脱贫路上稻花香

扎赉特旗以水稻为主导产业，建设智慧农业示范区、农旅休闲体验区，创新开展"我在扎赉特有一亩田"订制活动，将水稻产业打造成三次产业深度融合的样板，水稻种植面积已发展到90万亩，带动1.8万农户户均增收1.5万元。

扎赉特旗是国家扶贫开发工作重点县，也是大兴安岭南麓片区集中连片特困旗。近年来，扎赉特旗将水稻产业上升到扶贫战略层面来抓，将产业发展与贫困户脱贫深度融合。经过这几年的努力，水稻种植面积已发展到90万亩，建成万亩水稻园区4个、千亩水稻示范基地15个，建设有机水稻、绿色水稻基地45万亩，建成水稻专业村54个，水稻加工企业达到13家。2020年水稻产量达45万吨，带动1.8万户农户、户均增收1.5万元，带动1 300户贫困户、户均增收3 250元。

一、培育主导产业

加大涉农项目整合力度，累计投入20亿元以上资金支持产业发展。以水稻产业为主导，建成全区唯一一家国家现代农业产业园，规划建设智慧农业示范区、农旅休闲体验区和养生度假风光园、休闲观光采摘园、两菊两稻产业园、农耕文化体验园、稻渔稻鸭生态园、定制认领示范园等"两区六园"，构建了布局科学、管理高效的现代农业发展新模式。制定系列政策文件，支持民营经济和新型经营主体创建农业产业基地，在基地认证、新品种推广、品牌创建等方面给予项目资金扶持，推进规模化、集约化经营。投入产业扶贫资金2亿元，实行"菜单式"精准到户产业扶贫，带动贫困户种植水稻5万亩，探索"阶段性验收、分批次奖补"模式，推动到户扶贫产业长期经营、持续受益。

二、坚持融合发展

大力发展农产品加工业和乡村旅游业，将水稻产业打造成三次产业深度融合的样板。引进内蒙古裕丰、恒大新谷园、荷马糖业、龙鼎集团、永胜屠宰加工等14家加工企业入驻产业园，实现年加工转化粮食40万吨，水稻可全部就地转化增值，加工转化率达到80%以上。在产业园内建设农旅休闲体验区10万亩，打造30公里农旅融合观光带和"稻田画""千亩花海"等稻田特色景观，建设"稻梦星空"稻田木屋和"佳稻里"农文旅融合项目，形成了"旅游＋农业观光""旅游＋农产品销售""旅游＋农耕体验"等多种农旅融合模式，年接待游客达到20万人次。创新开展"我在扎赉特有一亩田"订制活动，北京、山东、湖北、浙江、广东等一线城市的

扎赉特旗五道河子专业合作社的水稻收割现场

客户共认领"一亩田"1.1万亩，认购者可24小时视频监控，随时查阅档案，坐在家里收到"包邮"的订制农产品，实现了从"卖米"向"卖地"转变，提升了附加值，延长了产业链。

三、强化科技支撑

与中国农科院、中国农业大学等8家涉农科研院所建立长期协作关系，与 袁隆平 院士、赵春江院士合作共建院士专家工作站，壮大基层农技推广人才队伍，促进水稻产业发展和产业升级。建成4个水稻智能浸种催芽车间，全面提高水稻浸种和工厂化育秧水平，全年可浸种催芽2 400吨，覆盖水稻种植面积60万亩。建设"物联网＋智慧农业"科技服务管理中心，具有田间智能设备管控、市场信息采集发布、农产品质量追溯等功能，服务25家龙头企业、93家合作社、近300个种养大户，直接受益人口5万多人。建设中心实验室，开展水稻良种繁育、土壤理化性质分析及有机肥监测配比等研究，成功繁育水稻优质品种9个，推广面积50万亩以上，为"扎赉特大米"提供品种和品质保障。大力推广膜下滴灌水肥一体化旱作水稻技术，发展旱作水稻12万亩，建成全国最大的旱作水稻集中连片种植区，有效破解了北方水稻种植与水资源相对短缺之间的矛盾。

四、突出品牌建设

实施"兴安盟大米·扎赉特味稻"品牌战略，积极引导新型农业经营主体开展绿色、有机、地理标志农产品认证，全面加强区域公共品牌推介力度，已认证"两品一标"产品16个，创建盟级企业品牌12个、区级企业品牌2个。组建扎赉特大米产业协会，规范水稻产业发展，组织水稻加工企业参加各类商品展洽活动，兴安岭、雨森、魏佳系列品牌享誉区内外，蒙源、绰勒银珠、极北香稻3个品牌大米被选定为2020年第十四届全国冬运会指定用米，进一步提升了市场影响力和竞争力。与阿里巴巴、京东、苏宁易购、抖音等知名互联网企业合作，建设扎赉特旗"苏宁易购旗舰店""天猫旗舰店""京东扎赉特馆"等电商平台，2019年大米线上销售额达到1亿元以上，对外知名度进一步提升。

五、创新金融助力

出台《扎赉特旗国家现代农业产业园中央财政奖补资金折股量化办法》，推行整村持股、村集体持股、贫困户持股3种财政资金折股量化方式，引导贫困户持土地、资金和技术入股农民专业合作社，每年贫困户人均分红收益达到3 000元以上。成立水稻产业化联合体，实行"统一生产标准、统一扶持政策、统一品牌打造、统一服务调度、统一利益分配"，建立裕丰"助贷"、魏佳"期货"等利益分配模式，通过金融互助和期货增值等方式，有效解决了新型经营主体起步阶段融资难、贷款难问题，企业、合作社、农民之间建立起一条稳定的产业链和资金链。裕丰"助贷"模式投放贷款达到8 200万元，受益企业、合作社共27家，优先安排贫困户就业300余人，贫困户实现了"一块土地两份收入"，不仅可获得每亩500元的稳定土地租金收益，还可通过劳务用工每年增加工资性收入1万余元。

河南正阳

花生产业园走出传统农区脱贫路

正阳县以建设花生现代产业园为抓手，实施花生全产业链发展战略，实现由卖"原字号"向精深加工、由一产独大到三产融合、由传统产业向装备集群、由大众花生向品牌花生的跨越，走出了传统农区脱贫攻坚与县域经济发展良性互动的新路子。

正阳县位于河南省驻马店市东南部，总人口86万，有贫困户2.86万户8.05万人，是大别山革命老区。在脱贫攻坚中，正阳县以建设花生现代产业园为抓手，依托当地传统的花生种植资源，倾力打造全域化、全覆盖、全产业链的特色优势产业体系，花生种植面积170多万亩，既有效带动了全县90%以上贫困户增收脱贫，也发展壮大了县域经济实力。在花生产业的带动下，县域经济由2016年河南省第89位上升到2019年第48位，花生产业综合收入280亿元，品牌价值116.51亿元，走出了传统农区脱贫攻坚与县域经济同频共振、良性互动的新路子。

一、科学谋划，探索创新花生产业扶贫路子

一是强力谋划推动。先后承办国际花生产业大会暨花生文化交流研讨会、全国花生产业发展论坛、全国花生生产全程机械化推进现场会、全国现代农业产业化首席科学家大会等高层次研讨，为正阳花生产业发展把脉会诊、出谋划策。与中国农科院、河南农科院等7家科研单位结成科技帮扶对子，建立1个院士工作站、5个博士工作站。培育国内一流的花生标

准化生产、高度集群的花生食品精深加工、农村一二三产业融合发展、花生全程机械化示范"四个基地",建成花生良种繁育、加工研发、产品质量检验检测、产业双创孵化、产品电商物流、文化展览展示传播"六个中心"。**二是集聚要素发展。**发挥尽锐出战、集中力量办大事的体制机制优势,多规划衔接、多部门协调,统筹各类资源优先安排在花生产业发展上,财政支农资金最大限度用于花生产业结构调整上,专项扶贫资金、相关涉农资金和社会帮扶资金捆绑集中到花生全产业链上,优先解决科技含量高、对花生产业和农户带动能力强的龙头企业和农民合作社的建设用地需求,促进花生产业做大做强。**三是补齐产业链条。**实施花生全产业链发展战略,引进全国40余家龙头企业,全县形成了以国家现代农业产业园为龙头的特优第一产业,以鲁花、君乐宝、维维、花生天地、正花集团、农业机械现代产业园为支撑的强劲第二产业,以正阳渤海花生交易中心、正阳电商服务中心等为平台的新兴第三产业,从生产、收获、加工、销售等全程加快产业化发展。

二、创新方法,多措并举推动稳定脱贫增收

一是创新模式。构建"政府+科研机构+花生龙头企业+花生合作社+贫困户"扶贫模式,通过金融、产业就业奖补等政策激励,引导龙头企业和合作社、贫困户建立利益联结机制,将新技术新模式运用到产业扶贫主战场,把企业连到扶贫链上,让贫困户富在产业链上,共同带动贫困群众通过花生产业"抱团发展",实现保险式造血扶贫。**二是用活政策。**县财政每年投入6 000多万元项目资金,对贫困户全覆盖,采取"六统一"模式,让贫困户种植花生产销无忧。每年拿出3 000万,对贫困户种植高油酸、优质花生每亩奖励500元、300元;对以花生壳为原料种植食用菌的每袋奖励1~2元,对把花生秸秆销售给带贫企业

的每吨奖励100元。把到户增收等扶贫资金入股到企业或合作社，让无劳无智无人赡养的"三无"贫困户当股东，户均年增收2 000元以上。采取"公司＋合作社＋贫困户"方式，与企业签订带贫协议，发放信贷资金3.3亿元，带动6 733户贫困户，户均年增收3 000元以上。**三是利益联结**。成立花生产业助推精准扶贫协会，带动贫困户学习技术、创业就业。对外出务工和没有劳动能力的贫困户实行土地托管扶贫模式，从花生种植到销售等各环节实施全程托管，起到"你外出挣钱打工，我帮你在家种花生"的效果。全县托管土地69万亩，带动5 890户贫困户持续稳定增收。

三、激活动能，引领县域经济发展提质增效

一是科技引领。与全国花生首席科学家张新友院士团队和国家花生产业技术体系合作，培育、研发、推广花生新品种16个，转移转化科技成果73项，以起垄种植、病虫害防控绿色栽培的"正阳模式"在全国推广，被农业农村部批准为河南省唯一的花生良种繁育基地和全国绿色食品原料标准化生产基地。成立"正阳花生学校"，依托农广校、农机校等培训机构，培训高素质农民12 273人，组织现场会、科技直通车等拉网式培训农民13万人次，提高了农户农业生产技术水平。**二是吃干榨净**。把花生秸秆、花生壳加工成饲料向外销售，发展牛、羊、猪养殖，种植食用菌，利用牛、羊、猪粪便制作有机肥，实现循环利用闭环发展。全县花生秸秆收储加工企业1 500多家，年加工花生秧50万吨以上。花生产业"三链同构"，实现了由人工耕作向全程机械化、由种花生向种花生种子、由卖"原字号"向精深加工、由一产独大到三产融合、由传统产业向装备集群、由大众花生向品牌花生的"六大跨越"。**三是辐射带动**。以花生为媒大力开展外引内培、招大引强，引入花生精深加工企业32家、花生机械生产企业38家，

特别是花生机械畅销全国，并出口到"一带一路"国家和地区。建成全国首家县级花生网上交易平台正阳县渤海花生交易中心，成为全国花生的价格中心和交易中心。全县19个乡镇全部建成电商物流服务站，实现村级电子商务服务全覆盖。全县电商经营主体达到8 500多家，建立电商直采基地40余个，带动5 700多贫困户增收。

湖北咸丰

绿色茶山变成金山银山

咸丰县坚持科学规划引领，按照"基地做绿、加工做深、龙头做强、品牌做响、销售做畅、链条做长"的思路，建设白茶、乌龙茶、红茶为主的3个重点茶叶种植区，打造"唐崖"农产品区域公共品牌，茶产业带动全县1/3人口增收致富。

咸丰县地处武陵山腹地，是国家级重点贫困县，也是农业农村部定点扶贫县。近年来，咸丰县立足生态优势，抢抓脱贫攻坚、定点帮扶和东西部协作等政策机遇，按照"基地做绿、加工做深、龙头做强、品牌做响、销售做畅、链条做长"的思路，做好"小茶叶"这篇高质量扶贫的"大文章"。全县茶叶面积27.45万亩，从业人员14.2万人，超过全县人口的1/3；产业发展覆盖建档立卡贫困户2.8万户8万人。2020年4月，经湖北省政府公告，咸丰县正式摘下了"贫困县"的帽子，真正实现了"茶乡因茶而美，茶农因茶而富"。

一、坚持高起点谋划，产业做强促脱贫

"濛濛丝雨润山川，夏在唐崖意盎然"，咸丰县降水丰沛，云多寡照，十分适宜茶树生长，是全国茶叶优势生长区。在农业农村部的帮扶下，咸丰县依托中国农科院茶叶所、农业农村部规划设计院等单位，编制了《茶叶产业发展"十三五"规划》《茶叶特色优势区发展规划》等规划，明确了以茶叶为主导的产业扶贫思路，并出台了一系列政策措施，重点建设

白茶、乌龙茶、红茶为主的3个重点茶叶种植区，打造200公里茶叶观光带、7个茶叶专业乡镇和62个茶叶专业村，茶叶产业发展的格局基本形成。2017年，咸丰县引进浙江安吉茶叶集团，带来了安吉白茶的种植经验与技术，提高了全县白茶的种管水平。咸丰已累计发展白茶13万亩，占全县茶叶面积的48%；建成600亩名优茶树繁育基地，年产优质茶苗1.68亿株；有机、绿色认证的茶园基地10.5万亩。

万亩茶叶助力咸丰县贫困群众脱贫致富

二、坚持高层次支持，质量做优促脱贫

坚持把高新技术作为茶叶产业壮大的支撑点，与国家茶叶产业技术体系等科研单位签订技术合作协议，开展科技扶贫行动；打造县级产业扶贫技术专家组、乡镇专业管护服务队、村级技术指导员三级联动的技术队伍，在育苗、种植、管护、采摘等生产环节，对茶农进行全过程、常态化指导；制定茶叶生产规程和加工标准，以标准化提升产品质量，以规范化促进产业健康发展；引进自动、规范、安全的生产机械，改进工艺流程，

分类生产包装大宗茶、名优茶和高端茶，满足不同层面、不同类别的消费需求。2015年以来，利用中央单位定点帮扶优势，积极争取农业农村部和东西部协作等部门支持，整合各类项目资金近3亿元，投入茶叶全产业链建设，补齐产业发展的薄弱环节，产业效益和市场竞争力明显提升。2020年全县茶叶亩均收入达到7 000元，比2015年增长130%，为巩固脱贫攻坚成果、防止返贫提供了坚实的保障。

三、坚持高成长培育，龙头做优促脱贫

按照"打造一批龙头、带动一片经济、致富一方百姓"的思路，精心谋划包装茶叶招商引资项目，打造配套完善、承载力强的园区厂房，引进和培育了安吉茶叶集团、正邦集团、宝源生态农业等一批高成长茶叶龙头企业。支持县内茶叶企业通过技术改造、并购重组、租赁转让等方式壮大企业规模，形成龙头效益。全县共有茶叶加工企业94家，其中省级茶叶龙头企业4家、市级茶叶龙头企业19家、QS认证企业16家、ISO质量认证企业10家。近3年，茶业经营主体累计吸引投资超15亿元。2020年全县累计加工春茶干毛茶5 343吨，同比增长17.2%，实现春茶综合产值11亿元。作为农业农村部金融支农创新服务试点县，新冠肺炎疫情防控期间，咸丰县协调各类金融机构向茶企发放贷款7 900万元，保障春茶采收和生产顺利进行。

四、坚持高价值定位，品牌做响促脱贫

为彻底扭转企业各自为阵、品牌杂乱无序的局面，坚持高价值定位，充分利用"唐崖土司城遗址"这张世界级文化遗产名片，打造"唐崖"农产品区域公共品牌，制定品牌管理制度、质量可追溯制度、加工标准和技术流程，"唐崖茶"成功通过国家农产品地理标志认证。抓住互联网营销

爆发式增长的机遇，积极参与"为鄂拼单""湖北重启、抖来助力"等公益直播活动，推进"唐崖"品牌利用互联网走向全国，走进更大的消费市场。2020年4月，咸丰县唐崖茶市正式投入运营，县内主要茶企悉数入驻，为各地客商和来咸观光游客提供了便捷的茶叶购销平台。在新冠肺炎疫情防控和春茶产销的关键时期，茶市开通了咸丰至浙江的物流专线，帮助销售干茶200多吨，总价值1亿元，确保了春茶生产和农户收入没有受到疫情的影响。

五、坚持高效益联结，链条做长促脱贫

积极探索产业链齐全、利益链紧密的茶叶扶贫模式，在建链、补链、强链上下功夫，逐渐形成多方共建、利益共享的发展思路。吸引和鼓励农业龙头企业、农民专业合作社、家庭农场、专业大户等市场主体带动贫困村建立产业基地，打造"公司＋农户""公司＋合作社＋农户"的组织形式，形成了90家茶企带动200多个农民合作社和2万多贫困户的"抱团式"扶贫格局。硒源山茶业有限公司领办益民农特产品专业合作社，采取"公司＋合作社＋农户"的方式带动农户600户，户均增收5 000元。在单纯产品收购的基础上，积极落实"千企帮千村"，探索企业直接带动的扶贫模式。组织101家企业扶持66个重点贫困村发展主导产业，奇泉茶叶公司带动了4个重点贫困村526户贫困户，每户贫困户增收3 000元。

广西百色

金芒果圆了老区群众致富梦

　　百色市利用右江河谷独特气候条件大力发展芒果产业，制定百万亩芒果产业发展规划，规范芒果育种、种植、管理、采收等生产标准，建设现代特色农业示范区，推动芒果产业"接二连三"，芒果成为全市农民群众的"致富果""金元宝"。

　　百色市是集革命老区、少数民族地区、边境地区、大石山区、贫困地区、水库移民区"六位一体"的特殊区域。近年来，百色市坚持扶贫产业开发优先战略，利用右江河谷独特的气候条件，聚焦品质、品牌与益农增收，大力发展芒果生产，推动百色芒果畅销全国。百色芒果种植面积稳定在132万亩，其中投产面积85.01万亩，产量77.04万吨，鲜果产值45.77亿元。全市以芒果为主导产业的乡镇达45个，覆盖490多个行政村，其中贫困村208个，贫困户3.85万户12.29万人，芒果产区年收入突破10万元的农户达1.1万户，芒果成为全市农民群众的"致富果""金元宝"。

一、强化规划引领，加大政策支持

　　制定百万亩芒果产业发展规划和实施方案，右江、田阳、田东、田林四个芒果主产县（区）出台芒果种苗补贴办法等配套政策，重点规划引导芒果产业向适宜种植的贫困地区发展。"十三五"期间累计投入4亿元用于种苗补助、肥料补助、水利配套、品牌建设等方面。建立"政、银、农"良性互动机制，将芒果种植保险纳入政策性农业保险财政补贴范围，降低农户发展芒果产业的成本和风险。全市六大类27家银行金融机构实现金融服务贫困村全覆盖，累计为贫困户发放贷款79.9亿元，政府贴息1 296.13万元。

二、强化科技服务，统一生产标准

从"标准"方面着手，提高贫困群众种植芒果的技术水平，提升芒果品质，推动芒果产业现代化发展。与中国热科院等科研院所建立合作关系，聘请国家级芒果领域权威专家，带领百色芒果研究院等单位的技术人员开展芒果技术创新，制定颁布广西地方标准《地理标志产品百色芒果》，推行《百色芒果农产品地理标志技术规范》等生产标准，规范育种、种植、管理、采收等生产环节。为每个芒果主产乡镇配备2名以上芒果技术推广人员，每年选派技术骨干深入村屯、果园开展"有奖式技术培训"，推动果农学技术用标准，年培训果农近10万人次，切实提高种植户的科学管护水平。

三、强化主体培育，完善带贫机制

加大新型农业经营主体培育引进力度，扶持龙头企业建设完善标准化生产设备设施，通过"龙头企业＋专业合作社＋贫困户"等形式，把分散经营转变为有组织、有分工的产业化、规模化经营。推动龙头企业利用市场和技术优势，实行无偿技术服务及"订单式"购买，实现产销一体化。鼓励引导种植规模小的散户参加专业合作社抱团生产经营，或将土地、果树、劳力等量化资金入股参与经营，每年享受固定比例收益。全市有12家从事芒果种植、流通、加工等生产经营的重点龙头企业，202个芒果专业合作社，经营百亩以上的种植大户逾3 500户，每年从散户果农手中直接收购的芒果产品总额逾10亿元。

百色芒果成为老区铸造的农民增收致富"金元宝"

四、强化园区建设，延长产业链条

依托现代特色农业示范区建设，通过"平台助推、带资入股、返包管理、产业融合"的模式，推动芒果产业"接二连三"。由平台公司统一租赁土地对园区进行规划建设后，引进企业和贫困户；引导贫困户以政府贴息的小额扶贫贷款入股参与示范区建设，由"农民"变为"股民"；让有意向、有技术、有能力的贫困户进行返包经营，根据经营状况给予红利提成；建设农民工创业园、引进农产品精深加工企业、发展休闲度假和旅游观光等，拓展产业的多功能性并增加就业岗位。全市已建成7个以芒果为主导产业的现代特色农业（核心）示范区，在园区的辐射下已发展芒果加工企业4家，带动3 600名贫困群众从事芒果生产经营。

五、强化品牌打造，畅通销售渠道

将辖区内种植的芒果统称为"百色芒果"，作为百色的城市名片之一来打造，实现了城市与产品共同宣传。"百色芒果"成为2017年首批中国—欧盟农产品地理标志互认的35个农产品之一，入选中国品牌价值评价信息区域品牌百强榜单、中国农业品牌目录。推广和规范农产品地理标志使用，实施统一一个上市开采日期、举行一场百色芒果新闻通气会、开展一系列大城市推介活动、打造一个百色农产品电商平台"四个一"工程，以品牌撬动市场，解决农产品销售问题。"百色芒果"在国内省会及以上城市基本都建立了销售网络，参与销售的电商上万家。2020年，全区共收寄百色芒果快件量约1 650万件。

六、强化质量监管，提升发展质量

推动芒果龙头企业建立农产品质量安全追溯系统平台，完善投入品管理、生产档案记录、产品检测、产品准出和质量追溯等管理制度，农产品农药残留检测信息数据联网平台信息数据实现区、市、县、乡四级互通交流。每年4月至7月上旬，全市农业执法队伍组成检查组，深入芒果主产县（区）开展芒果生产投入品专项整治"百日行动"，对农资市场开展植物生长调节剂、高毒禁限农药、违规药肥等专项检查，对芒果种植基地开展投入品仓库、投入品质量安全管理制度、生产档案记录、农业投入品使用记录及果品套袋使用等专项检查。在每年的农产品交叉例行检测中，芒果样品检测合格率达100%，多年来无任何质量安全投诉或产品质量安全问题。

重庆巫山

生态脆李谱写扶贫大文章

> 巫山县因地制宜发展"巫山脆李"生态小水果，明确专项扶贫资金的70%用于产业扶贫，建立县级专家团队、乡镇技术骨干、村级技术队伍、种植能手和果农"五层"技术服务体系，全县脆李种植面积达28万亩，带动10130户贫困户稳定脱贫。

巫山县位于重庆市最东端，地处三峡库区腹心，被喻为"渝东门户"。近年来，巫山县结合立体性气候特征，因地制宜发展"巫山脆李"生态小水果，走出了一条以脆李产业为依托的产业扶贫之路。全县脆李种植面积达28万亩，进入丰产期10.5万亩、产量12万吨、产值13.4亿元。全县脆李种植户达5.2万余户，带动10130户建卡贫困户稳定脱贫。"巫山脆李"品牌价值逐年攀升，现已达到19.08亿元，位居全国李类品牌第一位，被行业评为"2020年中国果业优秀扶贫品牌"。

一、创新工作机制，规划实现"科学化"

编制巫山脆李产业发展规划，将巫山脆李定位为优化农业结构、提升农业效益、促进农民脱贫致富的山地特色高效主导产业，按照"项目围绕规划做、资金围绕项目投"的原则，推动产业集约化、标准化和商品化发展。成立县主要领导任组长的产业发展工作领导小组，组建果品产业发展中心，各乡镇成立相应组织机构，建立"321干部对接"机制，按乡镇主要领导3个、分管领导2个、中层干部和驻村干部1个的任务对接脆李种植主体，配套出台《巫山县干部对接脆李管护绩效考核办法》，将脆李产业发展纳入重点部门和乡镇年度经济社会实绩考核，层层压实责任推动脆李产业持续健康发展。

二、强化政策支持，种植实现"规模化"

巫山县整合各类上级资金1.15亿元用于脆李产业发展，县财政安排1 500万元用于脆李产业发展，并坚持逐年递增10%以上。精准投放产业扶贫资金，明确财政专项扶贫资金的70%用于产业扶贫，对有劳动能力和意愿发展脆李产业的贫困户免费提供种苗。量身定制金融扶贫产品，为贫困户提供免抵押、免担保、贴息贷款，覆盖了25.3%以上的贫困人口。创新脆李收益保险产品，脆李种植大户和贫困户保险覆盖率达100%，解决产业发展后顾之忧。全县22个乡镇135个村发展种植脆李，其中贫困村达88个，贫困户种植29 549亩，形成了县有万亩示范园、乡镇有千亩示范片、村社有百亩精品园的规模效益发展格局，脆李亩产收益达1.6万~2万元。

三、补齐发展短板，管护实现"标准化"

与中国农业大学、西南大学、辽宁省果树研究所、重庆市农科院果树所等科研院所合作，成立巫山脆李研发中心、博士后工作站等机构，开展脆李产业全产业链创新研究。建立县级专家团队、乡镇技术骨干、村级技术队伍、种植能手和果农"五层"技术服务体系，每年重点培训乡镇技术人员200余名、村级技术人员及"田秀才""土专家"1 000余名，编制《巫山脆李优质高效生产技术》，大力推广巫山脆李果园标准化管理技术，统一果园建设标准、果树管护标准和果品质量标准。通过购买专业社会化服务方式，针对贫困户集中开展整形修剪等关键技术管护，对脆李种植贫困户实现培训"全覆盖"、精准管护"全覆盖"。

四、完善利益联结，经营实现"组织化"

支持农户以土地"单户经营"或"联户经营"的方式，发展20～50亩规模的家庭果园1 317个。同时引入社会资本建设50亩以上大业主果园，重点培育龙头企业、专业合作社、家庭农场等经营主体，对新建50亩以上脆李园的种植主体，只要达到建园及管护条件，分两次共给予500元／亩的补助，成功发展脆李种植大户4 850户。按照"龙头企业＋基地＋贫困户"模式，通过土地租赁、作价入股、经营权托管、订单农业、技术承包服务、就地务工等方式增加贫困户收入。福田镇松柏村探索股权化改革，村民把土地资源作为资产，整合土地2 050亩加入村集体组织，村民按照土地等级以1∶1.3或1∶1.4作为股份，统一种植、统一管护、统一销售，带领贫困户36户121人实现脱贫增收，村集体经济收入达140万元。

五、强化品牌打造，产业实现"品牌化"

围绕"巫山脆李、李行天下"品牌文化不断丰富其内涵和外延，着力打造"巫山脆李"公用品牌。先后获得国家地理注册商标、国家地理标志产品、中华名果、中国脆李之乡、全国优质李金奖、全国名特优新农产品、中国特色农产品优势区等一系列"含金量"十足的品牌荣誉，对产业发展起到了加速推动作用。为持续巩固品牌，建立脆李种植质量安全追溯与监管体系，实现标准化生产和绿色防控。

六、推进产销对接，营销实现"市场化"

立足市场需求，构建多点支撑销售渠道，策划巫山脆李宣传片，开通巫山脆李官方网站和官方微信服务号，加强专业合作社、种植大户与水果经销商合作，健全巫山脆李"订单"式销售机制。依托全国水果商网络，巫山脆李已销售至北京、上海、福建、广东、香港等地。利用农交会、西洽会等大型交易平台推介巫山脆李，每年在重庆、成都、嘉兴、广州、北京、烟台等地举办推介会，组织本地种植大户、销售团队对接拓展销售市场。大力发展农产品电商，实施产地采摘到消费者手中"48小时"行动，实现线上线下销售全面发力，不断降低物流成本，提高消费者购买体验，推动产品顺产畅销。

甘肃环县

现代羊产业带动农民脱贫致富

> 环县利用脱贫攻坚政策机遇，按照全产业链、全价值链、全循环链发展思路，出台48项配套政策支持羊产业发展，构建党政、企、社、村、户"五位一体"肉羊产业联合体，全县羊饲养量达到210万只，走出了羊产业绿色循环高质量发展、千家万户发羊财的产业扶贫路子。

环县是甘肃省23个深度贫困县之一，共有215个贫困村、16 820户贫困户、66 519名贫困人口。近年来，环县抓住脱贫攻坚机遇，按照全产业链、全价值链、全循环链发展的思路，坚持结构调优一盘棋，推动以肉羊为主向肉奶并重转变；坚持引育繁推一体化，推动品种杂繁向杂交改良转变；坚持种养加销售一条龙，推动卖肉羊向卖羊肉转变，构建肉用羊、奶山羊、黑山羊"三羊开泰"的产业体系，走出了羊产业绿色循环高质量发展、千家万户发羊财的产业扶贫路子。2020年全县羊饲养量达到210万只，带动2.77万户贫困户实现脱贫，全年农民人均羊产业收入超过5 000元。

一、坚持"五位一体"建机制

一是党政抓统筹搞服务。编制羊产业发展规划，出台48项配套政策，全方位支持羊产业发展。对企业实行办事零障碍、服务零距离、企业零跑路的服务，为合作社、农户提供"一对一、手把手"的指导，保障经营主体不断发展壮大。**二是企业供良种提质量**。建办百万只肉羊屠宰加工厂，配套建成3个万只基础母羊繁育场和1个5000只育肥待宰场，依托繁育场向合作社供应湖羊良种，屠宰厂保护价收购、满负荷生产、统一加工销售。采取"政府配股建设、企业租赁经营、贫困村户分红收益"的轻资产模式，建办肉羊制种基地，引领羊产业高质量发展。**三是合作社当纽带搞育肥**。扶持创办带贫养殖合作社368个，实现村村都有示范社，通过"户托社养""投羊还羔"、订单养殖等方式，把养羊户、种草户聚集在产业链上。推行1个示范社帮带1个一般合作社、引领100户群众共同发展的帮带机制，组织千家万户搞生产、闯市场。**四是扶持农户抓扩繁发羊财**。出台种羊、棚圈、草棚、饲草机械"四项物化补助"政策，开展有良种、有良舍、有良料、有良医、有农机配套服务，扶持农户发展规模养羊，全县养羊农户达到4.8万户。养羊专业户以25只基础母羊起步，一年饲养量达到100只，收入5万元保脱贫；两年饲养量达到200只，收入10万元奔小康；三年饲养达到400只，收入30万元实现富裕。**五是村集体搞协调享红利**。以村集体为主宣传政策、组织生产，统筹抓好要素供给、内外关系协调等，设立村集体经济发展基金3.7亿元，通过创办合作社或参股龙头企业、合作社，每年按不低于6%分红，村均集体收入达到6万元以上。

二、坚持"五好标准"创品牌

一是好地好肥种好草。按照"新增一只羊，新种一亩草"的思路，扶持龙头企业种好商品草，合作社就近流转土地种好订单草，千家万户种好自用草，每年梯田种草70万亩以上，形成了"有机草→有机羊→有机肥→有机草"的种养互补良性循环。**二是好草好方配好料**。建成12万吨饲料加工厂，开展精补料和浓缩料加工，向合作社、养殖户试点供应全混合日粮和全发酵日粮，由"有什么喂什么"向"需什么喂什么"转变。全面推行"分圈养""分灶吃"的健康养殖模式，提高生产效率。**三是好料好种育好羊**。大力推广"三级二元"杂交繁育模式，补齐育肥环节短板，已建成育肥场8个，年出栏规模50万只。**四是好羊好厂出好品**。建成百万只肉羊屠宰加工生产线和10万级低温净化车间，开发"中盛环有"系列产品80多种。支持伟赫乳业创建18万吨乳制品加工厂，打造30亿元级有机高端羊乳产业链。**五是好品好评卖好价**。大力实施品牌战略，创建"环乡人"农产品区域公共品牌，"环县羊羔肉"荣登全国十佳羊肉品牌榜首，带动环县羊肉平均溢价20%以上。

三、坚持"五化保障"强服务

一是党建引领标准化。坚持把党支部建在产业链上、把党员聚在产业链上、把农民富在产业链上，先后在羊产业链上建标准化龙头企业党支部4个、村合作社党支部23个、党小组119个，有220多名优秀党员干部、3 480名农民党员活跃在产业链上，在产业一线考察提拔优秀干部18名，为羊产业发展壮大起到了关键引领作用。**二是资金保障多元化**。累计投入产业资金68.56亿元支持羊产业发展。在养羊专业村，发放"金羊产业贷"，全面推行零担保、零抵押、零跑路，贷款不出村、还款不出户、资金不乱用"三零三不"信贷模式，注入担保及风险基金2亿元，累计撬动产业信贷资金55亿元，打通金融服务"最后一公里"。**三是养殖团队专业化**。与中国农科院、甘肃农大等科研机构合作，成立了"一院三所"，搭建产学研平台。大力实施"百千万"人才引育工程，引进国内外养殖行业专家110多名，组建了国际、国内和地方3支技术团队，合力推动肉羊养殖降本提质增效。**四是养羊风险保障化**。县财政每年列支2 000万元保险补贴，推行肉羊全产业链价格指数保险，每只羊保费70元、保额1 400元，胴体目标价格56元／千克，实行企业、合作社、农户、金羊产业基金四方联保，一保五年、按季收保、当年兑保，构建合作共赢的立体化风险保障网。**五是疫病防控社会化。**率先开展无规定动物疫病区创建，每年安排防疫经费1 000万元用于专业化防疫，成立了"环县羊产业120平台"，通过全覆盖检测、无害化处理，净化养殖环境，严格落实羊只调引落地免疫制度，有效增加了防疫密度，提高了防疫质量。

四川苍溪

农民群众搭上猕猴桃产业"致富快车"

苍溪县坚持"三园联动",以县建现代农业产业园、村建"一村一品"示范园、户建自强脱贫增收园为抓手,强化加工转化、冷库建设、品牌营销、科技服务,创新"四保四分红"利益联结机制,红心猕猴桃成为农民增收致富的支柱产业。

苍溪县是川陕革命老区、国家级贫困县、秦巴山区连片扶贫开发工作重点县,总人口76万,有214个贫困村、2.7万贫困户、9.2万贫困人口。近年来,苍溪县按照四川省十大优势特色产业和广元市七大全产业链发展布局,以县建现代农业产业园、村建"一村一品"示范园、户建自强脱贫增收园"三园联动"为抓手,强化加工转化、品牌营销、新型主体、要素保障"四个带动",大力推动以红心猕猴桃为主导的特色产业发展,种植红心猕猴桃39.5万亩,贫困户产业覆盖率达89%,带动214个贫困村、2.4万贫困人口人均增收6 360元。

一、坚持"三个到底",规划脱贫大产业体系

一是规划引领,一张蓝图绘到底。坚持产业扶贫与产业振兴接续发展,按照"一核多园四链"总体思路,科学布局现代农业产业园85个,构建现代农业与食品医药、文化旅游、生态康养等产业大融合格局。二是立足资源,一套产业抓到底。坚定不移推进红心猕猴桃、中药材、健康养殖"三个百亿产业"集群发展。"三个百亿产业"的综合产值已分别达到53亿

元、37亿元、65亿元。**三是接续传承，一届一届干到底。**历届县委县政府不忘初心，持续三十年抓一个猕猴桃产业，创成世界红心猕猴桃原产地、中国红心猕猴桃第一县，建成乡村旅游示范县、电子商务进农村综合示范县。

二、坚持"三园联动"，把贫困户带入产业脱贫快车道

一是县建现代农业产业园。坚持每年规划建设1～2个万亩以上现代农业产业园，将区域内有条件的贫困村、易地扶贫搬迁集中安置区纳入园区建设体系，累计已建成万亩以上现代农业产业园19个，连片

苍溪红心猕猴桃成为秦巴山区脱贫致富"黄金果"

发展红心猕猴桃23万亩，带动区域内52个贫困村连片增收脱贫。**二是村建"一村一品"示范园。**在产业园覆盖不到的村，规划建设"一村一品"示范园447个，带动贫困户人均实现增收4 100元。桥溪乡川主村2016年建成500亩红心猕猴桃"一村一品"示范园，带动全村33户贫困户人均增收5 200元。**三是户建自强脱贫增收园。**对有发展意愿、发展能力的贫困户，支持建设增收脱贫自强园（自强农场）1.56万个，实行品种统改、技术统训、农资统供、品牌统创、产品统销和贫困户分户生产的"五统一分"模式，实施政策资金、订单保单、干部帮联、技术培训"四个到户"的帮扶措施，激发贫困群众内生发展动力，户均实现产业收入5 600元。

三、强化"三链融合",留给贫困户更广阔的增收空间

一是做长加工转化增值链,促进贫困农户就业增收。大力发展农产品初加工,带动农产品就地出售、贫困户就近就业增收,坚持每两个村建1个冷藏保鲜库,全县累计建成乡村冷库339个,红心猕猴桃在冷库储存3个月后,平均每千克增值达20元以上。发展农产品精深加工,培育红心猕猴桃加工企业27家,开发系列加工产品36个。建设东西部扶贫协作加工园和扶贫车间,带动贫困户务工就业1 580人。**二是打造产销对接营销链,促进产品溢价带农增收。**通过实施"母子"品牌战略,培育"梁公子""一颗红心"等系列品牌27个,苍溪红心猕猴桃荣登中国品牌价值百强榜,品牌价值达63亿元。2020年,猕猴桃产地鲜果收购价每千克20元,比全国同类产品每千克高出5～8元。率先在全国建成扶贫产品营销服务中心,统一使用"四川扶贫"公益商标,年销售特色农产品与扶贫产品25万吨,农产品电商销售率达到35%以上。强化冷链物流配套,建成县级冷链物流中心4个,乡镇、村物流快递覆盖率分别达100%、67%。**三是拓展农旅融合增收链,开辟贫困户增收就业渠道。**按照"一个特色种植园就是一个旅游景区"的思路,建成农旅融合A级以上景区10个,开发红心猕猴桃等系列旅游商品21个,举办红心猕猴桃采摘节和国际合作发展大会,成功创建全国休闲农业与乡村旅游示范县。2019年,全县农旅融合产值达14.7亿元,带动贫困户年人均增收600元。

四、创新"三大机制",让贫困户更多分享产业增值收益

一是创新"四保四分红"利益联结机制。探索保土地租金、保贫困农户就业、保农产品订单收购、保产业发展风险和生产托管超产分红、订单收购二次返利分红、果品存储增值分红、集体资产收益分红"四保四分

红"农企利益联结机制，带动全县1.82万贫困户增收脱贫。**二是创设政策扶持和风险防控机制**。制定出台各类产业扶持政策32条。2019年，全县整合涉农资金6.4亿元，撬动新型主体和农户投入10亿元，创新"政担银企户"等金融产品，发放扶贫贷款7.15亿元，交易土地增减挂钩节余指标实现县本级收入5亿元，全部用于脱贫攻坚，惠及贫困户2.4万户。红心猕猴桃保险覆盖和风险防控率分别达80%、85%。**三是创新科技人才支撑机制**。与北京大学、新西兰皇家科学院等国内外知名高校合作，建立院士专家站和产业技术联盟，开展良种选育，攻克溃疡病防治难题，推动统防统治、水肥一体化、智慧农业发展和农业实用技术人才培训，先后选育红华、红美、红　等系列品种16个，实现了"一棵苗到一百万亩"的跨越，技术创新获省级及以上奖励11项，国家专利18个，种植猕猴桃的贫困户，户均实现有1个以上技术明白人。

云南怒江

绿色草果撑起脱贫一片天

　　怒江州实施百万亩草果提质增效工程，建成111万亩的全国草果核心主产区，建设集加工、研发、商贸、展示、文化、旅游为一体的香料产业园区，草果产业成为全州带动力最强、辐射面最广、贡献率最大的扶贫产业。

　　怒江州是"三区三州"深度贫困地区之一，是集边疆、民族、贫困山区为一体的集中连片贫困地区，是习近平总书记最牵挂、最关心的地方之一。近年来，怒江州深入贯彻落实习近平生态文明思想，牢固树立"绿水青山就是金山银山"的发展理念，立足独特区位和良好资源禀赋优势，坚持把以草果为主打的绿色香料产业作为脱贫攻坚的支柱产业重点培植，建成了111万亩种植规模的全国草果核心主产区和云南省最大的草果种植区，带动全州4.31万户16.5万人，其中带动建档立卡贫困户2.68万户8.24万人。草果已成为全州带动力最强、辐射面最广、贡献率最大的扶贫产业。

一、因地制宜，立足优势选育产业

　　怒江州是我国重要的生态功能区，全州林地面积1 899万亩，森林面积1 708.35万亩，森林覆盖率78.08%，90万公顷林地上90%覆盖着纯天然腐土，农民人均拥有林地约35.8亩。丰富的自然资源和良好的生态环境赋予了怒江草果纯天然、纯绿色、高品质的品牌内涵。怒江因地制宜选择发展"林下草果经济"，充分利用林业资源，稳定常绿阔叶林林地面积，大力实施退耕还林还草工程，将坡度25°以上的耕地退耕还林，林下发展草果种植，推广草果生物多样性栽培技术，减少农药化肥使用量，改善了原本脆弱的生态环境，实现了农户增收和土地增绿双赢、产业发展和保护环境双赢。

二、聚合力量，加大扶持激发活力

成立以州委副书记为组长、分管副州长为副组长的草果产业发展工作领导小组，制定《关于加快草果产业发展的意见》《草果产业发展总体规划（2014—2020年）》《怒江州绿色香料产业建设方案（2018—2022年）》等政策文件。按照"科学规划、点片结合、分类施策、分步实施"的原则，实施百万亩草果提质增效工程，推进绿色香料产业园区建设。引进中交、能投、大唐集团及珠海企业的帮扶资金、技术和管理经验，采取"企业＋合作社＋农户"等多种带贫形式发展草果产业。脱贫攻坚战打响以来，累计投入资金2.44亿元，实施了草果规模化种植、提质增效等产业扶贫项目。截至2019年年底，全州草果种植面积已由原来的零星种植发展到规模种植111万亩，较2014年新增46万亩，已挂果面积40万亩，产值达12.15亿元，全州实现农民人均可支配收入7 165元，较2014年的4 297元增加了2 868元。

三、创新模式，主体带动助农增收

一是坚持龙头企业带动。积极引进和培育草果采购、加工、销售服务商，全州现有上规模的草果生产龙头企业6家，支持企业探索推广"农民＋公司＋电商平台""通货批发＋旅游产品销售＋电子商务平台销售"等模式，深化最低保护价为主的订单利益联结模式，带动建档立卡贫困户3 150户、1.22万人，直接经济收入1.27亿元。**二是坚持专业合作带动**。加大扶持力度，规范提升合作社发展质量，支持合作社以生产、股份、劳务等多种形式与贫困户建立紧密利益联结机制。全州草果专业合作社36个，入社农户1 684户，其中建档立卡贫困户562户，占入社农户数的33.38%。年实现销售收入5 874.78万元，有力促进农民增收。**三是坚持大户能人带动**。草果产业在独龙族人民"一步跨千年"的生动实践中发挥了重要的作用，独龙江乡巴坡村233户独龙族群众，在老县长高德荣示范带动下种植草果，户均种植面积近100亩，草果种植收入达422万元，占全村经济总收入的79.59%。贡山县普拉底乡其达村草果种植大户余学明，率先扩大自家的草果种植面积达600多亩，带动全村90%以上农户种植草果，草果产业成为农民增收的支柱产业。**四是坚持扶贫车间带动**。采取"企业＋扶贫车间＋贫困户＋非遗传承"模式，引进新繁棕编非遗编织技艺，在扶贫车间把草果叶、草果杆变废为宝，编织成草帽、手包、拖鞋等手工艺时尚饰品，带动有劳动能力的贫困群众在家门口就有活干、有钱挣。

四、强化支撑，提质升级打响品牌

一是强化科技支撑。2016年成立怒江草果产业发展研究所，2019年更名为怒江州香料产业研究院，联合国内、省内科研院所、高校和企业，持续开展草果提质增效技术攻关，先后总结推广草果低位微喷技术、草果专用运输索道技术、养蜂辅助性授粉技术等10项提质增效技术措施，进一步提升草果品质。**二是延伸产业链条**。建设集加工、研发、商贸、展示、文化、旅游为一体的绿色香料产业园区，开展草果产业集群建设，现有6家企业入驻园区。在福贡县建成怒江大峡谷农副产品加工交易中心，选用热泵微波智能自动化生产线，实现年生产鲜果6 000吨，冷藏

1万吨鲜果的规模，研发出草果蔬菜、叶鞘工艺品编织、手工皂、精油等一系列产品。**三是打响"怒江草果"名片**。注册"天境怒江"等39个草果商标，召开怒江绿色香料产业发展战略研讨会，举办"草果文化周"，挖掘、宣传、推广以草果为核心的怒江绿色香料文化及产品，全面提升怒江草果知名度。组织参加"中国光彩事业怒江行"、农业农村部"三区三州"贫困地区农产品产销对接等各类农产品展销推介活动，借助天猫、苏宁易购、拼多多等平台，打通线上线下销售渠道，全力推动草果产品出山出海。

POSTSCRIPT **后 记**

　　本书旨在总结全国产业扶贫工作成效，交流各地推进产业扶贫的做法经验，为各级各部门和社会各界推动脱贫地区特色产业可持续发展，巩固拓展脱贫攻坚成果，推进乡村全面振兴提供借鉴和参考。

　　本书编写工作由农业农村部发展规划司牵头组织，农业农村部有关司局、相关省（自治区、直辖市）农业农村部门具体负责有关内容的撰写工作。在编写过程中，农业农村部有关司局领导和有关专家提出了宝贵意见。在此，谨向所有参与本书编写和为本书编写给予关心帮助的单位及个人致以衷心感谢！

　　需要说明的是，本书涉及的有关情况和数据截至2020年，并继续使用脱贫攻坚期内"贫困地区""贫困县""贫困村""建档立卡贫困人口""产业扶贫"等表述。

　　由于时间和水平有限，书中难免有疏漏或不周之处，敬请读者批评指正。

编　者
2021年10月

图书在版编目（CIP）数据

夯实脱贫攻坚的产业基础：全国产业扶贫工作巡礼 /
农业农村部发展规划司编. —北京：中国农业出版社，
2021.11

ISBN 978-7-109-28559-0

Ⅰ.①夯…　Ⅱ.①农…　Ⅲ.①农村–扶贫–工作总结
–中国　Ⅳ.①F323.8

中国版本图书馆CIP数据核字（2021）第144796号

中国农业出版社出版

地址：北京市朝阳区麦子店街18号楼
邮编：100125
策划编辑：贾　彬
责任编辑：卫晋津　杨新慧
责任设计：王　晨　　责任校对：沙凯霖
印刷：北京通州皇家印刷厂
版次：2021年11月第1版
印次：2021年11月北京第1次印刷
发行：新华书店北京发行所
开本：700mm×1000mm　1/16
印张：20.5
字数：420千字
定价：88.00元
